KB066165

아이와 함께 떠난 토스카나 여행

못 말리는 엄마,

시크한 아들의

골때리는

토스카나 여행~~

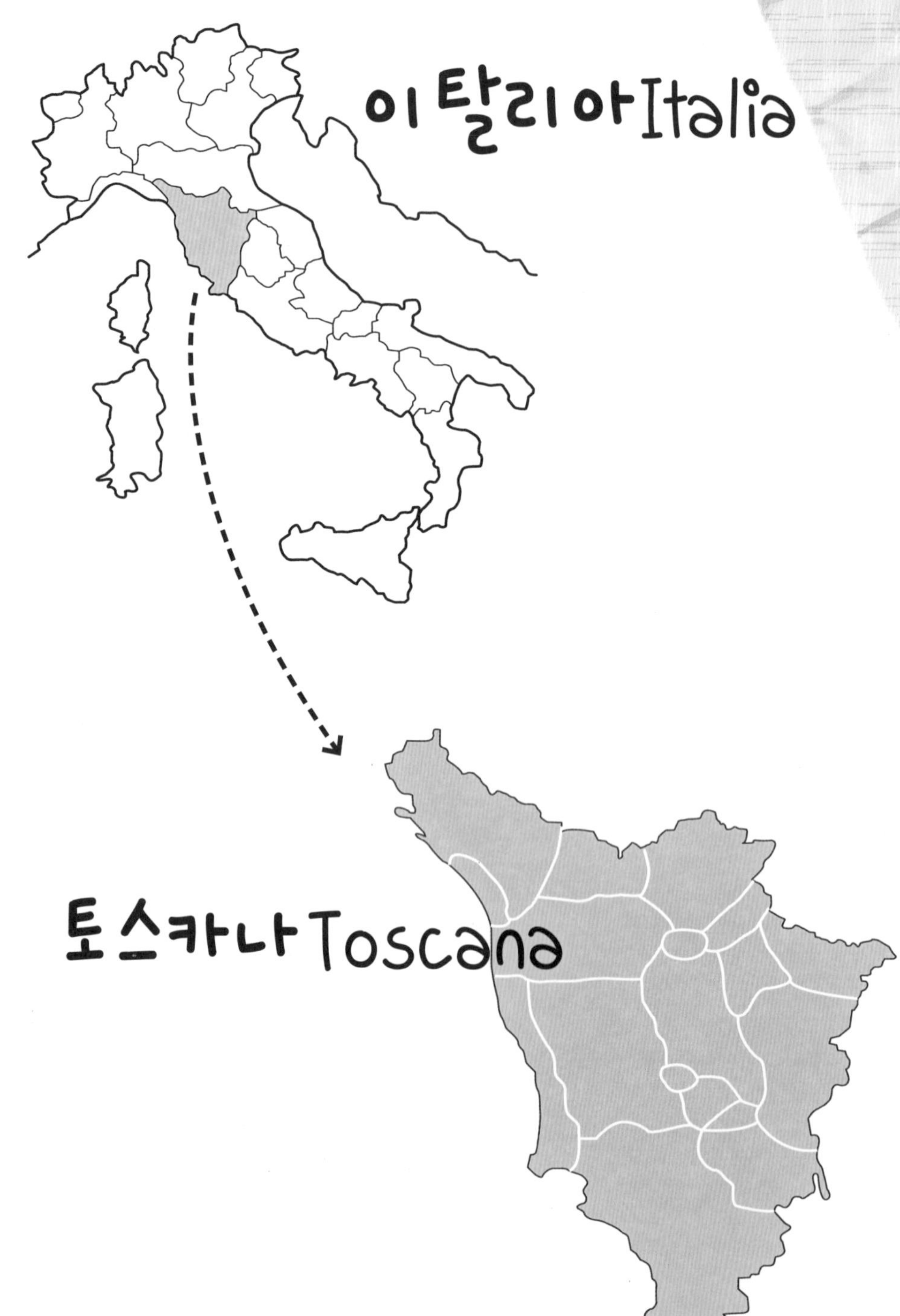
이탈리아 Italia
토스카나 Toscana

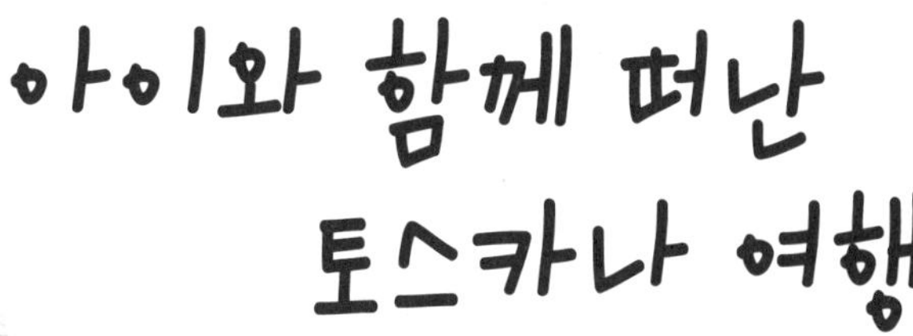

아이와 함께 떠난 토스카나 여행

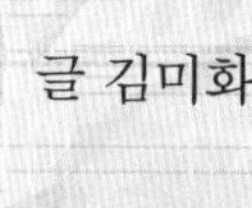

글 김미화

어문학사

PROLOGUE

하마터면 남편에게 '집을 나갈 거야'라고 말할 뻔했다.

마음이 그랬다.

그래서 "여행을 다녀올 거야."라고 말하는 내 표정은 뾰로통했다. 이탈리아의 여름 더위에 지쳐 있었던 까닭도 있었다. 40도에 가까운 한낮 더위는 얼음판에 철퍼덕 누워 있었으면 하는 상상만 불러일으켰다.

밤에도 더웠다. 나는 방보다 시원한 거실에서 아이와 함께 자고 남편은 방에서 잤다. 남편이 자정에 들어와 새벽 5시에 나가기 일쑤니까 어차피 나나 아이에게 남편은 잠든 시간에 들어와 나가는 유령이었다.

남편과 보내는 시간이 부족할수록 나는 아이에게 더 집착하는 엄마가 되어가는 것 같았다. 다섯 해 동안 단 하루도 떨어져 본 적 없고 조건 없이 사랑할 수 있는 유일한 대상이 아이였다. 이건 잘못된 구조다. 아내가 아이보다 남편에게 더 조건없는 헌신과 사랑을 주고, 그래서 남편으로부터 사랑받은 에너지로 아이를 사랑해야 하는게 맞다고 생각한다. 그런데 이런 사랑을 주

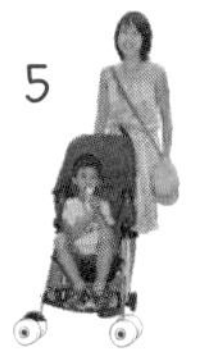

고받는 아내들이 얼마나 될까? 남편을 조건 없이 사랑한다는 아내들이 있는가? 아내들의 마음을 충만한 사랑으로 채워주는 남편들이 있는가? 결혼하고 십 년쯤 지난 부부에게 묻고 싶다.

결혼한 이들이 갈라서는 이유를 알 것 같다. 한 마디로 조건 있는 사랑을 하기 때문이다. 결혼식에서 거짓말 서약을 했거나 나처럼 거짓말인지도 모르고 서약한 이들이 더 많을 것이다. 이거 때문에, 저거 때문에…… 어떤 것 때문에 더 사랑할 수 없고 더 같이 있을 수 없다는.

나도 똑같은 덫에 걸렸다. 그래서 내 일상의 둥지를 벗어나고 싶어졌다. '때문에'가 나를 불행하게 만든다. '때문에' 때문에 불행해진다…….

더워서 거실에서 아이하고만 잔다고 페이스북으로 한 미국인 아줌마 친구에게 메시지를 보냈더니 꾸짖는 답장이 왔다. 당장 베개를 챙겨 남편이 있는 방으로 가라는 거다. 잔소리 같은 충고의 글을 길게 쓴 후 마지막으로 덧붙였다.

"Making love really does make love."

미국 아줌마다운 생각이었다. 그저 더워서 따로 자는 것을 아무렇지도 않게 생각하는 내가 잘못된 건지도 몰랐다.

결혼 십 년이 넘은 다른 부부들은 여전히 로맨틱한가? 만약 그렇다는 부부들이 있다면 나는 예의를 갖춘 나지막한 목소리로 이렇게 얘기하고 싶다.

"거짓말하지 마세요!"

나는 결혼의 위기감과 함께 아이의 교육 문제에 대한 생각으로 머리가 무거웠다. 이 여름이 지나면 다섯 살인 아이가 이탈리아 초등학교에 들어간다. 이탈리아는 여섯 살부터 초등학교에 다니고 학기가 9월에 시작하기 때문에 여섯 살이 아직 안 채워진, 생일 늦은 다섯 살 아이들도 입학할 수 있다.

아이가 초등학교에 들어가는데 왜 기쁘지 않고 걱정이 될까……. 나는 남들이 다 학교에 다니니까 나도 학교에 다녔고 남들이 다 추구하는 목표를 내 목표로 삼아 살았었다. 그리고 지금 드는 생각은? 한 마디로 속았다는 결론이다.

그래서 내 아이가 이 거대한 물결 안으로 들어가는 게 반갑지 않았다. 이런 생각을 하면 사회에서는 아웃사이더 취급받는 걸 알기 때문에 내 머리가 더 무거웠다.

이런저런 이유로 머리가 너무 무거워진 내가 아이를 데리고 여행을 다녀오겠다고 했을 때 남편은 먼저 한숨을 쉬었다. 같이 못 가 미안해서, 그리고 불안해서 쉬는 한숨이었다. 여행 경비를 기분 좋게 턱 내주지 못해 더욱 미안해하면서. 그러나 내게 얼마 전 약간의 비상금이 생긴 걸 아는 남편이라 자기가 여행 경비를 못 줘도 내가 떠날 상황임을 이해했다. 떠나고 싶으면 8월 15일 이탈리아 축제 페라고스토[Ferragosto: 성모 마리아 승천을 기념하는 축제] 지나고 떠나라고만 얘기했다. 이탈리아의 여름휴가 기간이 이 페라고스토를 기점으로 한풀 꺾이기 때문에 여행가는 장소들이 훨씬 덜 복잡하고 호텔 잡기도 편할 거라면서.

남편이 오케이 했는데 이탈리아 한 친구가 또 다른 제동을 걸어왔다. 내가 여행지로 선택한 이탈리아 중부 토스카나[Toscana]는 보통 차 운전으로 여행하는 코스인데 나는 운전을 잘 못해 기차와 버스로 다닐 계획을 했다. 이에 대해 이탈리아 친구는 토스카나 지역을 차 없이 그것도 아이를 데리고 여행하는 것이 너무 생각 없는 짓이니 가면 안 된다고 강력하게 막았다. 왜 이탈리아 사람들은 남의 일에 이렇게 과한 간섭을 하는 것인지…….

나는 내 주위에서 내는 소리에 귀를 막고 내 마음이 원하는 소리에만 귀 기울이며 가방을 쌌다. 많이 걸어야 할 테니 아이 유모차를 챙겼고 유모차를 끌고 다니려면 슈트케이스가 아닌 최소한 무게를 줄인 배낭을 메고 다녀야 했다.

토스카나를 여행지로 삼은 이유는 그저 내 일상에서 벗어나 가장 가보고 싶은 곳 중에서 가장 가까운 곳이었기 때문이다. 내가 이렇게 말하면 한국의 어떤 엄마들은 '그래, 당신은 이탈리아에 사니까 토스카나를 경상도나 전라도 놀러 가듯이 할 수 있지'라고 살짝 부러움이 생길지 모르지만 그런 엄마들에게 나는 솔직히 말하고 싶은 게 있다. 당신들은 내가 제일 돌아가고 싶은 나라에서 살고 있잖아요…….

여행은 어디로 가느냐가 중요하지 않은 것 같다. 내가 있는 곳에서 나가 밖의 세상을 보고 안에 있었던 나를 돌아보는 게 좋은 여행 아니겠는가. 그래서 토스카나는 정말 아름다운 곳이지만, 토스카나가 최고의 여행지라고는 말하고 싶지 않다. 낯선 곳에서 낯선 사람들을 만나고 아름다운 추억을 만들 수 있는 곳이라면 어디든 좋은 여행지니까…….

차 례

PROLOGUE 4

1. 수염 긴 천재 할아버지 레오나르도 다 빈치를 만나다 - 빈치 Vinci 13

01. 엄마, 친구들이 나를 중국인이라고 놀려 14
02. 불량한 엄마표 오디오 가이드 19
03. 결론은 언제나 스파게티 25
04. 프랑스 엄마에게 어떤 비밀이? 30
05. 천재가 태어나는 땅이 있다! 34
06. 중국인들이 만드는 메이드 인 이탈리아 38

2. 푸치니가 태어난 자전거 마을 - 루카 Lucca 45

01. 기차 안에서 이럴수가? 46
02. 사기꾼 비엔비 아저씨 49
03. 700년 된 방, 밤이 무서워 57
04. 오페라는 표 사고 앞 문으로 들어가세요 62
05. 시장 부인에게 길을 묻다 67
06. 내 아내는 한국 여자입니다 70
07. 여행 천사있어요 75
08. 이탈리아어를 아직도 못하니? 79

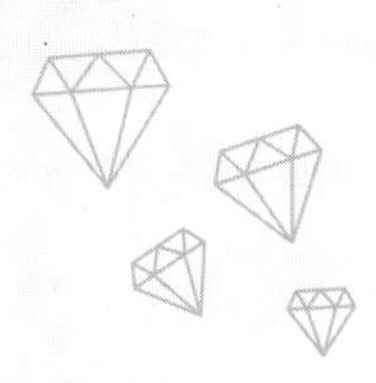

3. 토스카나의 숨겨진 보석 마을 – 볼테라 Volterra 87

01. 크루아상, 훔치다 88

02. 볼테라에 살면 웃는 이가 된다 91

03. 볼테라의 상징 돌, 알라바스트로 94

04. 모르는 이의 결혼식에서 왜 눈물이 날까 101

05. 여행과 바람난 여자는 절대 위험하지 않다 106

06. 호텔리셉션의 몰라맨 110

07. 잘생긴 이탈리아 남자들이 토스카나에 숨어 있다 113

08. 이탈리아 마을 축제에서 한국 아줌마 티를 내고 말다 117

09. 맛있는 포도주를 왜 못팔어? 122

4. 1분의 말 경주로 흥분의 도가니 되는 도시 – 시에나 Siena 129

01. 한국인 머리 자를 줄 아는 이탈리아 미용실이 없어요 130

02. 소통하지 않은 엄마가 미안해 134

03. 테크놀로지는 가정 파괴범 138

04. 성당에 들어가는 데도 돈? 142

05. 시에나 하이라이트, 팔리오 축제 146

06. 영화 「레터스 투 줄리엣」 큐피트의 무대, 시에나 149

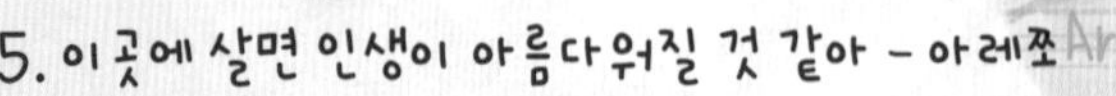

5. 이곳에 살면 인생이 아름다워질 것 같아 - 아레쪼 Arezzo 153

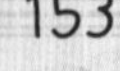

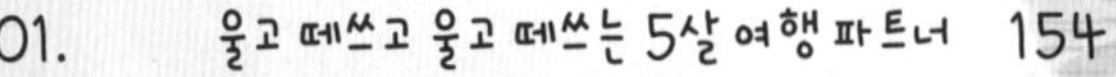

01. 울고 떼쓰고 울고 떼쓰는 5살 여행 파트너 154

02. 광장을 지나가는 이들은 말한다. "인생은 아름다워" 158

03. 수용소 기차에 남편과 아이가 타면 나도 기꺼이 그 기차에 오를까? 161

04. 엄마는 '다른 애 하는 것 내 아이도'에서 자유롭지 못하다 165

05. 아내는 할매가 되어도 남편 단속 168

06. 엄마, 박물관 안에서 사진 찍지마! 171

07. 몬테소리 교육의 나라, 그런데 왜 내 아이가 배우는 게 없지? 175

08. 종교화 보고 감동 못하는 게 나만은 아니기를...... 178

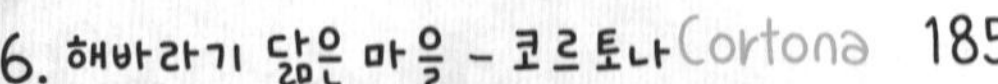

6. 해바라기 닮은 마을 - 코르토나 Cortona 185

01. 전망 좋은 방, 얏호! 186

02. 사기 치는 레스토랑 조심하세요 190

03. 봄에 아름다운 곳이 겨울에도 아름다운 것은 아니라 한다 194

04. 항상 햇볕 받는 길, 브라만솔레 197

05. 순결에 대해 얘기하는 이가 없다 201

06. 여성과 아이 인권을 위해 살다 죽은 이가 있더라 205

07. 나는 남편을 백 퍼센트, 남편은 나를 이백 퍼센트 믿는다 210

08. '토스카나의 태양 아래서' 사랑 찾기 214

09. 고개숙인 해바라기가 주는 메시지 218

7. 미켈란젤로가 태어난 버섯 마을 - 카프레세 Caprese 221

01. 남편은 일할 때 한 생각만 한다. 가족! 222
02. 숙소에 TV만 있으면 되는 아이 226
03. 미켈란젤로 박물관에 오리지널 작품 한 점이 없다니...... 231
04. 너무 무섭게 조용한 마을, 또 오고 싶지 않아...... 235

8. 왜 꽃의 도시인지 알 때까지 머물러야 하는 마을 - 피렌체 Firenze 239

01. 외국에선 이웃과 싸워 이길 때 태극기 펄럭이고 싶다 240
02. 단테의 『신곡』이 이렇게 재미있는 책인줄...... 244
03. 한국 여자 찾고 있는 이탈리아 거리 화가 250
04. 입맛이 고향을 그리워할 땐 굶었다 253
05. 아이와 여행하면 좋은 이유 256
06. 피노키오를 몰라? 259

9. 피노키오 마을 - 콜로디 Collodi 263

01. 마을에 택시가 달랑 한 대! 264
02. 작은 공원 안에서도 길을 잃다 267
03. 아이들의 머리 안에는 나비가 날아 다닌다 272
04. 피노키오의 코가 길어질 때 웃는 사람은 아이 276
05. 레오나르도 다 빈치식 가정 지키기 279

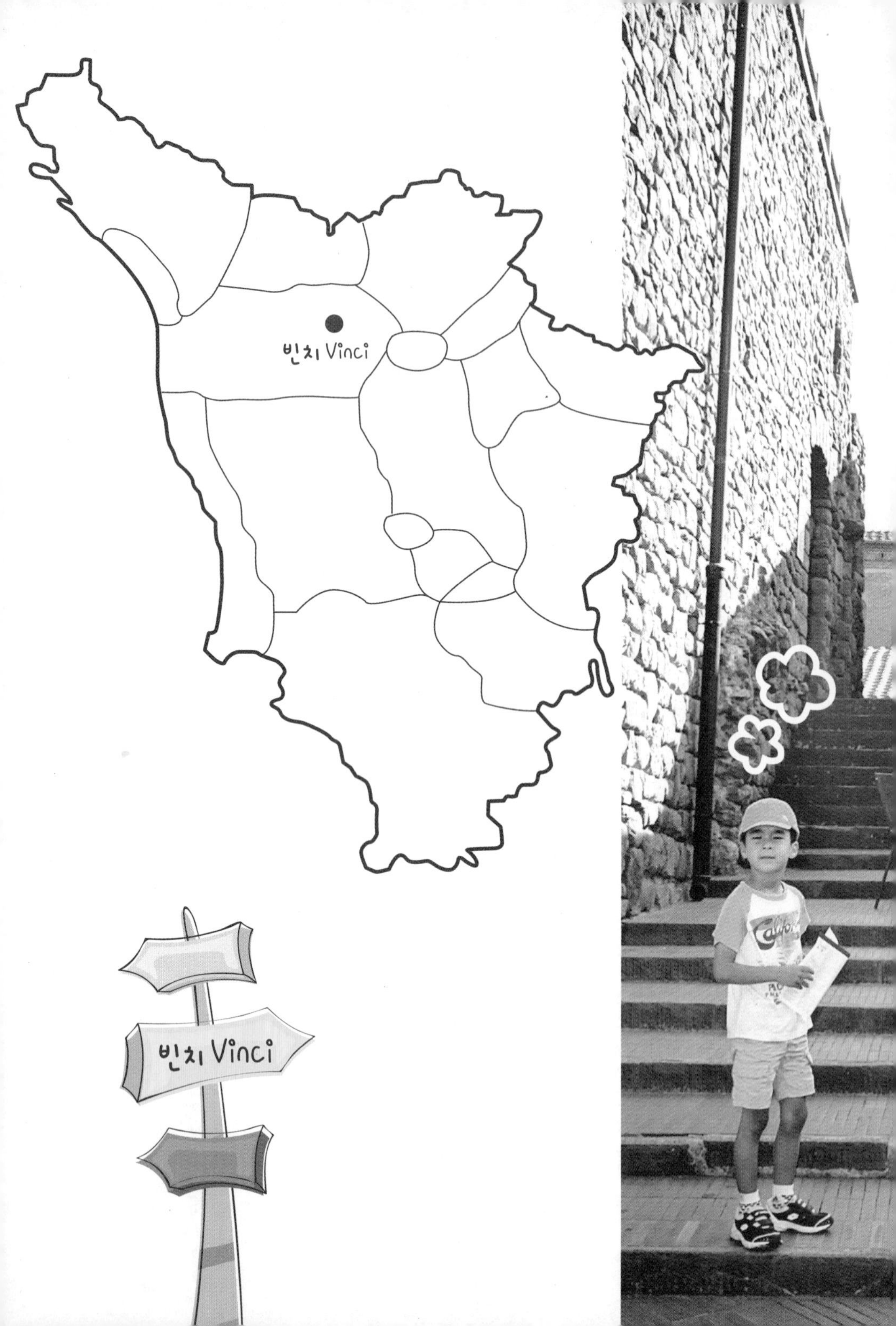
빈치 Vinci
빈치 Vinci

1. 수염 긴 천재 할아버지 레오나르도 다 빈치를 만나다

01. 엄마, 친구들이 나를 중국인이라고 놀려

인류 역사상 최고의 두뇌를 가졌던 이가 태어난 땅을 밟아 보는 건 두근거리는 일이다. 그곳에 아이를 데리고 가는 부모들의 심정은 비슷할 것이다. 자기 아이도 천재가 되기를 바라는 마음, 아니면 천재의 삶에 지적인 자극을 받아 강한 교육적인 효과가 있기를 바라는 마음. 나는 바람이 하나 더 있었다. 레오나르도 다 빈치[Leonardo da Vinci]를 통해 내가 지금 가지고 있는 아이 교육에 대한 혼란스러움에 중요한 키를 얻지 않을까 하는 기대 말이다.

로마에서 고속열차를 타고 1시간 30분 만에 피렌체[Firenze]에 도착했다. 피렌체 기차역에서 빈치[Vinci]를 가기 위해서는 엠폴리[Empoli]행 기차를 타야 한다. 피사[Pisa] 방향으로 가는 기차인데 피렌체에서 엠폴리까지 약 30km이며, 30분이면 도착하는 피렌체 근교 도시다.

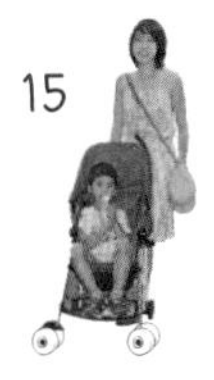

르네상스 3대 거장 레오나르도 다 빈치, 미켈란젤로Michelangelo Buonarroti, 라파엘로Raffaello Sanzio가 다 피렌체 근교에서 태어났다는 건 누구나 알고 있을만한 유명한 사실이다. 한 세기에 한 명의 천재가 태어나기도 어려운데 같은 세기에, 같은 지역에서 세 명의 천재가 태어났다. 도대체 이 피렌체 땅에는 어떤 기운이 흐르길래 천재를 배출하는 마술을 부릴 수 있는지.

피렌체 기차역에서 엠폴리행 기차에 올라타 출발하기를 기다리는데, 기차 검표원이 표 검사를 하기 시작했다. 표 검사는 보통 기차가 달리고 있을 때 하는데 이 기차는 출발하기 전에 검사하는 걸 보니 표 없는 이를 출발 전에 기차 밖으로 내쫓으려는 것 같았다. 내 칸의 한 이탈리아 아줌마가 기차표에 날짜와 시간이 찍히는 펀칭을 안 한 모양이다. 검표원이 기차에서 내려 표를 펀칭하고 오라고 했다. 또 같은 칸에 탄 한 흑인의 검표 차례가 되었는데 표를 자세히 들여다보더니 표에 펀칭을 안 했다고 했다. 흑인은 바로 화가 난 목소리로 펀칭했다고 했다. 검표원은 표에 펀칭이 잘 보이지 않는다며 믿지 않았다. 그 흑인은 덤비듯 따지기 시작했다.

"저 이탈리아 아줌마한테는 기차에 내려서 펀칭하고 오라고 하고, 나는 펀칭을 했다고 해도 믿지 않고 무시해버려도 되는 거냐! 나는 당신이 왜 그렇게 얘기하는지 알지. 내 표를 자세히 보고 한 말이 아니라 내 피부를 보고 한 말이잖아! 나는 일곱 나라에서 살아봤는데 어떤 나라도 너희 이탈리아 사람만큼 이 검은 피부를 무시하지 않았어. 너희 이탈리아 사람들은 정말 고약한 인종차별주의자들이야!"

큰 몸집으로 흥분하며 총알처럼 마구 쏘아대자, 큰소리에 주눅드는 전형적인 이탈리아 사람이었던 검표원은 당황스러워하며 다음 칸으로 이동했다.

그 흑인은 여전히 이탈리아 사람 욕을 하면서 입술을 질근질근 씹으며 분을 삼켰다.

기차 칸에는 대부분 외국 관광객들이 탔기 때문에 그 흑인이 이탈리아 욕을 해대도 신경 쓰지 않는 눈치였다. 나는 엉뚱하게도 저 흑인이 어떤 일곱 나라를 다녀봤는지가 궁금했다. 나 역시 이탈리아 사람들의 외국인에 대한 배타적인 혹은 내리깔아 보는 인종차별주의적 시선을 느낄 때가 잦기에 그 흑인의 말에 공감하였다. 그럼에도 이탈리아는 무척 아름다운 게 많고 아름답게 겉포장 되어 있는 것까지 많아서 이탈리아 땅에서 인종차별 받는 이들의 말은 호소력이 부족하다.

빈치로 향하는 두근거림이 그 흑인의 분한 얼굴을 보면서 잠시 착잡해졌다. 이탈리아에 사는 이방인들의 얼굴을 보는 것 같았다. 그 이방인의 얼굴 속에는 나도 포함되어 있었다.

이탈리아 사람들이 외국인을 무시하는 경우가 몇 가지 있다. 우선, 이탈리아어를 못하는 외국인을 무시한다. 이탈리아 사람들이 외국어를 못하기 때문에 자기 말을 알아듣지 못하는 이들을 답답해한다. 이탈리아 문화 분위기와 학교 교육이 외국어 공부에 초점을 두지 않고 있고 이탈리아가 아직도 세계의 중심이라고 착각하고 있다. 로마제국이 무너진 그 땅에 로마제국 마인드는 무너지지 않고 있는 것이다.

내가 이탈리아어를 처음 배우기 시작할 때 노골적인 비웃음을 당한 적이 여러 번 있었다. 이탈리아에 산 지 십 년이 된 지금도 내 이탈리아어는 엉터리여서 지금도 이탈리아 사람과의 대화가 편치 않을 때가 잦다. 이탈리아에서 태어나 자라고 있는 5살 내 아이가 내게 무슨 단어들을 물어볼 때도 모르는 게 많다. 유치원 수준의 단어들도 몰라 쩔쩔매는 내 꼴을 이탈리아 다른 엄마들이 격려해주면 좋으련만 대부분 나보고 열심히 이탈리아어를 공부하

라고만 조언한다.

그런데 이탈리아어를 할 줄 아는 내 아이도 인종차별을 겪는다는 걸 알게 됐다. 어느 날 놀이터에서 흙장난하다 집에 온 아이의 손을 씻겨주며 손이 까맣다고 했더니 아이가 이상한 말을 했다.

"내 피부, 원래 까매."

"네 피부가 왜 까매?"

내가 물으니 아이가 대답했다.

"친구들이 내 피부 까맣대. 그리고 나보고 중국인이라고 놀려."

나는 대답을 안 듣고 싶은 질문을 했다.

"그래서 속상해서 울었어?"

아이는 고개를 끄덕였다.

나는 울컥 눈물이 나올 것 같았다. 맘 속으로 우려만 하고 있었던 일이 생긴 것이다. 얼마 후 내가 사는 아파트 정원에서 내 아이가 이웃 아이들과 놀 때 한 이탈리아 아이가 내 아이를 놀리는 것을 나도 들었다.

"faccia di cacca[똥색 얼굴]!"

그 말을 반복하며 놀릴 때 그 아이 엄마가 그 옆에서 다른 집 애 엄마하고 수다를 떨고 있었는데 아이가 그런 말로 다른 친구를 놀려대고 있는데도 가만히 놔두고 있었다.

중국인. 똥색 얼굴.

남편이 이탈리아인이어도 피부는 까무잡잡한 편이고 아이의 피부색은 나를 더 닮아 이탈리아에 살면서 어쩔 수 없이 놀림당할 때가 있을 것이다. 아이가 놀림당하니 내가 무시당할 때와 비교할 수 없이 슬펐다. 어떻게 내가 도와줄 수 있지?

내 아파트 1층에 사는 이탈리아 남자는 독일에서 태어나고 자랐는데, 어렸을 때 독일 아이들이 자기를 '스파게티', '파스타'라고 별명을 붙이며 심하게 놀렸다고 했다. 어린 마음에 상처가 되어 많이 울기도 했지만, 그런 상처들이 자기를 더 강하게 자랄 수 있도록 도와주었다는 말을 했었다.

레오나르도 다 빈치도 서자의 자식이라 당시 학교 입학도 하지 못한 상처가 있지 않은가. 학교 다니는 친구들로부터 따돌림도 당연히 당했을 것이다. 그의 상처와 외로움이 천재의 에너지로 바뀌었는지도 모른다.

그래, 상처로 성장하는 방법밖에 없는지도 몰라. 살면서 아이가 받을 상처가 어디 이것뿐이겠어? 그러니까 아이가 상처받지 않게 보호막을 치려고 애쓰기보다는 상처에 강해질 수 있는 면역력이 생기도록 도와주는 게 지혜로운 엄마인 거 같다. 어떻게 하냐고? 말로는 간단하고 하기는 어려운 게 있다. 그러나 그게 정답이다. 아주 많이 사랑해주는 것. 사랑이 있는 아이는 상처의 공격을 이길 면역력이 생기니까.

02. 불량한 엄마표 오디오 가이드

기차가 달리는 동안 내 여행 파트너 아들 가브리엘은 피렌체 역에서 산 맥도날드 햄버거를 먹고 있었다. 큰 기차역에는 맥도날드가 있다고 짐작한 아이가 피렌체 역에 도착하기 전부터 맥도날드를 사달라고 졸랐다. 나는 아침을 컵라면으로 먹었기 때문에 아이한테 몸에 안 좋은 맥도날드를 먹지 말라고 할 수도 없었다. 그리고 이번 여행 식사 콘셉트는 어떻게든 싼 것으로 때우자였다. 맥도날드로 시작하는 것도 콘셉트에서 어긋나지 않았다.

가브리엘이 맥도날드 4유로짜리 해피밀을 천천히 다 먹고 선물 장난감을 꺼내 조금 놀고 있을 때 벌써 엠폴리에 도착했다. 빈치까지는 버스를 타야 했다. 엠폴리 역의 승강기는 특이했다. 스위치를 계속 누르고 있어야지 승강기가 위아래로 움직일 수 있었다. 아이는 신기한지 재미있어 했다.

엠폴리 역에서 토스카나 기차 안내 팸플릿을 얻으려 했는데 없었다. "엠폴리도 많은 관광객이 이용하는 기차역인데 기차역 안내 팸플릿도 없다니!"라고 말하는 이는 관광객이고, 이를 당연하게 여기면 이탈리아 사람이다.

엠폴리 역에서 나와 왼쪽으로 버스 티켓 파는 곳이 있었다. 물론, 이 정보도 역 앞에 서 있던 경찰한테 물어봐서 알았다. 이탈리아에는 간판이 없어서 낯선 곳이라면 지나가는 사람에게 물어봐야 건물의 용도를 알 수 있다.

빈치행 버스 티켓을 살 때 아이 것도 사려고 했는데 유모차에 앉아 있는 아이를 보더니 무료라고 했다. 가브리엘이 내가 산 버스 티켓을 구경하려고 유모차에서 섰더니 티켓 파는 직원이 유모차에서 일어날 수 있는 아이는 유료니까 앉으라고 했다. 이런 게 이탈리아식 농담이다. 더울 때 콜라 반 잔 마신 기분이랄까.

피렌체에서 엠폴리 기차 5유로, 엠폴리에서 빈치로 가는 버스 2유로. 토스카나 안에서 이동하는 대중교통 요금은 아주 경제적일 것 같아 다행스러웠다. 호텔 요금이 제일 큰 지출이 될 것이다. 음식은 저렴한 걸로 먹고 쇼핑을 하지 않는다면.

빈치로 가는 버스에는 나와 가브리엘, 그리고 어떤 청년이 다였다. 아직 8월인데 관광 시즌이 끝난 것처럼 주변이 다 한적했다. 이십여 분쯤 지나 드디어 빈치에 도착했다. 마을 중심 광장에서 내렸는데 내가 전날 예약한 모나리자 호텔이 아주 쉽게 찾을 수 있는 곳에 있었다. 호텔 입구 계단을 올라가 문을 열려고 하는데 잠겨 있었다. 안전을 위해 이탈리아 보석상처럼 밖에서 초인종을 눌러야 문을 열어주는 시스템을 가진 호텔인가 생각했다. 그런데 초인종을 눌러도 대답이 없었다. 휴대 전화기로 호텔에 전화했다. 호텔 앞에 도착했는데 문 좀 열어 달라고 했다. 호텔 직원은 뒷문에 있지 말고 호텔 정

문으로 오라고 했다. 나 왜 이러니. 시작부터……. 천재가 살았던 마을에서 가브리엘보다는 내 쪽이 똑똑해지는 기운을 받을 필요성이 더 컸다.

이미 늦은 오후여서 방에 짐만 내려놓고 바Bar로 서둘러 나와 레오나르도 다 빈치 박물관으로 향했다. 빈치의 중심 광장을 둘러싼 시가지는 아주 작았다. 박물관을 찾아가려고 아이를 유모차에 태우고 걷고 있었을 때 한 동네 아저씨가 유모차 탄 아이를 보더니 자기 손자한테 말하는 투로 말했다. "아이구, 이 녀석아, 다 컸는데 아직도 유모차 타고 다니니?" 유럽에서 이탈리아 사람만이 이런 참견을 한다. 자기 생각을 낯선 이에게도 거침없이 표현한다. 이런 이탈리아 사람들이 인간적이어서 좋다는 이들은 너무 개인적이고 조직적인 질서 문화에서 있었던 이들이다. 나는 내 아이 유모차 탄 걸 흉본 아저씨에게 박물관이 어디 있냐고 물었다. 교회 종탑 옆에 있다고 했다. 종탑은 또 어디있냐고 묻지 않았다. 종탑은 마을에서 제일 높아 쉽게 찾을 수 있기 때문이었다.

다 빈치 박물관 조형물

박물관은 두 곳으로 나뉘어 있었다. 박물관 입구 마당에는 레오나르도 다 빈치의 작품으로 유명한 '인체비례도' 조형물이 박물관을 상징하고 있었다. 박물관에 입장한 가브리엘은 갖가지 모형

다 빈치 박물관 안

들에 신기해하며 들여다보았다. 박물관 안에는 역시 아이를 동반한 가족이 제일 많았다. 큰 아이들은 박물관 오디오 가이드를 들으며 천재가 설계한 모형에 대해 들었다.

오디오 가이드를 듣는 큰 아이들을 보면서 가브리엘처럼 어린아이들은 엄마가 오디오 가이드를 해주면 되겠구나 싶었다. 그저 호기심으로 전시 모형들을 들여다보는 아이에게 엄마표 오디오 가이드를 시작했다.

"이 박물관은 레오나르도 다 빈치 박물관이라고 해. 레오나르도는 지금부터 5백 년 전에 태어났어."

아이가 바로 물었다.

"5백 년이 얼마나 돼?"

한 시간의 길이도 아직 감을 못잡는 아이한테 큰 학생에게 설명하듯 해봤자 가이드가 제대로 안 되겠구나 싶었다.

“가브리엘의 할아버지의 할아버지의 할아버지가 살았던 때였어. 레오나르도는 천재였어.”

“나도 천잰데!”

아이가 또 방해하고 대꾸했다. 아빠한테 천재 소리를 많이 들은 아이라 천재를 자기 수준 정도로 이해한다. 나는 남편에게 아이가 천재라는 착각을 하지도 말고 아이에게 자꾸 표현하지도 말라고 해도 남편은 벙긋 웃기만 할 뿐이다. 사랑에 눈먼 많은 부모의 아름다운 착각이긴 하다. 아빠는 엄마처럼 아이 옆에 붙들어 놓고 공부를 안 시켜봐서 천재가 아니라는 증거를 경험하지 못하는 것 같기도 하다.

도대체 이 작은 녀석에게 어떻게 설명을 해줘야 하는지 오디오 가이드를 시작하자마자 혼란스러웠다. 게다가 막상 설명을 해주려고 하니 내가 레오나르도에 대해 구체적으로 알고 있는 것도 거의 없었다. 워낙 유명하다 보니 잘

다 빈치 박물관 안

알고 있는 것같이 착각하고 있었던 거다. 오디오 가이드를 바로 철수하고 아이나 나나 그냥 눈으로만 감상하기 시작했다. 아이는 오디오 없이도 호기심으로 상상하고 즐기며 감상했다. 그러더니 내게 가이드 해주기 시작했다.

"엄마, 저 기계가 뭔지 알아? 저거는 뭐하는 건데, 이렇게 해서 저렇게 작동되는 거야. 알았지?"

엄마표 오디오 가이드 체면이 바닥으로 떨어졌다. 그래도 불량한 오디오 가이드를 망신주지 않는 아이가 고맙고 미안했다.

나는 여행을 좋아하고 그중 많은 여행을 혼자 했지만, 여행 떠나기 전 공부한 적은 없었다. 아는 만큼 보인다는 말을 무시하지 않지만 나는 모르는 만큼만 봐도 상관없어 했다. 그냥 가서 그냥 보고 계획 없이 벌어지는 상황들을 즐기는 것으로 만족했다.

그런데 이번 여행은 아이를 데리고 하는 여행이라 예전의 내 여행 습관대로 하면 안 된다는 것을 여행 첫날 알게 됐다. 아이와의 여행은 준비가 필요했다. 바닷가 피서가 아닌 문화 예술 여행은 아이의 수준에 맞게 알려줄 수 있는 정보들을 엄마가 미리 준비했어야 했다. 집에서 애 키울 때도 힘을 써야 하고, 여행할 때도 힘을 써야 함을 새삼스레 깨달았다.

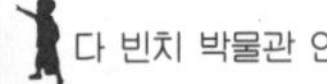
다 빈치 박물관 안

03. 결론은 언제나 스파게티

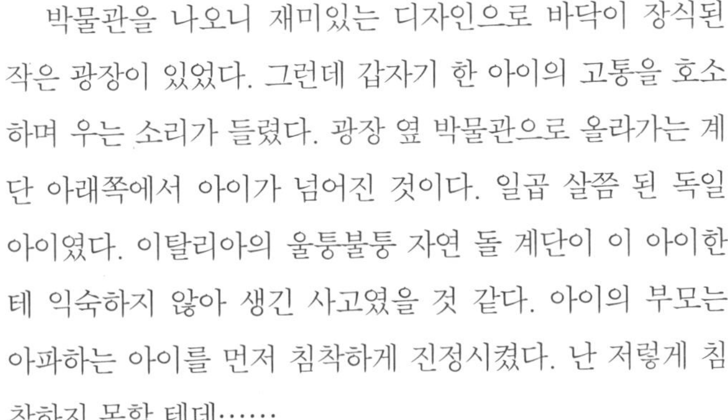

박물관을 나오니 재미있는 디자인으로 바닥이 장식된 작은 광장이 있었다. 그런데 갑자기 한 아이의 고통을 호소하며 우는 소리가 들렸다. 광장 옆 박물관으로 올라가는 계단 아래쪽에서 아이가 넘어진 것이다. 일곱 살쯤 된 독일 아이였다. 이탈리아의 울퉁불퉁 자연 돌 계단이 이 아이한테 익숙하지 않아 생긴 사고였을 것 같다. 아이의 부모는 아파하는 아이를 먼저 침착하게 진정시켰다. 난 저렇게 침착하지 못할 텐데…….

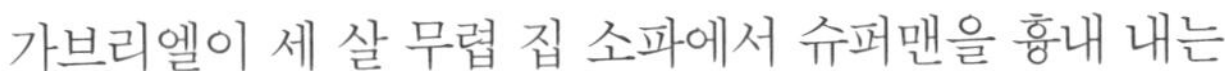

가브리엘이 세 살 무렵 집 소파에서 슈퍼맨을 흉내 내는

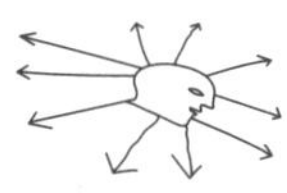

다 빈치 박물관 앞 광장

장난을 치다가 바닥에 얼굴부터 떨어진 적이 있었다. 이빨에서 피가 나 입안에 금방 핏물이 고였다. 나는 거의 기절할 듯 놀라 어쩔 줄 몰라하며 아이를 안고 울었다. 울면서 차에 아이를 태우고 운전해 근처 병원까지 갔다. 아이의 울음은 이미 진정되었는데 내 울음은 더 커졌다. 차 뒷자리에 앉아 스스로 울음을 진정시킨 아이가 나를 위로해주기 시작했다.

"엄마, 울지 말고 진정해."

독일 아이 아빠는 부모가 걱정하여 흥분하는 것이 아이에게 전혀 도움되지 않음을 아는 것 같았다. 아파하는 아이의 마음을 먼저 가라앉히려 위로하듯 부드럽게 달래더니 조심스레 어깨에 목마 시켰다. 아이는 아픈 와중에도 아빠의 어깨 목마가 좋은지 울던 얼굴이 활짝 피었다. 아, 저렇게 해야 하는 거구나. 이탈리아 부모들은 저렇지 않다. 감정적인 사람들이라 아이가 다치면 나처럼 진정 못 하고 걱정을 그대로 다 드러낸다. 이것이 이탈리아 아이들이 성인이 되는 속도를 더 느리게 하는 것 중 하나일 거다. 어른이 감정을 다스리는 것을 먼저 보여줘서 아이들도 배우게끔 해줘야 하기 때문이다.

그 광장 옆에는 레오나르도 다 빈치가 유아세례를 받은 산타 크로체 교회가 있다. 작고 아담한 교회였다. 레오나르도가 세례받던 날의 풍경을 상상해보았다. 아버지가 레오나르도의 생모가 아닌 다른 여자하고 결혼했으니까 레오나르도가 이곳에서 세례받던 날 생모는 세례식에 정식 참여를 못했을 것이다. 아마 숨어서 아이가 훌륭하게 자라기를 울

다 빈치가 세례받은 산타크로체 성당

먹이는 마음으로 기도했겠지.

레오나르도의 다른 여러 예술 작품들을 볼 수 있다고 가이드북에 설명되어 있는 이데알레 ideale 박물관은 레오나르도 박물관이 있는 언덕에서 내려오면 찾을 수 있는데 박물관에 물이 새서 보수 공사 중이라 문을 닫았다.

산타크로체 성당 안

그럼, 레오나르도의 생가만 가면 이 빈치 마을에서의 중요 관광은 끝나는 것이다. 그런데 생가까지 거리가 3km나 되는데 이미 일곱 시가 가까워져 왔다. 박물관 폐관 시간이 일곱 시였다. 결국, 내일 아침에 가기로 했다. 박물관 입구 앞에 있는 관광 안내소에 가서 생가에 갈 수 있는 교통편이 있는지를 물었는데 없다고 했다. 걸어갈 만한 길이냐고 물으니 아이를 유모차에 태우고 갈 수 있는 길이 아니기 때문에 아이 데리고는 힘들 거라고 했다.

나는 빈치를 찾는 모든 관광객들이 다 생가를 찾아갈 텐데 코무네[구청]에서는 왜 아무 교통편을 만들지 않는 거냐고 물었다. 이곳을 찾는 거의 모든 관광객들이 자가용으로 오기 때문에 관광객을 위한 교통편을 특별히 만들 필요가 없는 상황이라고 했다. 그렇다면 내일 아침에 생가 가는 길목에서 히치하이크를 해서 가는 수밖에 없을 것 같았다.

마을 언덕 위에 있는 박물관에서 다시 아래 광장 쪽으로 내려오다가 문 닫힌 작은 여행사 광고가 있길래 보았다. 빈치 반나절 투어. 하루 투어 상품이었다. 이 작은 동선 안에 있는 코스를 묶어서도 투어 상품을 만드는구나. 가이드의 설명을 듣기 원하는 이들이 할 만한 투어지만, 빈치는 얼마든지 도움 없어도 즐길 수 있는 작고 작은 마을이다. 조금 더 걸으니 마을 도서관이 보였다. 8월은 휴관이라는 안내 종이가 걸려 있었다. 도서관이 여름 한 달 내내 문을 닫다니. 이 천재 마을에 어울리지 않았다.

저녁 일곱 시 쯤이 되었고 레스토랑은 아직 문을 열지 않았다. 늦게 먹는 이탈리아 사람들 때문에 여행 다닐 때 저녁 먹는 시간이 너무 불편하다. 나는 이른 저녁이 제일 배고픈데, 외식을 해야 할 때면 저녁 8시까지 배고파도 참아야 한다.

가브리엘이 호텔에 가서 TV 만화를 좀 보면 레스토랑이 문을 열 테니 호텔로 가자고 재촉했다. 호텔에서 레스토랑까지 거리도 얼마 안 되니까 아이 의견이 맞는 것 같아 호텔로 돌아왔다. 호텔 직원에게 레오나르도 생가에 갈 수 있는 방법이 없느냐고 물어보았다. 안내소에서 들었던 것과 같이 자기 자동차 아니면 방법이 없다고 했다. 겨우 3km 되는 거리에 갈 방법이 없다니, 여기 관광지 맞나. 불쑥 택시가 떠올랐다. 왜 진즉 이 생각을 못했지? 호텔 직원이 별거 아닌 내 생각을 칭찬하며 택시 회사에 전화를 걸어 주었다.

택시가 호텔로 와서 픽업한 후 생가 데려다 주는 요금이 겨우 5유로라고 했다. 아무래도 호텔 직원이 가격을 물어봐서 이런 싼 요금이 매겨진 거 같기도 했다. 아까 본 여행사 상품에서 생가 투어가 30유로나 되었는데…….

생가 가는 일정이 해결됐고, 저녁 먹을 레스토랑 해결이 남았다. 호텔 직원이 마을 레스토랑에 대해서 잘 알 테니 저녁 먹을 식당을 추천해달라고 물었다. 그는 이미 이 질문에 대한 대답이 나와 있는 빈치 마을 지도 한 장을 주었다. 그곳에 추천할 만한 레스토랑 다섯 군데가 표시되어 있었다. 레오나르도 광장 옆에 니치오Nicchio와 보르고 알레그로Borgo Allegro라는 식당과 레오나르도 박물관 근처 토레타Torretta, 레오나르도Leonardo, 리스토로 델 무세오Ristoro del

Museo라는 식당이 있었다. 그중 제일 친절하고 맛있는 집이라고 추천해 준 곳이 보르고 알레그로였다. 호텔 직원이 추천해 주는 식당에 실망해 본 적이 없어서 믿고 보르고 알레그로 식당으로 갔다.

식당 종업원이 가져온 고급스러운 메뉴판을 쭈욱 훑어보고 나는 가브리엘에게 토마토소스만 넣은 스파게티를 시켜줬다. 이것은 고급 중식 집 메뉴를 교양 있게 훑어본 후 짜장면 주문하는 것과 같았다. 제일 기본 메뉴이면서 제일 싼 음식.

스파게티는 집에서 밥처럼 먹는 거니까 레스토랑에서는 색다른 메뉴를 경험시켜 줘야 하는데 새로운 메뉴 시켜놓고 입에 안 맞는다고 할까 봐 제일 안전한 메뉴를 시킨 것이다. 무엇보다 제일 싸기도 하고. 아이도 식당에 가면 으레 스파게티를 먹는 걸로 알고 있다. 결론은 언제나 스파게티면서 나는 메뉴판을 마치 뭔가 색다른 것을 시킬 것처럼 들여다보는 걸 재미있어한다.

아이에게 스파게티 메뉴를 시켜주고 나자 갑자기 내가 이제 집으로 돌아가서 꼭 해야 될 과제가 있다는 생각이 들었다. 아이가 먹는 메뉴에 영양가를 더 생각하고 더 다양하게 요리를 해서 많은 다른 종류의 것들을 먹거리로 즐길 수 있는 아이로 키우기. 다른 엄마들에겐 이게 쉬운 일이지만, 나에겐 힘든 숙제다. 도대체 내게 쉬운 게 없다.

빈치의 레스토랑

04. 프랑스 엄마에게 어떤 비밀이?

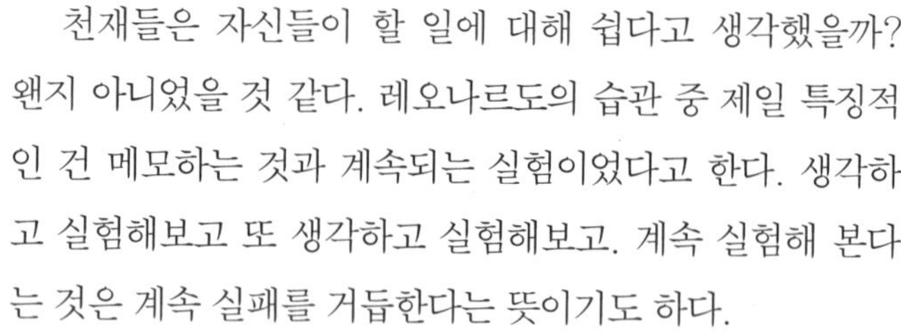

천재들은 자신들이 할 일에 대해 쉽다고 생각했을까? 왠지 아니었을 것 같다. 레오나르도의 습관 중 제일 특징적인 건 메모하는 것과 계속되는 실험이었다고 한다. 생각하고 실험해보고 또 생각하고 실험해보고. 계속 실험해 본다는 것은 계속 실패를 거듭한다는 뜻이기도 하다.

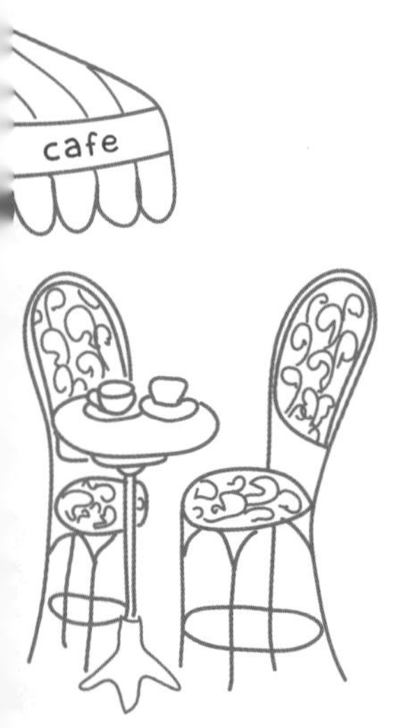

해보고 안 된다고 포기할 때는 실패지만, 될 때까지 실패를 해보는 것은 실험이다. 이 얘기는 또한 아무나 천재가 될 수는 없지만, 누구나 천재적인 태도를 가질 수 있다는 뜻이기도 하다. 바로 이것이 교육의 핵심 정신이 되어야 하지 않을까 싶다. 누구나 천재적인 태도로 자라나게 해주는 교육. 한 아이 한 아이의 개별성을 최대치로 끌어 올리도록 도와주는 교육.

문명이 극도로 빠르게 발전하고·있는데 우리 교육 시스템 수준은 어떤 향상을 했는가. 나는 세상 사람들에게 당신은 당신이 받은 교육에 행복했는지를 묻고 싶다. 그 질문을

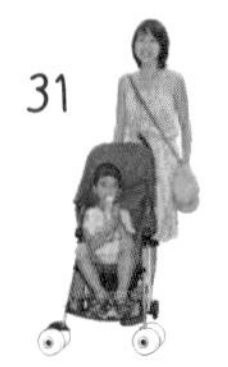

나에게서부터 시작한다면 나는 일 초의 주저함도 없이 대답할 수 있다.

"끔찍했죠!"

토스카나의 많은 레스토랑이 에노테카Enoteca를 같이 운영하고 있다. 에노테카는 와인을 팔기도 하고 테이블에서 와인바처럼 즐길 수도 있다. 보르고 알레그로 레스토랑도 에노테카를 겸하고 있는 곳이었다. 남편과 같이 왔다면 당연히 포도주를 마셨겠지만, 아이와 먹는 자리라 한 잔 마시고 싶은 걸 참았다.

여름이라 식당 밖 정원 테이블만 세팅되었는데, 생각보다 사람들이 많지 않았다. 내가 앉은 테이블 말고 세 테이블만 손님이 있었다. 서로 나누는 얘기를 들어보니 각 테이블의 국적이 독일, 미국, 프랑스였다. 독일 테이블은 여섯 명의 남녀가 맘 통하는 친구 모임인 듯 왁자지껄 웃으며 와인을 자기네 맥주 마시듯 급하게 마시고 있었다.

프랑스 테이블은 두 아이와 부부였는데 그 두 아이의 모습이 인상적으로 다가왔다. 남매 아이의 오빠는 일고여덟 살쯤 보였고 여동생은 서너 살쯤 보였는데 두 아이가 각자 조용히 자기 장난감으로 놀고 있었다. 입으로 뭔가 작게 중얼거리면서 각자 자기 세계에 빠진 듯 보였다. 서너 살밖에 안 되어 보이는 인형같이 귀여운 아이 역시 불편한 어른용 의자에 앉아 있는데도 자기 여행용 작은 장난감을 가지고 조용히 놀고 있었다. 정말 조용했다. 옆 테이블에 앉은 나에게도 들리지 않는 목소리였다. 아이들이 각자 노는 동안 부부는 둘 만의 대화를 편하게 나누고 있었다. 아니 어떻게 저렇게 만들 수 있는 거지? 아이들 엄마는 와인을 즐기며 담배까지 여유 있게 피웠다. 나는 그 아이 엄마에게 다가가 묻고 싶어서 엉덩이가 들썩거렸다. 아이들에게 어떻게 했어요? 어떻게 하면 이렇게 레스토랑에서 예쁘게 있죠? 저런 아이들이라면 집에서도 학교에서도 모범 아이들이겠죠?

매너 좋은 아이로 키우는 것이 내 교육 목표 중 하나인데 나는 아이가 잘못한 것에 대해 내가 클 때 내 엄마가 그랬듯 일방적으로 잘못을 지적하고 어떻게 하라고 지시한다. 어쩔 땐 내가 여자 군인 상사 같다. 명령하고 위협하고. 효과가 별로 없다는 게 거듭 드러났다. 아이에게 제일 효과적인 방법이 무엇인지 나는 경험이 없었고 주위에 좋은 모델도 없어서 정말 잘 모르겠다.

그 프랑스 아이 엄마가 부러워서였는지 내가 주문한 토스카나 수프가 별로였다. 수프지만, 걸쭉한 국물이 없는 거의 채소 리소토[risotto] 같았는데 맛에 특징이 없었고 토마토의 신맛이 거슬리기까지 했다. 다행히 스파게티는 괜찮았는지 가브리엘이 부지런히 면을 크게 돌돌 말아 먹었다. 스파게티에 미트볼이 있길래 하나 맛을 보고 가브리엘이 눈치 못 채게 냅킨에 뱉어냈다. 이 레스토랑이 빈치에서 맛있는 곳이라면 빈치가 맛집이 많은 동네는 아니라는 얘기였다. 잘 꾸며진 레스토랑에서 맛없이 먹으면 정말 신경질 난다. 차라리 밥값도 절약하면서 굶는 쪽을 택하는 게 낫다. 그래도 아이의 허기진 배를 채워준 스파게티는 맛없어도 고마웠다.

호텔로 돌아와서 인터넷 이용을 하려는데 작동이 안 됐다. 직원과 한참을 내 컴퓨터로 시도했는데 아마 와이파이를 전해주는 회사에 문제가 있을 거라는 짐작으로 끝났다. 직원이 친절하게 진심으로 미안해 해줘서 화가 나진 않았다. 방으로 돌아와 그냥 한글 윈도만 열어 메모라도 좀 쓰려고 했는데 이번엔 난데없이 컴퓨터 배터리를 교환하라는 글자가 떴다. 그러더니 배터리 충전이 안 되기 시작했다. 하필 여행 첫날부터 문제가 생기다니. 내가 손으로

머리를 감싸고 어떡하지 하고 있는데 가브리엘은 호텔 방 TV에서 만화 채널이 없다며 실망하더니 잠들었다.

엄마로서의 하루 스트레스는 아이의 쌔근쌔근 잠든 모습을 보면 풀어진다. 레오나르도 다 빈치가 태어난 마을, 레오나르도 다 빈치의 그림 액자들이 가득한, 이름도 '모나리자'인 호텔에서 나는 모나리자보다 더 행복한 미소를 지으며 여행 첫날밤을 보냈다.

05. 천재가 태어나는 땅이 있다!

아침에 일어나 호텔 발코니에 앉아 빈치 마을 정경을 감상하다니! 이런 포근한 행복감 때문에 여행 중독증이 생기는 게 아닐까. 사람이 주는 포근함은 불완전하다. 계속 똑같지 않을 거라는 불안감이 끼어들기 때문이다. 그러나 저만치 떨어져 있는 자연이 나를 품어주는 듯한 포근함은, 내가 사람이면서 자연이기도 하다는 걸 알려준다. 인간과 인간은 어긋날 때가 많아도 자연과 자연은 똑같이 겹쳐진다. 그 겹쳐짐이 포근함이 되는 것이다.

오늘 아침은 레오나르도 생가에 가는 일정이라 인터넷으로 내가 공부를 먼저하고 아이에게 알려주고 싶었는데 인터넷이 안 되니, 아침만 길게 먹고 택시 예약 시간을 기다렸다.

예약 시간에 맞춰 도착한 택시로 빈치 마을에서 3km 떨어진 작은 마을 안키아노Anchiano에 도착했다. 레오나르도의

레오나르도 생가

생가는 언덕 위에 있는 외딴 집으로 마을 풍경이 사방으로 탁 틔어 보이는 곳이었다.

집 안으로 들어가니 바로 부엌과 거실이 있고 그 옆에 침실 정도로 사용했을 공간이 있었다. 그곳에 커다란 스크린이 설치되어 있고 이십 분 동안 레오나르도의 생애와 그의 작품 설명을 비디오로 보여 주었다. 비디오는 아이들이 이해하기가 쉽고 흥미로운 자극을 주기 때문에 학습 효과가 당연히 좋은 매체다. 이렇게 교육적인 학습으로만 아이들이 비디오를 이용할 수 있으면 얼마나 좋을까. 얼마나 많은 아이의 맑은 영혼이 쓰레기 같은 비디오에 더럽혀지고 있는가.

레오나르도 다 빈치가 서자 출신이라 당시 학교 교육을 받지 못하는 차별 대우를 받았지만, 그것이 그를 학교 밖으로 내몰아 자연과 친구가 되게 하여

주었다는 이야기로 비디오가 시작됐다. 강물, 새의 날갯짓, 달리는 말이 주는 경이로운 자연의 움직임이 그의 상상력을 극도로 끌어올리게끔 해준 것이다. 그렇게 상상을 실험하고 또 실험해서 잠수함을 만들고 비행기도 만들었다. 잠수함 비행기가 진짜 만들어져 이용되기 사백 년 전에 말이다.

"저 할아버지는 왜 수염이 저렇게 길어?"

다섯 살 아이가 레오나르도 학습 비디오를 보고 난 후의 첫 질문이다.

"왜 이탈리아어가 아니라 영어로 나와? 이해가 하나도 안 돼."

영어, 이탈리아어만 교대로 20분씩 상연되는데 내가 도착한 시간이 영어 상연 시간이었다. 슈퍼맨, 배트맨은 영어로도 잘 보면서. 하긴 스토리로 이해하는 거지 언어로 이해하는 게 아니니까.

가브리엘이 이 천재 할아버지의 집에서 아무 감동도 못 받고 아침부터 피곤한지 눈에 졸음기 마저 있었다. 나는 이 집을 오기 위해 이 빈치 마을을 찾아왔기 때문에 내 사진이라도 남기고 싶어 아이 목에 카메라를 걸어주며 엄마 좀 찍어보라고 했다. 아이는 건성으로 카메라를 들었다가 순식간에 찍고 내렸다. 성의 있게 찍어보라고 슬쩍 화가 난 목소리가 나와 버렸다. 내 기분에 따라 아이 대하는 게 달라진다.

하품을 해대는 아이 때문에 사진 찍기도 포기하고 서둘러 택시가 기다리는 곳으로 되돌아왔다. 생가를 천천히 둘러보고 빈치 마을로 가는 자동차를 히치하이크해서 호텔로 돌아올 생각이었는데 생가로 오던 길이 한적하고 히치하이크할 분위기가 전혀 아니라서 택시를 삼십 분만 대기시켰다. 택시 기사 아저씨가 인상이 좋고 친절해서 쉽게 결정했다. 그리고 택시 아저씨가 요구한 15유로는 좋은 가격이었다.

택시 안에서 빈치 마을에 레오나르도 말고 다른 천재는 안 태어났냐고 물

었다. 아저씨는 웃으며 없다고 했다. 그러면 세계 최고 천재를 태어나게 한 빈치 마을의 아이들이 다른 마을 아이들보다 똑똑하냐고 물었다. 아저씨는 만약 그렇다면 아이들이 똑똑해지려고 다 빈치 마을로 몰려들었을 거라고 했다.

몇 년 전 한국의 모 신문에서 서울 동네 중 서울대 입학률이 제일 높은 동네와 제일 낮은 동네 통계 결과에 대한 기사가 나왔다. 지금 생각해보면 유치한 주제가 아닐 수 없다. 그런데 서울대 입학률이 제일 낮은 동네가 내가 태어난 동네였다. 기분 나빠 해야 할 것 같았는데 난 그때 은근 기뻤다. 내가 서울대에 못 간 이유가 내 머리에 있었던 게 아니라 내가 태어난 동네 터가 안 좋아서 그랬다는 생각 때문이다.

르네상스 3대 거장이 다 피렌체 근교에서 태어났다는 사실이 땅의 기운을 미신처럼 취급하기 어렵게 한다. 예사롭지 않은 땅의 비밀이 있을 거라는 생각이 계속 뇌리를 건드린다.

06. 중국인들이 만드는 메이드 인 이탈리아

Made in Italy?

Made in China?

교회 종소리가 들렸다. 이 마을에서는 너무 자주 교회 종소리가 들리는 것 같아 택시 아저씨한테 얼마 간격으로 교회 종이 울리느냐고 물었다. 한 시간 간격이란다. 옛날 시계가 없던 시절 교회 종으로 마을 사람들에게 시간을 알려주는 전통을 아직도 지키고 있는 것이라고 했다. 식사 시간은 물론 마을의 장례식이나 결혼식도 알려주고 각종 특별한 행사를 알려주었다. 다른 마을에서 군사가 쳐들어올 때는 전투 준비하라는 중요한 신호로도 쓰였었다.

호텔로 돌아와서 짐을 꾸렸다. 내가 짐을 꾸리는 동안 가브리엘은 토스카나 지도를 들여다보았다. 내게 어디로 갈 거냐고 물어보길래 지도를 통해 지금 있는 빈치에서 버스 타고 엠폴리로 가서 기차를 타고 피사로 가서 다시 기차를 갈아타고 루카[Lucca]로 갈 거라고 했다. 그리고 나는 다시 짐 챙기는 마무리를 했다. 지도를 계속 보던 아이가 내게 지도를 내밀며 빈치에서 루카를 더 빨리 가려면 빈치에서 버스 타고 피스토이아Pistoia로 가서 기차 타고 루카를 가면 된다고 했다. 나는 다섯 살 아이의 정보를 무시했다. 아이는 내 코앞에 지도를 들이대며 잘 보라고 고집을 피웠다. 봐주는 척이라고 해야 될 것 같아 잠시 짐 챙기는 걸 멈추고 지도를 보았다. 잘 보니 정말 지도 상으로 보면 아이가 얘기한 루트가 더 편하고 빠른 방법이었다.

호텔 직원에게 피스토이아 가는 버스가 있냐고 물어보았다. 인터넷으로 확인하더니 버스가 있지만, 중간에서 한 번 갈아타야 한다고 했다. 버스 시간이 확실하지 않으니까 엠폴리에서 기차를 타는 것이 좋을 거라고 했다.

빈치의 레오나르도 광장에 있는 버스 정류장으로 가서 엠폴리행 버스를 기다렸다. 버스 타임테이블을 보는데 이해가 안 됐다. 여러 개의 노선이 적혀 있는데 빈치에서 엠폴리 가는 버스가 어느 노선인지 잘 모르겠다. 이탈리아에서 십 년을 살았는데 마을버스 노선도 이해가 안 된다고 하면 비웃음거리가 될 것이다.

뭔가 진단해봐야 할 상황 같아서 똑똑해 보이는 사람이 지나가기를 기다렸다. 버스 정류장에는 나밖에 없었고 지나가는 사람도 없었다. 제일 더운 한낮시간이라 다들 건물 안에서 점심을 먹든지 쉬든지 자든지 하는 시간이니까. 삼 십 분 넘게 기다렸더니 조금 불안해졌다. 점심 시간대에 버스가 안 올지 모른다는 생각이 들었다.

이때 반갑게도 똑똑해 보이는 이가 지나갔다. 아이 둘과 젊은 부부, 다들 자전거를 끼고 걷고 있었다. 자전거로 마을을 돌고 있는 중인 모양이었다. 나는 외국인으로 보이는 아이 엄마가 버스 노선을 이해하는지 알아보고 싶었다.

벨기에에서 왔다는 아이 엄마는 버스 노선표를 찬찬히 들여다보고 나서 빈치에서 엠폴리 가는 버스 노선을 이해할 수 없다고 대답했다. 나는 흡족해져서 고맙다고 대답했다. 내가 바보가 아니었다. 이탈리아 시스템이 바보다. 어떻게 하면 이방인들이 자신들의 표시를 쉽게 이해할 수 있을지에 대한 배려가 없다. 로마에 오면 로마법에 따르라는 이천 년의 전통을 너무 잘 지키는 후손이다.

아까 택시 아저씨 연락처를 받아 놨어야 했나 보다. 가브리엘이 배고프다고 하는데 정류장 근처 바가 보여도 행여 그러다 버스를 놓칠까 봐 갈 수 없었다. 급한 대로 바에서 과자와 그라니타[granita: 스무디]를 사서 주었다. 그라니타를 마시는 가브리엘의 얼굴에 만족감이 넘쳤다.

아이처럼 만족을 저렇게 작은 것에서 찾을 수 있다면 얼마나 좋을까. 배고플 때 그라니타 하나면 만족해하는. 기다리는 버스가 안 오고 언제 올지 몰라도 더운 목구멍에 시원한 그라니타가 넘어가는 느낌에 충분히 행복해하는. 그래서 예수님이 아이처럼 되지 않으면 천국에 못 간다고 하셨나 보다. 어른은 문제가 생길 때마다 심각해하고 해결할 때까지 만족하거나 행복해하지 못하니까. 문제가 해결되었을 때조차도 만족하거나 행복해하지 못하니까.

한 시간 넘게 기다렸을 때 엠폴리 쪽에서 오는 버스가 건너편 차선으로 달려오고 있었다. 반가웠다. 광장 위쪽에서 차가 돌려져 다시 엠폴리 방향으로 가는 버스라고 생각했다. 나는 버스 기사에게 이쪽 편에서 기다리는 손님이 있다는 걸 미리 알려주려고 손을 흔들어 표시를 해댔다. 버스 기사는 손을 빙 돌리는 시늉을 보이며 차를 돌려 오겠다는 표시를 했다. 그 버스가 잠시 후에 내가 있는 차선 쪽으로 왔다. 나는 짐을 들어 버스를 탈 준비를 했다. 그런데 버스 기사가 둘째 손가락을 들어 올려 좌우로 까딱거리며 이곳에 안 설 거라는 표시를 했다. 그리고 짐을 들고 있는 내 앞을 그대로 지나가 버렸다.

이거 뭐야. 왜 이렇게 이해할 수가 없지. 버스 노선도 버스도!

아무래도 택시를 불러야 하나 생각하며 지친 상태로 있을 때 어떤 버스가 오고 있었다. 내가 엠폴리에서 빈치로 올 때 탄 버스 모양과 색깔이 달라서 엠폴리로 가는 버스가 아닐 것 같았다. 일단 손을 들어 버스를 세웠다. 기대 없이 엠폴리에 가냐고 물었는데 타라고 했다. 나는 급할 때 솟는 힘으로 무거운 짐과 유모차까지 순식간에 번쩍 들어 잽싸게 버스에 올라탔다.

큰 버스에 탄 사람이 나와 가브리엘밖에 없었다. 이래가지고 버스 회사 운행이 될까. 버스 오른쪽 맨 앞에 습관적으로 앉았다. 투어 리더 일을 하던 버릇이 아직도 남아 있어서 투어 리더 좌석인 버스 오른쪽 맨 앞좌석에 습관적으로 앉을 때가 잦다. 그래야 버스 기사하고 말하기도 좋으니까.

그런데 버스 앞유리에 붙은 버스 노선표가 눈에 들어왔다. 남쪽의 엠폴리와 북쪽의 피스토이아를 왕복하는 버스였다. 그 중간쯤에 빈치가 있었다. 빈치에서 피스토이아로 가는 직행버스가 있는 거였다. 호텔 직원이 인터넷에서 확인한 정보가 틀렸다. 이탈리아 사람이 주는 모든 정보는 믿지 말고 참고만 해야 하는 걸 이번에도 경험한 것이다.

빈치에서 피스토이아까지 버스 타고 가자던 가브리엘의 생각이 인터넷보다 더 나은 정보였다. 나는 버스 기사에게 빈치에서 루카로 가려면 피스토이아까지 이 버스를 타고 기차를 갈아타는 게 좋을지를 물었다. 버스 기사가 엠폴리에서 기차를 타고 피렌체를 가서 피렌체에서 루카를 가는 게 제일 좋다고 했다. 물론, 이 정보도 틀린 정보였다. 엠폴리 역에서 티켓을 사며 기차역 직원에서 물어보니 피사에서 기차를 갈아타고 루카를 가라고 했다.

이탈리아 사람들은 정보를 줄 때 자신 있게 확실한 듯 얘기하는 습관이 있어서 듣는 사람들이 믿고 만다. 이탈리아 사람들의 엉터리 정보에 수십 번쯤 속고 나서야 이탈리아 사람에게 되도록 정보를 안 물어보는 게 좋고, 물어볼 수밖에 없는 상황이라면 속는 셈 치고 들어야 한다는 걸 알게 된다.

내가 다시 버스 기사한테 피스토이아까지 버스로 얼마나 걸리냐고 물었다. 한 시간 이십 분이 걸린다고 했다. 가이드북에 25km 거리로 나와 있는데 어떻게 한 시간 이십 분이나 걸린다고 할까. 문득 남편이 했던 말이 생각났다. 내가 토스카나 여행을 버스와 기차로 하겠다고 했더니 남편이 기차가 없는 곳만 버스를 이용하고 되도록 기차를 타라고 했다. 토스카나 길이 버스로 다니기에 너무 많은 커브가 있어 버스 이용이 아주 피곤할 거라고 했었다.

나는 버스 기사한테 가는 길에 커브가 많아서 시간이 오래 걸리는 거냐고 물었더니, 그렇다고 했다. 버스로 가는 게 기차보다 많이 불편하냐고 물었더니, 그렇다고 했다.

버스 기사가 덧붙여 말하길 버스는 에어컨도 없어 몹시 덥기까지 하다고 했다. 그러고 보니 버스 탄 지 십 분도 안 됐는데 아이가 땀을 흘리고 있었다. 기사는 버스 회사가 에어컨을 안 고친다고 했다. 기름값 절약하려고 일부러 안 고치는 것이었다. 하루에 여덟 시간을 에어컨도 없는 버스를 타고 굽이굽이 굽어진 길들로 다니는 일도 꽤 힘이 들 것 같았다. 그래도 여덟 시간이라는 정해진 시간이 있다는 것은 내 남편보다 나은 상황이었다. 버스 운전기사인 남편의 스케줄에 대해 내가 붙인 별명이 '미친 말'이니…….

빈치에서 엠폴리 역까지는 이십 분 정도밖에 안 걸리고 중간에 두 번 사람을 태웠는데 첫 번째 탄 이가 갓난아이를 동반한 중국인 부부 가족이었고 두 번째가 어떤 중국인 남자였다. 엠폴리가 상업 도시라 중국인들이 많이 몰려 있는 것 같았다.

메이드 인 이탈리아도 중국인들 손으로 만들어지는 거라면 메이드 인 차이나하고 큰 차이가 없어질 것 같다는 생각이 들었다. 이탈리아 사람들은 경

제가 안 좋아지고 있다고 불평의 수다만 떤다. 경제가 안 좋아져도 여전히 잘 먹고 잘 논다. 그 긍정의 삶이 이 땅에 문화 예술의 꽃을 피웠지만, 국력이 힘이고 돈이 힘인 국가 간의 경쟁에서는 이탈리아가 자꾸 뒷전으로 밀려나고 있다.

나는 이탈리아 정치인을 결정하는 투표권이 있는 이탈리아 여권 소유자고, 남편이 이탈리아 사람이며 내 아이가 반 이탈리아인이니까, 나는 이탈리아가 잘 되기를 바라게 된다. 그런데 이 거대한 이탈리아 사람들의 고정관념 덩어리를 어떻게 수술하면 좋을지 막막하다.

엠폴리 역에 도착했을 때 내가 탄 버스에서 내린 이들이 다 중국인이었듯이 이 버스를 타기 위해 역에서 기다리고 있는 이들도 역시 중국인들이었다. 나도 다른 이탈리아 사람들 눈에는 공장 일 끝내고 애 데리고 나들이 나가는 중국인 아줌마로 보일 거 같았다. 이 생각을 하는데 버스에서 내린 중국인 남자가 내게 중국말로 뭔가를 물어봤다. 어랏! 이탈리아 사람 눈에만 내가 중국인으로 보이는 게 아니었다.

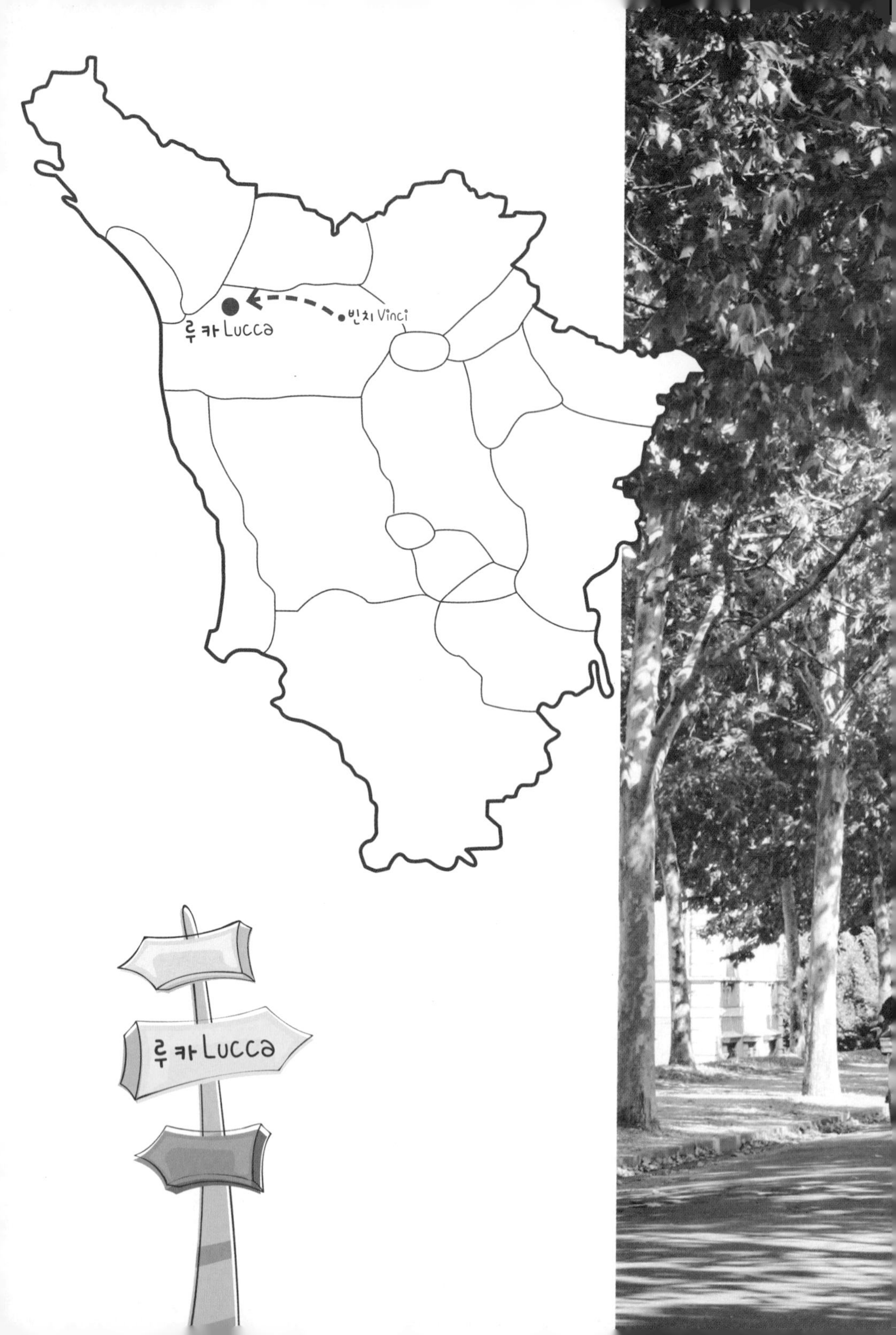

빈치 Vinci
루카 Lucca
루카 Lucca

2. 푸치니가 태어난 자전거 마을

01. 기차 안에서 이럴수가?

오빤~

강남스타일~~

오오오오~~

기차 안에서 가브리엘이 「강남스타일」 노래를 흥얼거렸다. 엉터리 가사지만 리듬은 비슷하게 부른다. 내가 일부러 이 노래를 들려준 적이 없는데도 아이가 보는 만화 영화 캐릭터들이 다 「강남스타일」 노래를 부르니까 아이가 그 자석 같이 빨려들게 하는 리듬에 홀려 버렸다.

집에서도 선글라스를 끼고 발이 잘 미끄러져야 한다면서 양말을 신고 춤과 노래를 따라 했었다. 집이 더우니까 달랑 팬티 하나만 입고 있어 선글라스와 양말, 팬티의 조화가 개그 무대 의상같았다. 더워서 불쾌지수가 올라가 있는데 아이가 머리 식히는 개그쇼를 보여주는 거 같아 하고 싶은 대로 내버려 두었었다.

그런데 지금은 기차 안이니까 노래하지 말라고 했더니 아이가 지금 기차 칸에 사람이 우리밖에 없으니까 괜찮다

고 했다. 정말, 그랬다. 피사로 가는 기차고 대낮 시간인데 기차가 한산했다. 좀 전에 같은 칸에 타고 있던 한 남자가 지독하게 독한 방귀를 뀌고 기차 칸을 가스실로 만들어 놓고 내렸다. 낯선 남자의 방귀 냄새를 맡고 참는 것은 얼마나 곤욕스러운 짓인가. 그런데 나는 무거운 짐을 다시 챙겨 들고 다른 칸으로 가고 싶지 않을 만큼 피곤함이 몰려왔다. 기차가 다음 역에서 문을 열었을 때 내 기차 칸 문을 동시에 열어 공기를 조금 환기시켜보려고 했다.

조금 후에 한 눈에도 인상이 안 좋은 어떤 남자가 내 기차 칸 복도에 서 있는 게 중간 복도와 기차 칸 사이 유리창으로 보였다. 좀 전 역에서 새로 탄 남자인지 다른 칸에서 이동해서 그곳에 있었던 건지 모르겠지만, 정말 인상이 보기만 해도 나쁜 짓을 많이 한 얼굴이었다. 나쁜 짓을 하는지 좋은 짓을 하는지 그 사람 얼굴에 어느 정도 나타난다는 것은 얼마나 무서운 현상인가. 순간 아무래도 내 기차 칸에 아무도 없다는 것이 불안해졌다. 아무리 대낮이라고 해도 불시에 달려들어 칼이라도 내 옆구리에 들이대면 내가 무슨 수로 빠져나갈 수 있겠는가. 게다가 지금은 옷 안쪽에 여행 경비가 든 전대가 있어 더 불안한 상황이었다. 몸은 피곤하니까 그냥 있자고 하고 머리는 안 좋은 상황이 생길 것 같으니까 다른 칸으로 옮기라고 실랑이를 했다. 그 실랑이를 하고 있는데 믿지 못할 상황이 눈앞에서 벌어졌다.

그 남자가 문신이 잔뜩 새겨진 팔을 바지 안으로 쑥 집어넣고 추태를 부리는 것이었다. 이 대낮에 기차 안에서……. 이런 미친개 망나니 같은 새끼의 추태에 순식간에 속이 울렁거리며 욕지기가 올라왔다. 다음 칸에 사람들이 있으니까 그 칸으로 옮기려고 최대 극치의 경멸스런 눈빛으로 그 새끼를 칼 화살처럼 쏘아붙이며 내가 벌떡 일어났다.

그런데……

흥분해서 급하게 벌떡 일어나는 바람에 내 무릎 쪽에 있었던 배낭끈이 내

치마를 감아버려 내가 일어남과 동시에 내 허벅지가 여실히 드러났다. 이런 개 같은 상황이! 추태 부리는 새끼 앞에서 무릎 밑까지 내려오는 치마를 입고 있던 내가 허벅지를 보여준 꼴이었다. 나는 여전히 강남스타일을 부르는 아이를 앞세우고 아까 버스를 탔을 때보다 더 빠르게 다른 칸으로 이동했다.

다음 칸에 마침 차장 아저씨가 앉아 있었다. 그 차장 아저씨한테 미친 새끼가 있으니 기차 밖으로 던져버리든지 어떻게 해보라고 하려고 다가갔더니 돈뭉치를 들고 세는 중이었다. 돈을 세고 있는 사람에게 말을 걸어서는 안 될 것 같아 그냥 그 차장 아저씨 옆쪽으로 앉았다. 그런데 무슨 돈이 저렇게 많지? 차장 아저씨 돈이라면 기차표 안 사고 탄 사람들 벌금인 것 같은데, 저렇게 많이 벌금이 거둬졌나?

나도 한 번 벌금을 낸 적이 있었다. 그때 나는 기차표를 샀었고 펀칭만 모르고 안 했을 뿐이었는데도 벌금을 냈었다. 그때 억울하게 낸 벌금을 다시 돌려받고 싶다.

그 미친놈이 내가 차장 아저씨 옆에서 고자질하려고 대기 중인 걸 눈치챘는지 아니면 그냥 원래 내릴 역이었는지 다음 역에서 내렸다. 나는 계속 더러운 불쾌감에 속이 울렁거렸다.

02. 사기꾼 비엔비 아저씨

피사에서 루카로 가는 기차는 아주 낡았고 에어컨도 작동되지 않았다. 그리고 기차 칸 사이의 무슨 작동 시스템도 뚜껑이 망가져 기차가 달릴 때 열었다 닫혔다 혼자 제멋대로였다. 저 장치가 있는 곳은 열쇠로 잠가 두는 곳인데 저렇게 열려 있으니 처음 보는 이들은 불안하다. 나는 내가 사는 라티나Latina에서 타는 로마 나폴리행 구간 기차에서 너무 흔히 보던 광경이라 대수롭지 않았다.

드디어 루카역에 도착했다. 기분이 안 좋아 피곤이 더 몰려왔는데 루카는 숙소를 정해놓고 온 것이 아니라서 어떻게 숙소를 찾을지 좀 막막했다. 루카 역에서 내리자마자 중세 시대의 높은 성벽이 바로 보였다. 저 성 안으로 들어가는 문을 먼저 찾아야 했다. 역 광장 왼편에 작은 관광 안내 센터가 있는 게 보였다. 자전거를 렌트하고 투어 상품을 파는 곳이었다. 그곳에서 루카 지도 하나를 얻었다. 그리고 전체 성벽 길이가 4km라는 정보도 얻었다. 피곤하지 않다

루카의 성벽

면 얼마든지 걸으면서 여유 있게 숙소를 찾을 수 있는 작은 성벽 마을이었다. 그런데 나는 너무 피곤했다.

역에서 왼편으로 조금 더 가니 성벽 안으로 들어갈 수 있는 아치 문이 보였다. 성벽 안으로 들어와 갈라진 길들을 보니 어느 길로 가면 좋을 지를 몰랐다. 일단 지도를 보니 안피테아트로[anfiteatro 로마 시대 원형극장]가 제일 큰 그림으로 보여 그 근처로 가기로 했다. 그런데 내가 있는 아치 입구에서 맞은 편 성벽 근처에 있는 극장까지 걸을 기운이 없었다.

호텔을 안 잡고 무작정 온 게 좋은 아이디어가 아니었음을 깨달았다. 나는 내가 걷다가 위치 편한 곳에 숙소가 보이면 정해보는 방법을 시도해보고 싶었다. 성문 바로 바깥에 택시들이 즐비하게 있지만, 성벽 안으로 택시가 들어가지 못할 거라는 생각이 들었고 목적지가 없으니 어디로 데려가 달라고 할 수도 없었다. 그리고 택시는 택시 외에는 이동 방법이 없을 때만 타고 싶었다.

더위로 숨차하면서 주위를 둘러보니 왼쪽에 작은 어린이 놀이터가 있고 앞쪽으로 중세 마을 길이 다 그렇듯 좁은 길이 갈래갈래 보이고 오른쪽을 보니…… 아! 작은 마을버스가 보였다.

버스 정류장에는 두 흑인 아가씨와 한 이탈리아 할머니가 있었다. 난 아가씨보다 할머니를 더 좋아한다. 인상 좋아 보이는 할머니한테 이 마을버스가 극장 쪽으로 가냐고 물었다. 극장까지 가는 버스는 없고 근처까지 가는 버스는 있는데 그 할머니도 그쪽 방향 버스를 타려고 기다리는 중이라고 했다.

같이 탄 버스에서 할머니가 먼저 내리면서 버스기사에게 내가 내려야 할 곳을 알려주었다. 버스가 어떤 작은 광장에 섰을 때 버스에 같이 탔던 두 흑인 아가씨들이 이곳에서 내려야 한다고 알려 주고 유모차 내리는 것도 도와주었다. 성 안으로 들어오자마자 친절함을 대접받으니 루카를 즐길 수 있겠다는 마음의 눈이 따뜻하게 열렸다. 이렇듯 도시의 첫인상이 중요하다.

수많은 이들이 이탈리아 하면 로마를 떠올리고 고대 유적을 보기 위해 많은 관광객들이 오지만 로마 관광 첫날부터 불쾌한 인상과 경험을 한 이들이 많다. 특히, 중요 소지품을 소매치기당한 스토리들을 모음집으로 만든다면 백과사전 두께는 될 것이다.

내가 내린 작은 광장 이름이 카미네carmine. 광장 앞엔 시장mercato 건물이 있었다. 그 옆쪽 건물 모서리에 작은 침대 그림이 그려진 비엔비 표시가 있었다. 이름이 라 토레La torre. 이름이 좀 익숙한 것 같기도 했다.

지도를 보니 내가 있는 광장에서 극장까지 정말 가까운 거리였다. 일단 극장 위치를 눈으로 확인하고 숙소를 정하는 게 좋을 거 같아 극장을 찾아갔다. 극장에 가까워지니 좁은 길 양옆으로 상점들이 빽빽이 즐비하게 있었다. 세일 기간이라 50%, 70% 할인해준다는 광고들이 가게마다 걸려 있었다. 극장은 쉽게 찾을 수 있었지만, 주위를 둘러보니 이렇게 해서는 숙소를 정하기가 어렵다는 걸 알았다. 그러면 아까 버스에서 내렸을 때 보였던 비엔비로 가는 게 제일 좋은 생각 같았다. 우선 위치가 좋은 곳이라는 판단이 생겼다.

비엔비 입구로 들어갈 때부터 좁고 칙칙한 사무실 분위기가 맘에 안 들었다. 주인아저씨는 한국 동네 작은 식료품 가게 아저씨처럼 보였다. 자기만 편한 대로 입은. 손님이 와도 별로 반가워하지 않는.

가격이나 물어보고 다른 데 알아보는 게 낫겠다는 느낌이 왔다. 주인아저씨는 방이 딱 하나 남았는데 스위트sweet라고 했다. 가격은 80유로. 너무 비싸다. 그때 뭔가 떠올라서 내 수첩을 꺼내 토스카나 오기 전에 루카 호텔을 잠깐 알아본 페이지를 살펴보았다. 라토레la torre. 숙소 예약하는 사이트에서 본 곳이었다. 비엔비 중 제일 중심 위치에 있고 제일 가격이 싼 곳이었기 때문에 여행 떠나기 며칠 전에 이곳으로 직접 전화를 걸어 가격을 알아봤었다. 욕실을 공동 사용 시 50유로, 개인 욕실 방은 60유로라고 해서 수첩에 가격까지 적어 놨었다. 어떻게 루카의 그 많은 숙소 중에서 내가 우연히 들어오게 된 곳이 내가 수첩에 유일하게 적어둔 숙소란 말인가. 이곳에 머물라는 일종의 사인으로 생각해야 하는 건가. 그런데 난 저 아저씨가 싫은데…….

나는 아저씨에게 내 수첩을 보여주며 내가 전화상으로 물어본 가격과 지금 가격이 왜 다른 지를 물었다. 남들하고 같이 방을 쓰고 욕실도 같이 쓰는 요금이 50유로, 스위트룸은 80유로라고 우겼다. 비엔비의 스위트룸이 어떨지 눈으로 확인해보고 싶어서 방을 보고 결정하겠다고 했다.

숙소는 사무실과 별도의 건물에 있었다. 걸어서 1분 거리에 있는 중세 건물 골목의 건물 중 하나였다. 높고 무거운 철문을 통과해 안으로 들어가 바로 위층으로 가는데 계단을 한참 올라가야 했다. 중세 때는 천정이 높았다더니 정말 두 층으로 다시 나눠도 될 정도로 높았다.

일 층에 올라가니 안으로 들어가는 문이 또 있었고 그 안으로 들어가니 어둡고 작은 살롱이 있고 양쪽으로 네 개의 작은 문이 있었다. 아저씨가 그중 한 문을 열어 안을 보여주었다.

방에 들어가자마자 후각으로 먼저 느껴지는 눅눅함. 낡은 싸구려 가구들. 얼핏 봐도 아주 오랫동안 빨지 않은 하얀색 얇은 커튼이 바람결에 흔들렸다. 어떻게 해야 하나. 그냥 하루만 여기서 잘까. 아니면 다른 곳을 찾아볼까. 몸은 지금 쉬지 않으면 조금 후에 기절시킬지 모른다고 경고를 했다.

"엄마 어떻게 할 거야. 여기로 정할 거야?"

아저씨가 물어봐야 할 질문을 아이가 먼저 물었다. 가브리엘이 아까 기차에서부터 배가 고프다고 했기 때문에 빨리 밥 먹으러 가자는 얘기였다. 나는 아저씨에게 60유로면 묵겠다고 했다. 아저씨는 인상을 구기며 이 방을 얼마든지 다른 사람에게 팔 수 있기 때문에 가격이 싫으면 다른 곳으로 가라고 했다. 난 이렇게 말하는 사람 정말 싫다. 당신 아니어도 팔 사람 많다고 배짱부리는 사람. 거의 대부분 사기꾼들이 이런 말 많이 한다.

불과 몇 달 전에 남편이 이런 종류의 사기꾼한테 당할 뻔했다. 남편이 중고차를 사려고 인터넷으로 여러 곳을 알아봤는데 그중에 상태가 아주 좋으면서 가격도 싼 차가 있었다. 모든 중고차 광고들이 연락처가 있는데 이 차는 이메일만 있었다. 내가 메일을 보내 관심을 보이니까 답장 메일이 성의 있게 바로 왔다. 차가 밀라노Milano 지역이라 표시되어 있었는데 차 주인이 차를 스코틀랜드로 가져왔다고 설명했다. 차가 맘에 들면 우리 집까지 추가 운송비 없이 보내주겠다고 했다. 제삼자가 들으면 너무 뻔한 사기인데 남편은 반신반의했다. 남편이 차를 운송해줄 회사와 차 주인의 신분증 복사를 보내달라고 했더니 너무 그럴듯하게 차 서류를 보내왔고 신분증까지 왔다. 스페인 남자였다. 스페인 남자가 이탈리아에서 살다가, 차를 가지고 스코틀랜드로 가서, 이탈리아 중고차 사이트에 광고를 낸 후, 차를 운송비를 대주며 이탈리아에 판다?

나는 너무 이상하니까 다른 차를 알아보자고 하는데 남편은 바보스럽게 믿어 볼 수도 있지 않겠냐고 생각했다. 그리고 그 차 주인하고 국제 통화까지 했다. 남편이 정말 믿어도 괜찮겠냐고 거듭 물으니까 그 사기꾼은 거듭 당신 말고도 팔 사람 많으니까 맘에 안 들면 관두라고 했다. 남편은 차 주인이 요구한 차 요금의 반을 선불로 은행을 통해 송금하는 것에 동의했다.

남편이 송금하겠다며 은행을 가려고 하자 내가 차를 운반해 준다는 회사

에 연락을 해보자고 했다. 두 개의 연락처가 있었는데 하나는 이탈리아어로 연락하는 번호고, 다른 번호는 영어 사용자 연락처라고 쓰여 있었다. 먼저 이탈리아어 연락처로 전화를 해보니 자동응답기로 연결되어 있었다. 그래서 영어 연락처로 전화를 해보았다. 스코틀랜드 사람이 받았고 회사 이름을 확인하니 맞다고 했다. 나는 대충의 상황을 설명하고 차를 운반해주는 회사가 맞냐고 물었더니 자기네 회사는 작은 물건 배달하는 곳이지 차는 운반하지 않는다고 했다. 그리고 더 기가 막힌 말을 했다. 나 말고도 아주 많은 사람이 자기 회사에 연락해서 차를 샀는데 왜 집에 도착하지 않느냐고 따지는 사람들이 많다고 했다. 그는 다행히 돈을 내기 전이니까 절대 돈을 보내지 말라고 충고했다.

나는 이 사기극이 기가 막혀 목소리를 떨며 그렇게 많은 사람이 당했는데 왜 그 사기꾼을 못 잡고 계속 사기를 치는 거냐고 물었다. 신고가 많이 들어와 경찰들이 범인을 잡으려 해도 인터넷 사기꾼들은 정말 잡기 어렵다고 했다.

나는 이 사기 스토리에 소름이 돋아 부들거리며 남편에게 전화 통화 내용을 전달했더니 남편은 별로 놀라지도 않고 우리가 새롭게 배워야 할 경험을 한 셈으로 치자고 했다. 내게는 남편도 전문 사기꾼한테 얼마든지 속을 수 있는 바보가 된다는 걸 새롭게 알게 된 경험이었다. 물론 이전에도 여러 차례 사람들에게 속은 사람이었지만, 이번이 제일 바보 같아 보였다.

아내는 이렇게 쉽게 바보가 되는 남편에게 정신을 확 차리게 하는 찬물이어야 한다는 것도 알았다. 아내가 남편보다 더 정신 차리지 않으면 남편이 바보가 될 때 대책 없이 당할 수밖에 없을 것이다.

남들에게 여러 차례 속는 남편의 결정들을 무조건 믿고 따르지 않기로 했다. 내가 할 수 있는 만큼 정신을 곤두세워 동의할 수 있는 것과 아닌 것을 나누기로 했다. 이렇게 나누는 것에 아주 안 좋은 부작용이 있다. 더 싸우게 된다.

그런데 남편보다 더 똑똑해지겠다는 내게 비엔비 주인 남자가 사기를 치고 있는 중인 줄 알면서도 당해주는 쪽으로 결정을 내렸다. 그 결정은 내 머리가 내린 게 아니라 내 피곤한 몸이 후줄근한 스위트룸 소파에 펄썩 주저앉아 버렸기 때문이었다.

주인이 현금을 바로 달라고 해서 주었다. 숙박료는 후불인데 돈부터 달라고 하는 것도 사기꾼의 특징이다. 사기임을 입증하듯 주인은 내게 영수증을 주지 않았다. 이것은 불법 영업. 오늘 밤만 자고 내일 이 방을 떠나는 즉시 루카 경찰서에 연락해야지 생각했다. 그런데 루카도 이탈리아 경찰들이 일하는 곳이니까 사기꾼을 고발해도 콧방귀만 뀔 게 뻔했다. 이게 이탈리아의 심각한 문제 중 하나다. 법을 안 지키는 사람들에게 법적인 조치를 안 하는 문제.

03. 700년 된 방, 밤이 무서워

돈을 받은 다음 처음으로 생글거리는 사기꾼 아저씨한테 이 건물이 언제 지어진 거냐고 물었다.

"천삼백 년대!"

내가 700년 전에 지어진 건물 안에 있는 거였다.

배고파하는 가브리엘과 700년 된 건물 밖으로 나왔다. 아까 고대 로마 극장 안이 온통 바와 레스토랑으로 둘러 있었던 것을 봤기 때문에 그곳에서 먹을 생각이었다. 이 유명한 루카의 타원형 극장. 배고프니까 와, 하는 감탄이 안 생겼다. 그런데 배고픈 와중에도 "되도록 절약"에 찌들어 있던 습성이 배고픈 아이에게 빨리 먹을 걸 주라는 모성을 앞질러 눌렀다. 원형 극장을 둘러싼 레스토랑을 일일이 돌면서 메뉴와 가격을 비교했다. 그리고 이 극장으로 들어오는 아치 문 바로 바깥에 아이들을 동반한 가족들이 빽빽이 야외 테이블에서 먹던 장면이 떠올라 그곳도 다시 되돌아가

메뉴를 확인했다. 아치 문을 사이로 극장 안과 밖의 가격 차이가 꽤 있었다.

극장 안은 레스토랑이고 바깥은 트라또리아trattoria였다. 고급 식당과 일반 식당 정도의 차이. 트라또리아의 특징 중 하나는 테이블보를 일회용 종이로 사용한다는 거다. 그래서 아이를 데리고 가면 종이 테이블보에 마음껏 그림 낙서를 할 수 있어서 좋다.

트라또리아 테이블에 앉아 있는 아이들이 다들 피자를 시켜서 먹고 있는데 맛있어 보이고 가격이 우리 동네 가격과 같았다. 이 트라또리아 주인은 똑똑해서 제일 기본 피자와 기본 파스타와 기본 샐러드 종류 가격을 모두 4유로 50센트로 통일했다. 아이를 동반한 가족이라면 이 명당자리 식당의 파격적인 가격에 고마워하며 기꺼이 한 테이블에 앉게 될 것이다. 물론 그 외 다른 메뉴들은 관광지 가격이다.

나는 다른 아이들이 먹는 피자가 맛있어 보여 피자를, 가브리엘은 파스타 비앙코를 시켰다. 파스타비앙코는 파스타에 올리브오일과 치즈가루만 넣는데 가브리엘이 자주 즐겨 먹는다. 내가 떡 중에서 흰 떡을 제일 좋아해서 가브리엘이 파스타도 비앙코로 먹는 걸 좋아하는 것은 아닌지.

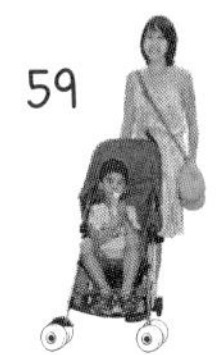

이 트라또리아는 프로세코prosecco 화이트 와인을 모든 테이블에 서비스했다. 옆 테이블에 친구 그룹이 프로세코 와인 잔을 경쾌하게 부딪치며 하나가 되는 행복한 웃음을 지었다. 작은 한 잔의 와인이 이렇게 사람과 사람의 마음을 연결해주는 매력이 있다.

저녁을 먹은 후 모든 관광은 내일 하기로 마음먹고 숙소로 바로 돌아왔다. 가브리엘은 제일 좋아하는 TV 만화 채널을 보는 재미에 빠져 있는데 나는 왠지 무서웠다. 호텔처럼 로비에서 손님을 보호해주는 시스템이 아닌 것이 불안했다. 너무 높은 천정의 너무 오래된 나무에서 풍기는 눅눅한 냄새도 기분을 좋지 않게 했고, 내 침대 위에 매달려 있는 낡고 무거워 보이는 철 샹들리에가 떨어질까 봐 불안했다. 문밖 작은 살롱이 너무 어두운 것도 불안했고 무엇보다 다른 세 개의 방에서 아무 소리도 나지 않아 무서웠다. 만약 세 개의 방에 오늘 밤 아무도 자는 이가 없다면 700년 묵은 귀신이 나타날 것만 같았다.

무서워서 침대에 눕지도 못하고, 누우면 잠들 것 같아서, 무릎을 세우고 앉아 바깥에서 무슨 소리가 들리나 기다렸다. 기다리면서 두 가지 결심을 했다. 숙소를 미리 예약할 것. 한 번 자고 떠나는 떠돌이들 상대하는 비엔비, 특히 로비에서 손님의 안전을 지켜주지 않는 곳을 숙소로 정하지 않을 것.

토스카나에는 아름답고 시설 좋고 주인 좋은 농가 집 비엔비가 참 많다. 그런 농가 집에 머물면 색다른 토스카나의 추억을 갖게 될 것이다. 그런데 나처럼 대중교통으로 여행하는 이들이 허허벌판에 달랑 한 집인 농가 비엔비를 찾아 갈 수가 없다.

바깥에서 무슨 소리가 들렸다. 침대에서 용수철처럼 튕겨 문을 열어 보았다. 세 명의 젊은 여자들이 내 옆 방으로 들어가려고 하고 있었다.

"오, 고마워요!"

난데없이 방문에서 나와 고맙다고 말하는 나를 보는 세 여자들의 표정이 멍했다.

"아무도 없어 무서웠는데 반가워서 그래요. 같은 여자들이라서 더 안심되고요."

내가 정신 나간 여자가 아니라는 것을 이해한 세 아가씨가 친근한 미소를 지어 주었다. 이 세 젊은 여자들은 남미 코스타리카에서 왔고 오페라 가수들이라 한다. 내일 루카의 한 극장에서 오디션 시험이 있어 이곳에 왔다고 했다. 우리는 아래층으로 내려가는 어두운 복도 불을 켜는 스위치가 어디에 있는 건지 함께 찾다가 못 찾자 아마 전구가 나간 것 같다는 얘기를 나눴다.

그때쯤 우리 방 맞은 편에서 또 다른 한 여자가 방에서 나왔다. 자다 일어났는지 부스스해 보였다. 내가 몰랐던 숙박객이 이미 있었던 거였다. 그 여자가 문을 열고 밖으로 나가려고 하길래 내가 친절히 말해주었다.

"어두운 계단 조심하세요. 전구 나갔어요."

그 여자는 대답없이 나를 부스스하게 쳐다보더니 문 안쪽 인터폰의 버튼 하나를 눌렀다. 그랬더니 바깥 계단의 불이 환하게 켜졌다. 남미에서 온 젊은 아가씨들은 그럴 수 있겠다 싶어도 어떻게 이탈리아에서 사는 내가 문 안쪽에서 계단 스위치 찾을 생각을 못한 거지? 가브리엘, 미안해. 엄마가 자주 이렇게 심각해서. 혹 엄마가 리모컨을 동태인 줄 알고 냉동실에 얼리거든 엄마를 꼭 안아줘…….

이미 불안감이 사라졌는데 더 안심하라는 보너스처럼 내 또 다른 옆 방에 한 아이를 동반한 가족의 소리가 들렸다. 프랑스 말이었다. 아이가 침대에 누워 벽을 차는 장난을 해서 내 침대까지 울렸다. 벽을 차주는 게 이렇게 반갑다니. 가족끼리 뭔가 재미있는 시간을 보내는지 아이가 연신 웃었다. 아이의 웃음소리가 내 방에 들어오려 했던 700년 된 귀신을 멀리멀리 쫓아 버렸다.

한 아이의 웃음소리가 얼마나 맑은 진동을 내는지 얼마나 강하게 어두운 생각들을 몰아낼 수 있는지를 생생히 경험한 것 같았다.

04. 오페라는 표 사고 앞 문으로 들어가세요

다음 날 아침에 일어나 지난밤 레스토랑에서 먹다 남긴 피자를 먹었다. 내 방에는 주방기기가 있어서 팬에 피자를 따뜻하게 데워 먹었다. 피자를 데워 먹을 수 있는 것으로 스위트룸 취급해 주기로 했다. 모기에 많이 물린 거 외에는 아무 일 없이 잘 잤다. 사기꾼 아저씨가 모기는 없다고 해서 자기 전 창문을 잠시 열어두었던 내가 또 바보였다. 바깥 공동욕실에서 남미 여자가 발성 연습하는 소리가 들렸다. 오늘 오디션 보는 날이니 참 긴장되겠다 싶었다. 나는 가이드 책을 보며 어떤 순서로 루카를 관광해야 할지 계획했다.

루카에 대해서 알고 온 게 없었기 때문에 푸치니의 생가가 이곳의 유명한 관광지인 것을 알게 된 게 무척 반가웠다. 푸치니의 「나비부인Madam Butterfly」은 나에게 처음으로 오페라의 매력에 전율하는 경험을 하게 해주었던 특별한 의

미의 오페라였다. 그리고 「토스카Tosca」의 아리아 「별은 빛나건만E lucevan le stelle」, 「잔니 스키키Gianni Schicchi」 아리아 「오, 사랑하는 나의 아버지O mio babbino caro」, 「투란도트Turandot」 아리아 「공주는 잠 못 이루고Nessun dorma」 등은 오페라를 모르는 이의 마음도 사로잡는다. 루카에서 첫 번째로 가보고 싶은 곳은 당연히 푸치니의 생가였다.

푸치니의 오페라 아리아가 박물관 안에 울려 퍼지고 있었다. 푸치니가 쓰던 물건들이 전시되어 있었다. 그가 연주하던 피아노에서부터 친필의 악보들 그의 옷들과 그가 쓰던 가구들…… 그가 살았던 또 다른 거주지는 토레 델 라고Torre del lago라는 곳인데 루카성 밖의 호숫가 근처에 있다.

이 토레 델 라고를 배경으로 찍은 「푸치니의 여인Puccini e la fanciulla」이란 영화가 있다. 푸치니 「나비부인」의 감동을 기대하며 이 영화를 보았는데 지루해서 몇 번이나 하품을 했었다. 배우들의 대사가 거의 없었다. 인물들의 움직임으로만 서로 소통하게 하였고 중간마다 푸치니의 감정 상태를 알려주는 피아노 연주가 있었다.

영화는 푸치니의 집 하녀 도리아가 푸치니와 은밀하게 만나는 것을 푸치니의 부인이 목격하는 것으로 시작된다. 푸치니 부인은 도리아를 박대하고 감금시킨다. 도리아는 푸치니에게 도움을 구하지만, 푸치니도 외면한다. 도리아는 신의 위로를 받고 싶어 미사 중인 성당을 찾아간다. 그녀는 입을 벌려 성찬식 떡을 받아먹고 싶어 했지만, 신부는 더러운 소문의 여자인 도리아를 거절한다. 영화는 절망으로 울며 성당을 뛰쳐나온 도리아가 음독자살하는 것으로 끝난다. 영화는 도리아뿐만 아니라 여러 여자들이 푸치니와 내연 관계가 있었음을 보여준다. 유명한 예술가가 많은 여자들의 마음을 사로잡은 게 어디 푸치니뿐이었을까.

푸치니 생가 입구

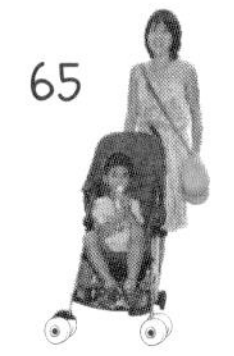

이탈리아 마을 어디에서건 오페라 음악회가 있기 때문에 이탈리아 아이들도 오페라를 친숙하게 들으면서 자란다. 아이들부터 마을 노인들까지 즐기며 감상하는 이탈리아 오페라를 생각하면 한국에서 오페라가 너무 고급스러운 음악으로 올려져 있는 것이 대중과 교류하는 데 오히려 방해되는 것 같다. 가브리엘도 몇 차례 오페라 감상을 한 적이 있어서 오페라 음악이 생소하지 않다. 나는 오페라의 세계를 잘 모르는 사람들이 그렇듯 쉽게 스토리가 이해되면서 아리아가 감상적인 오페라를 좋아한다. 그래서 푸치니의 오페라가 좋다.

내가 처음 오페라를 감상한 것이 이십 대 후반쯤이었다. 세종문화회관이었는데 뒷문으로 들어갔다. 무대 분장하는 친구를 어쩌다 알아서 표 없이 뒷문으로 입장시켜 주어 처음으로 오페라 무대를 볼 수 있었다. 제목은 「나비부인」. 세 시간 내내 감동으로 떨렸었다. 연극과 뮤지컬을 자주 보았지만, 오페라가 주는 깊은 떨림을 받은 적이 없었었다. 그 후 또 뒷문으로 들어가 공짜로 오페라를 감상할 기회들이 생기기를 바랐지만, 한국에서 오페라 감상 행운은 「나비부인」이 다였다.

이탈리아에 살면서 오페라 볼 기회들이 종종 생겼다. 무엇보다 로마에 많은 한국인 성악 전공 유학생들이 연주회를 하는 경우가 많아서 오페라가 더 친근해진 것이 세종문화회관 뒷문보다 더 행운인 것 같다. 성악 전공자들치고 푸치니의 아리아를 불러 보지 않은 이가 없을 것이다. 「라 보엠La Boheme」, 「토스카」, 「나비부인」, 「투란도트」……

우리 아파트 아래층 혼자 사시는 할머니 집에는 오페라 시디가 책꽂이에 한가득이다. 나폴리에 사실 때에 나폴리의 유명한 오페라 극장인 산 카를로를 일 년 티켓을 끊어 감상하셨다고 한다.

로마에는 여름에 고대 시대 목욕장이었던 카라칼라 목욕장에서 오페라 연주가 있는데 오페라 단체 관람 그룹이 남편의 버스를 섭외하는 경우가 있었다. 그 기회로 나도 카라칼라 오페라를 볼 수 있었다. 나폴리 산 카를로 극장 단체 관람 그룹도 남편이 한 적이 있었는데 그때는 내가 단체보다 늦게 예약해서 극장에 빈자리가 없었다. 그날 공연이었던 베르디 「라 트라비아타La Traviata」는 비싼 VIP 좌석에서부터 무대가 잘 보이지 않는 맨 끝 좌석까지 만석이었는데 이탈리아가 아니면 어느 오페라 극장이 이렇게 일반 사람들의 관심으로 채워질까 싶었다. 베로나Verona의 아레나 원형극장과 밀라노 스칼라 극장도 단체 관람 그룹이 생겨 버스 섭외가 오기를 기다리는 중이다. 세종문화회관 뒷문의 공짜 좋아하는 수준을 여전히 벗어나지 못하고 있다. 표 사고 앞문으로 들어가는 수준이 되면 내가 오페라를 보는 수준도 높아질 것 같다.

05. 시장 부인에게 길을 묻다

푸치니 박물관에서 푸치니가 연주하던 피아노와 친필 악보를 보는 것이 짜릿했다. 빈치에서 레오나르도 다 빈치의 친필 메모를 볼 수 있었을 때처럼. 여행의 보람이 느껴졌다.

가브리엘도 푸치니 아리아를 들으며 푸치니의 소장품들을 흥미롭게 둘러보았다. 어른이 되어 엄마 없이 푸치니 오페라를 감상하는 날 오늘 엄마와 함께 둘러본 푸치니 박물관을 떠올리며 미소 지었으면 좋겠다.

푸치니 생가를 나와 관광 안내서에 나와 있는 루카의 볼거리들을 둘러봤다. 성당과 박물관들. 종교와 예술이 깊게 연결되어 있는 이탈리아 문화라서 어느 마을을 가나 성당 아니면 박물관이 주요 관광지다. 산 미켈레 성당 앞 광장에 사람들이 제일 많이 모여 있었다. 거리 악사가 연주를 하고 있었고 사람들이 아이스크림을 먹으며 광장의 햇볕과 음악을 즐기고 있었다. 이 성당 근처 골목골목에 작은 호텔들이 있었다. 가격이 궁금해서 별 세 개 호텔 한 곳을 들어가 물어보았다. 나와 아이 하루 묵는 요금이 60유로였다. 화가 솟았다. 푸치니 생가 근처면서 중심 광장에서 가까운 곳 호텔에서 60유로에 묵을 수 있었다 생각하니 어젯밤 사기당한 것이 더 화가 났다.

루카의 볼거리 찾아가는 길은 가브리엘이 스마트폰 내비게이션 안내에 따라 내게 왼쪽 오른쪽 유모차 운전 방향을 알렸다. 그런데 두오모 성당으로 가는 길 내비게이션 안내가 헷갈렸다. 결국, 길을 잘못 들어서서 출발했던 지점으로 다시 되돌아왔다. 루카 지도를 펼쳐 방향을 잡아보려고 했다. 지도 읽는 게 서툴러 누군가에게 물어보기가 더 나을 것 같아 그때 유모차를 끌고 지나가던 한 아줌마에게 물어보았다. 그 아줌마가 자기가 두오모 쪽으로 가는 중이니까 같이 가면 된다고 했다. 그래서 그 아줌마하고 나하고 나란히 유모차를 끌고 걷게 되었다. 그 아줌마 유모차에 앉은 아이 이름도 가브리엘이었다. 가브리엘 이름이 이탈리아에서 점점 더 흔한 이름이 되어 가는 것 같다. 그만큼 사람들이 점점 더 가브리엘 이름을 좋아한다는 얘기기도 하다. 더 흔해지는 이름이 되어가고 있어도 나는 가브리엘 이름이 내 아들 이름인 게 마음에 든다.

길을 안내해 주는 아줌마가 참 기품있게 보였다. 루카 근처 마을에서 자랐고 루카로 시집와서 살고 있다고 했다. 루카에 사는 게 좋은지 물어보니 환한 미소로 좋다고 했다. 루카가 올라가고 내려가는 길 없이 평평해서 유모차 끌고 다니기에 좋고, 거리 골목골목 다니면서 구경거리 많아서 좋고, 차가 안 다녀서 자전거로 온 마을을 편하게 다닐 수 있어서 좋고 성벽 밖에 아름다운 자전거 길이 있어 더 좋고, 성벽 안에 아이들 놀이터, 학교 등 모든 것이 잘

갖추어져서 루카 성 밖을 나가지 않아도 이 안에서 가족들이 모든 걸 즐길 수 있다고 했다. 4킬로밖에 안되는 성벽 안에 살면서 모든 것에 만족한다는 이 아줌마의 말이 인상적으로 들렸다. 두오모 성당에 가까워졌을 때 국가 기관으로 보이는 한 커다란 건물 앞에서 아줌마가 자기 집에 다 왔으니 나보고 여행 잘하라는 인사를 건넸다. 그리고 그 건물 안으로 들어가는 것이었다. 저기가 자기 집이라고? 루카 시장 정도가 사는 건물 같아 보여 아마 시장 부인쯤 되나 보다고 생각했다. 어쩐지 남다른 기품이 느껴졌던 아줌마였다. 길 헤매는 외국인 여행자와 참 다정하게 애기해줬던 좋은 인상의 아줌마였다.

루카 산 미켈레 성당

06. 내 아내는 한국 여자입니다

두오모 성당을 둘러보고 나오니 성당 앞에 마차가 세워져 있는 게 보였다. 저 마차를 타고 루카를 둘러보면 가브리엘도 좋아할 것 같아 가격을 물어보니 역시 내 여행 경비에 무리한 지출이었다. 마차 타기를 포기하고, 가이드 책에 소개된, 성당 근처 아름다운 전망을 자랑하는 귀니지 탑Torre Guinigi을 찾아갔다. 관광 포인트여서 왔을 뿐 전망탑에 올라갈 생각은 없었다. 다시 조금 걸으니 로마 원형극장Roman Anfiteatro이 나왔다. 오늘 관광 일정을 처음 시작한 장소였으니 대충 루카 한 바퀴를 돌고 제자리로 온 셈이었다. 어제 저녁을 먹었던 레스토랑에 가서 점심을 먹었다. 가브리엘은 파스타를, 나는 샐러드를 먹었다. 루카에서 볼테라Volterra까지 가야 하는 중요한 스케줄이 남아 있는데 파스타를 먹으면 졸릴 것 같아서였다.

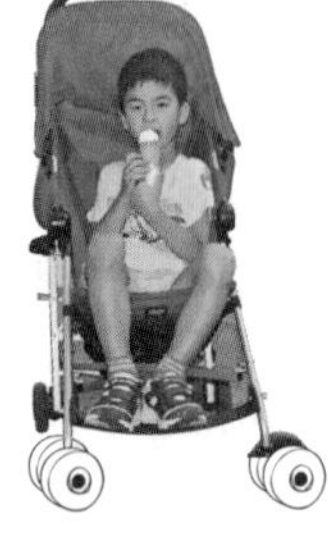

후식으로 가브리엘은 아이스크림을, 나는 커피를 마시며 레스토랑 직원에게 루카에서 볼테라까지 가는 버스가

루카 고대 로마극장

있는지를 물었다. 한 번에 바로 가는 버스가 있으니까 기차보다 편할 거라고 했다. 내 가이드 책에도 볼테라에 가는 버스가 토스카나 큰 도시 피렌체, 피사, 루카 등에 있다고 쓰여 있었기에 믿었다. 이것도 삼십 분 후에 둘 다 잘못된 정보로 드러났다.

점심 후 짐을 맡겨 놓은 숙소 사무실로 돌아오니 사기꾼 아저씨가 소파에서 코를 골며 자고 있었다. 아저씨 옆에는 내 짐을 비롯해 많은 이들이 맡겨 놓은 짐들이 쌓여 있었다. 잠에 푹 빠져 있는 아저씨를 지나쳐 짐 있는 곳에 이르러도 아저씨는 계속 코만 골 뿐이었다. 누군가 짐을 몽땅 가져가도 모를 정도로. 아저씨를 깨워 왜 내 신분증을 요구하지 않았는지 왜 영수증을 주지 않았는지 따지고 싶었다. 그런데 잠자는 얼굴조차 선해 보이지 않는 이런 사람과 말싸움을 하는 것은 바보 같은 짓이라는 생각이 들었다. 아무튼, 짐을 찾으려면 아저씨를 깨워야 해서 전혀 미안하지 않은 데 미안하다는 말을 하며 잠을 깨웠다. 아저씨는 잠결에 일어나 내가 새로 온 손님인 줄 알고 반기다가 짐 찾으러온 나를 확인하더니 턱으로 짐을 가리키기만 했다. 숙소를 운영하는 사람의 서비스 매너가 바닥도 아닌, 지하실이다.

저 아저씨한테 기분만 안 상했으면 루카에서 하루 더 있고 싶은 마음이 있었다. 루카에서 다들 즐기는 자전거를 타지 못했기 때문이다. 다음에 다시 올 때에는 푸치니 생가 근처에 호텔을 잡고, 루카의 유혹적인 쇼핑 가게 중에서 제일 맘에 드는 것을 꼭 사고, 또 꼭 자전거를 타고 루카 성벽 주변을 도는 시간을 가질 거라고 속으로 마음먹었다. 그리고 지금은 저 아저씨한테서 멀어져 빨리 이 도시를 벗어나고 싶었다.

버스 역까지 한 이십 분 정도 걸었다. 기차역은 내가 묵은 숙소에서 마을버스를 타고 성벽 출입문에 내려 오 분이면 도착할 수 있지만, 루카에서 볼테라까지 버스로 한 번에 가는 편리함을 생각하며 무거운 배낭 메고 기꺼이 이십여 분을 걸은 것이다.

버스 역에 도착했고 티켓을 사려 하니 볼테라까지 가는 버스가 없다는 것이었다. 폰테데라pontedera라는 도시까지 버스를 타고 가서 그곳에서 볼테라 가는 버스가 있는지 알아보라는 것이었다. 한숨이 푹 나왔다. 한 번에 가는 버스도 없고, 폰테데라라는 낯선 이름의 도시에서 볼테라 버스를 갈아타야 되는데 오늘 버스가 있는지 알 수 없다고 하니…….

어깨 아프고 기운 빠지는데 가브리엘이 갑자기 화장실이 급하다고 소리를 질렀다. 두 손을 엉덩이에 대고 발을 굴렀다. 버스표 파는 사무실 직원에게 아이가 화장실이 급한데 화장실을 쓸 수 있냐고 물었더니 사무실에 화장실이 없다고 했다. 화장실에 인색한 이탈리아라서 화장실이 진짜 없는 건지, 있지만 사용하게 하고 싶지 않은 건지는 알 수 없었다.

할 수 없이 아이를 데리고 근처 바에 가는 수밖에 없었다. 그런데 버스 표 파는 곳 앞에는 버스 정류장으로 이용하는 광장만 있고 눈에 보이는 바가 없었다. 아이를 유모차에 태우고 내가 온 길을 되돌아 가보는 수밖에 없는 것

같았다. 나는 쨍쨍한 햇빛 아래를 씽씽 달려 겨우 한 바를 찾을 수 있었다. 숨 가빠하며 바 문을 열고 들어가려고 하는데 가브리엘이 하는 말.

"엄마, 이제 똥 안 마려워."

쥐어박고 싶었다.

다시 버스표 파는 곳으로 돌아가려는 순간 유모차로 씽씽 달릴 수 있었던 게 내가 배낭을 메지 않았기 때문이라는 것을 깨달았다. 아차! 가브리엘이 급하다고 소리 지르는 바람에 내가 정신이 없어 내 배낭을 버스표 파는 사무실에 두고 온 것이었다. 만약 잊어버리기라도 하면 어쩌나 싶어 다시 씽씽 달려 사무실로 되돌아갔다. 덥고 숨차고 갈증 났다.

그런데 버스 사무실에 가까워질 즈음 한 자동차가 내 앞에 서는 것이었다. 나는 순간 누가 내게 길을 물어보려고 하는 줄 알고 급한 마음에 머리를 설레설레 흔들며 나는 길 모르는 여행자라는 사인을 했다. 그런데 그 자동차 앞쪽 창문이 열리며 내 휴대 전화기를 쥔 손이 쓰윽 뻗어지는 것이었다.

아니, 어떻게 내 휴대 전화기가 저 손에 있지?

내 휴대 전화기를 내민 착한 인상의 여자가 휴대 전화기를 이 근처에서 주었다고 했다. 그리고 휴대 전화기에서 Amore[사랑]라고 쓰여 있는 이름으로 전화했고 남편과 통화한 것이다. 내 남편이 내가 한국인 여자라고 설명해주고 근처에 한국인 여자가 보이는지 살펴봐 달라고 부탁했다. 그런데 이 아가씨는 약속이 있어서 다른 곳으로 가야 하는 상황이라서 일단 휴대 전화기를 자기가 가지고 있고 나중에 우편으로 내 남편에게 보내주겠다고 말했다. 그리고 막 떠나는 중인데 한국 여자인 나를 본 것이었다.

유모차 끌고 씽씽 달리느라 휴대 전화기가 떨어지는 줄도 몰랐던 것이다. 그런데 가브리엘이 만약 바에서 똥을 쌌다면 이 아가씨가 지금 막 지나가는 타이밍에 다시 이 자리에 못 왔을 것이었다. 그러면 나는 휴대 전화기 없는 여행을 해야 하는 것이었다. 내게 수시로 전화해서 별 일 없는지 묻는 남편이 내가 휴대 전화기 없는 여행을 하겠다고 하면 여행을 그만두고 집으로 오라고 할지도 몰랐다.

친절한 아가씨에게 고맙다는 인사로는 부족한데 너무 당연한 일을 한 듯 바로 떠났다. 이렇게 고마운 아가씨가 루카의 마지막 인상으로 남아줘서 무척 고마웠다.

배낭도 버스표 파는 사무실에 그대로 있었다. 볼테라 가는 버스 스케줄이 확실하지 않다고 하니 기차를 타기로 결정했다. 배낭 메고 유모차 끌며 기차역을 향해 걸었다. 걸으며 생각해보니 내 휴대 전화기의 남편 번호를 '사랑amore'으로 해놓은 것이 오늘 같은 날 이런 득이 있다는 걸 알았다. 남편 이름으로 저장해 두었다면 휴대 전화기를 주운 이가 어떤 번호로 연락해보면 좋을지 몰랐을 것이다. 남편은 내 번호를 '보물tesoro'로 저장했다.

이름을 지어, 부르면 부를수록 그렇게 되어가는 거라면 우리는 언젠가 진짜 보물 같은 사랑을 나누는 부부가 될지 모른다는 생각도 들었다. 우리가 여행을 떠난다거나 인생길을 방황하는 것이 삶의 보물을 찾고 싶어서고 진실한 사랑을 만나기 위해서라면, 우리 부부는 사랑과 보물을 찾았기에 더 이상 떠나지 않고 함께 부부의 연으로 살기로 약속한 거였다.

나는 또 다른 보물과 사랑을 찾기 위해 여행할 필요없는 사람임을 생각했다. 다만, 부부도 포옹해야 할 때가 있고, 서로 느슨히 풀어 휴식하게 해줘야 할 때가 있을 뿐이다. 아내의 휴대 전화기를 주운 낯선 이탈리아 여자에게 한국인 아내를 찾아봐 달라고 부탁했던 남편의 목소리가 생생히 상상되었다.

07. 여행 천사있어요

버스 역에서 기차역까지 무거운 짐을 메고 걷기에는 멀었다. 그런데도 기분은 좋았다. 버스 역이 성벽 옆에 있기 때문에 바로 성벽 밖으로 나와 성벽 둘레에 잘 조성된 자전거 길을 걸을 수 있었기 때문이었다.

자전거를 못 타고 루카를 떠나는 것이 제일 아쉬웠었는데 이렇게 예쁜 자전거길을 한참 걷을 수 있게 된 것이었다. 양쪽으로 늘어선 나무들이 만들어주는 그늘 덕에 시원하게 산책하듯 걸을 수 있었다. 다음에 루카에 온다면 꼭 자전거로 이 길을 즐기리라 생각했다.

루카 기차역에 도착했을 때 오후 네 시였다. 무거운 배낭으로 등이 땀에 흠뻑 젖어 있었다. 볼테라행 표를 사려니 오늘 볼테라 가는 마지막 기차가 오후 세 시에 이미 떠났다고 했다. 이 기차 역시 중간에 한 번 갈아타는 것이었다.

이럴 땐 어떻게 해야 하나? 루카 성벽 안으로 다시 되돌아가 하루를 더 자는 게 나을까? 아니면 방법이 생기기를 바라며 그냥 볼테라 쪽으로 이동해보는 게 나을까? 볼테라에 호텔을 이미 예약한 상황이라 이왕이면 어떻게 해서든 볼테라에 도착해보고 싶었다.

피사행 기차표를 샀다. 일단 피사에 가서 볼테라 가는 버스가 있는지 다시 알아보고 싶었다. 없으면 피사에서 하루 자는 방법도 있었다.

하지만 피사는 내가 여러 번 가보았고 가브리엘도 가본 적이 있어서 별 흥미가 생기지 않았다. 피사에도 여러 볼거리가 있을 것 같지만, 사람들은 피사의 기울어진 탑만 보러 온다. 그래서 탑을 보고 나면 피사를 보았다고 생각하고 바로 떠난다. 그 기울어진 탑이 세계적으로 유명한 불가사의라서 이탈리아를 찾은 이들은 꼭 보고 싶어하고 꼭 보는 게 좋을 만큼 충분히 흥미로운 탑임에는 틀림없다. 하지만 이미 본 후에 또다시 일부러 가고 싶은 곳은 아니었다.

피사 기차역에 내려 버스 역을 찾아갔다. 막 떠나가려고 하는 버스가 있었는데 앞에 폰테데라 행이라고 쓰여 있었다. 아까 루카 버스 역에서 버스로 폰테데라까지 갈 수 있고 그곳에서 볼테라행 버스를 알아보라고 했던 말이 기억났다. 버스 기사에게 이 버스가 볼테라에 가는지 물었다. 기사는 내

게 타라고 했다. 타라고 했지 볼테라에 간다고 대답하지 않았다. 그런데 나는 탔다.

버스표를 미처 못 샀기 때문에 기사 아저씨에게 표를 버스에서 살 수 있는지 물었다. 다행히 살 수 있었다. 이 버스는 에어컨이 시원한 정도가 아니라 추울 정도였다. 버스 기사에게 이 버스가 폰테데라에 도착하면 볼테라 가는 버스를 탈 수 있는지를 물었다. 버스 기사가 잘 모르겠다고 했다. 그런데 이 기사가 운전을 하면서 몇 차례나 어떤 이와 통화를 하는 것이었다. 내가 버스 기사 뒷좌석에 앉아 있었기 때문에 통화 내용이 들렸는데 폰테데라에서 볼테라 가는 버스가 있는지, 있으면 몇 시에 있는지를 다른 사람을 통해 알아보는 중이었다. 이렇게 친절한 버스 기사를 만나다니!

아까 잃어버린 휴대 전화기를 찾은 것도 한 여자 천사가 내 휴대 전화기를 주워 찾을 수 있었던 건데 이번엔 남자 천사가 볼테라가는 버스를 알아봐 주고 있는 것 같았다. 그는 버스가 있다는 것을 확인해줬다. 출발 시각이 7시 30분인 것도 알려줬다. 폰테데라에 도착하는 시간이 6시 30분이니까 한 시간 기다리면 되었다.

볼테라에 갈 수 있게 된 것이 흐뭇했다. 루카 버스 역에서도 잘 모르겠다고 했고, 루카 기차역에서는 볼테라에 가기에 늦었다고 했지만, 나의 대책 없는 밀어붙이기가 간혹 효과를 보는 것에 스스로 대견해 했다.

아까 루카 버스 역 근처에서 산 토스카나 비스킷을 내게 상으로 주었다. 맛있게 오물오물 먹고 있는데 갑자기 어떤 버스 역에서 네 명의 표 검사 경찰이 탔다. 아차, 내가 버스 기사한테 산 표를 펀칭을 안 했는데 걸리면 벌금 감이었다. 네 명의 경찰이 버스의 앞쪽과 뒤쪽으로 둘씩 나누어 검사하기 시작했다. 기사 뒷좌석에 앉은 내가 첫 번째로 표 검사를 받게 되었다.

경찰이 내 예상대로 내 표가 펀칭이 안 되어 있다고 말했다. 토스카나 비스킷으로 기분이 좋아져서 대답하기 좋은 아이디어가 바로 떠올랐다.

"버스 기사한테 표를 샀거든요!"

내가 버스 기사한테 표를 사지 않고 버스를 타기 전에 표를 샀다면 펀칭 안 한 것에 대한 변명거리가 없어지는 거였다.

다섯 명의 사람이 표가 없어서 걸렸다. 그리고 버스가 다음 역에 도착했을 때 경찰들이 그 다섯 명의 사람들을 데리고 버스에서 내렸다.

나는 버스 기사에게 왜 경찰들이 사람들을 데리고 내렸는지 물었다. 벌금을 바로 받기 위해서라고 했다. 버스 안에서 그냥 받으면 될 걸 왜 버스에서 내리게 해서 받을까 싶었다. 나는 저 내린 사람들이 몇 시에 다음 버스를 탈 수 있는지 궁금했다. 버스 기사는 지금 이 버스가 마지막 버스라고 했다. 그러면 저 사람들은 어떻게 되는 거야? 막차 버스를 못 타게 되었는데.

그리고 번득 만약 내가 표를 벌금 내야 하는 상황이 돼서 저렇게 버스에서 내리면 벌금만 내는 것이 아니라 볼테라도 못 가고 저 주변 황량해 보이는 거리에서 꼼짝 못하게 되는 상황이 될 뻔한 것을 생각했다.

오늘은 계속 길 잃은 천사가 내게 잠시 쉬면서 도와주고 있는 것 같았다.

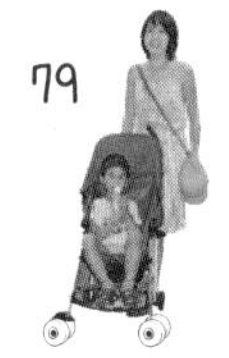

08. 이탈리아어를 아직도 못하니?

경찰과 함께 내린 다섯 사람이 얼마의 벌금을 내야 되는지 궁금해서 버스 기사에게 물어보았다. 40유로 벌금이라고 했다. 만약에 현금이 바로 없어 못 내고 다시 오 일이 지났는데도 벌금을 내지 않으면 80유로 벌금으로 오른다고 했다. 4유로짜리 버스 요금 아끼려다가 40유로 혹은 80유로 벌금을 내야 한다면 얼마나 속이 쓰릴까.

버스 기사와 토스카나 여행에 관한 이런 저런 얘기들도 주고받았는데 기사가 내게 이탈리아에 산 지 얼마나 됐냐고 물어서 십 년 되었다고 했을 때 내게 충격적인 말을 했다.

"그런데 이탈리아어를 아직도 그렇게 못 하니?"

지금까지 십 년 동안 이렇게 직접적으로 신랄하게 내 서툰 이탈리아어를 표현한 사람이 없었기 때문에 나는 얼굴이 순간 벌게지도록 창피했다. 이탈리아에 산 지 몇 년 안 되었을 때는 이탈리아어 못하는 게 불편했지 창피하지 않았다. 그런데 이제 한 자리 숫자가 아니라 두 자리 숫자의 해가 되어가는데 여전히 이탈리아어가 엉터리인 것은 사실 창피한 일이었다.

나는 버스 기사하고 나누던 얘기를 멈추고 창피와 언어에 대한 오래 묵은 스트레스가 동시에 엄습하는 기분이어서 좀 전에 아껴서 남겨두려 했던 토스카나 비스킷을 꺼내, 다 먹어치웠다.

버스 종점은 폰테데라 기차역 바로 앞이었다. 한 시간 동안 이곳에서 다음 버스를 기다리며 주변을 보니 역 주변의 사람들이 대부분 아프리카 사람들이었다. 무슨 이유 때문에 저렇게 많은 아프리카 사람들이 이곳에 살고 있는지 궁금했다. 기차 역에서 나오는 한 아프리카 여인이 아프리카 옷을 입고 머리 위에 무거운 짐을 올려놓고도 중심을 잘 잡아 떨어지지 않게 하며 걷고 있는 모습이 시선을 끌었다. 그 여인의 배경이 아프리카 풍경이 아니고 기차역인 것이 부자연스러워 보였다.

화장실도 갈 겸 가브리엘에게 아이스크림도 하나 사줄 겸 기차역 바로 옆에 있는 바로 갔다. 그 바는 인도식 메뉴 같아 보이는 걸 파는 곳이기도 했다. 인도 카레 향신료 같은 냄새가 바에 진하게 베어 있었다. 화장실로 가는데 두 젊은 아가씨가 댄스풍 인도 음악을 틀어놓고 키득거리며 수다를 떨고 있는데 한 아가씨는 그러면서 돈뭉치를 세고 있었다. 그 돈이 왠지 정직하게 번 돈 같이 보이지 않았다.

이 폰테레라 기차역 주변에서 이탈리아 사람이 거의 보이지 않았다. 왠지 안전하지 않은 곳에 있는 것 같은 느낌 때문에 버스가 빨리 와주기를 기다렸다. 7시 30분 출발 시각에 맞춰 버스가 도착했다. 버스가 정거장에 들어설 때 반가워서 나와 가브리엘은 손까지 흔들었다.

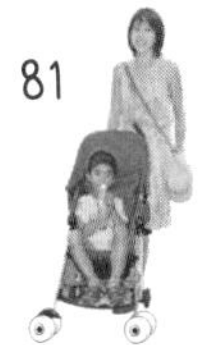

버스 기사 바로 뒷좌석에 앉았다. 저녁 시간이라 만약 버스 안에 사람이 없을 경우 무서울 것 같아서였다. 그런데 버스 기사는 안 무서워해도 되고?

기사에게 볼테라에 몇 시에 도착하는지 물으니 밤 9시에 도착한다고 했다. 그렇게나 오래 걸리나? 토스카나의 구불구불 언덕길이 이럴 때는 밉다. 밤 9시면 깜깜해지는데 호텔까지 안전하게 갈 수 있을까 싶은 불안감이 생겼다. 호텔에 전화했다. 휴대 전화기를 잃어버리지 않은 것에 다시 감사하면서. 호텔 직원에게 내가 버스로 볼테라에 도착하는데 버스 역에서 호텔까지 거리가 어떻게 되는지, 밤길에 애 데리고 걷기에 안전한지 물었다.

버스가 서는 종점에서 호텔이 바로 보일 거라고 했다. 지금 길 잃은 천사가 내 옆에서 쉬는 중이라는 것을 깜빡하고 있었다가 호텔 직원의 얘기를 듣고 다시 생각하게 되었다. 천사가 길을 잃었다고 생각하는 것은 천사처럼 살려고 애쓰는 이들을 천사가 도와줘야 마땅하다고 생각하기 때문이다.

버스에 얼마 되지 않은 사람들이 탔는데 다들 거의 앞쪽 의자에 앉았고, 버스 기사하고 다들 알고 지내는 사이인 듯 마치 가족 여행이라도 하는 것처럼 서로 함께 얘기를 나누기 시작했다. 그런 분위기가 밤 버스를 타서 긴장하는 나를 안심시켜 주었다.

볼테라에 가까워질 무렵 커다란 광고 하나가 눈에 띄었다. 이런 토스카나의 언덕에 좀처럼 광고가 세워질 리가 없기 때문에 유심히 봤더니 안드레아 보티첼리의 콘서트 광고였다. teatro di silenzio[침묵의 극장]. 극장 이름이 인상적이었다.

버스 기사에게 안드레아 보티첼리 콘서트가 언제 있냐고 물으니 지난달에 있었다고 했다. 실망스럽지 않은 게 설사 콘서트가 지금 열리고 있는 중이라고 해도 입장료가 비쌀 테니 이번 여행 중에는 생각할 수 없는 계획이었다. 버스 기사가 얼마쯤 가더니 침묵의 극장이 왼편에 있으니 보라고 알려줬다. 아무 건물이 없는 평원이라 저 멀리까지 보였는데 해가 질 무렵이라 어렴풋이 극장 윤곽만 보였다. 이런 광활한 평원에 달랑 극장 하나 있다니……. 사람들은 오로지 콘서트를 보기 위해서 이곳으로 모인다는 얘기였다. 아무리 많은 사람이 와도 주차 공간을 걱정할 필요가 없어 보였다.

버스 기사에게 저 극장이 있는 마을 이름을 물었다. 라자티코[Lajatico]. 생소한 이름인데 이 마을이 바로 안드레아 보티첼리의 고향이라고 했다. 안드레아 보티첼리가 몇 년 전에 고향 마을에 극장을 세워준 것이다. 그곳에서 안드레아 보티첼리가 매년 7월에 공연한다고 했다.

세계적으로 유명한 안드레아 보티첼리의 고향, 마치 그리스 시대의 무대처럼도 보이는 그가 세운 오픈 극장. 마음을 따뜻하게 감싸주기도 하고 진한 울림을 주기도 하는 안드레아 보티첼리의 노래를 매년 7월이면 생생하게 들을 수 있는 곳. 이것만으로도 충분히 라자티코 마을은 많은 사람의 발길을 끌어들일만 한 매력이 있는 곳이라고 생각한다.

어스름이 어둠으로 바뀌었을 때 볼테라에 도착했다. 종점에 내리는 이가 나밖에 없었기 때문에 기사 아저씨가 짐 내리는 것을 도와주었다. 내가 호텔 이름을 알려주며 어디에 있는지 아냐고 물으니까 손으로 한 곳을 가리켰다. 호텔 직원이 말한 것처럼 정말 버스 정거장 바로 옆에 있었다. 그리고 더 반갑게 호텔 바로 옆에 레스토랑 불이 환하게 켜져 있었다. 저녁 9시인데 아직 가브리엘한테 저녁을 먹이지 못했기 때문이었다.

버스에 내려 내가 묵게 될 호텔 나찌오날레[Nazionale]까지 이삼 분 거리밖에 안 됐지만 차가운 밤 공기가 몸을 으스스 떨게 했다. 볼테라가 해발 600미터 언덕 도시라서 여름이어도 아침, 저녁으로는 이렇게 춥구나 싶었다. 배낭 무게를 조금이라도 줄이려고 추울 때 입을 만한 옷을 넣어오지 못한 게 후회됐다.

호텔 체크인을 하면서 내일 옷을 살 만한 곳이 있는지를 물었다. 내일 토요일이라 마을에 아침 장이 열린다고 했다. 인생이 이렇게 문제가 생길 때마다 즉시 해결책들이 나온다면 얼마나 좋을까? …… 정말 좋을까? 인생이 재미없어지지는 않을까?

호텔에 짐을 내려놓고 저녁을 먹으러 밖으로 나왔다. 호텔 옆의 레스토랑은 사람들이 별로 없고 호텔 앞쪽에 골목 안 레스토랑에는 사람들이 많아 그곳을 선택해 들어갔다. 주인아줌마의 미소가 참 맘에 드는 곳이었다. 손님들을 대하는 형식적인 미소가 아니었다. 스트레스가 없는 사람만 지을 수 있는 자연 미소였다. 이렇게 바쁜 레스토랑 안에서 어떻게 저런 편하고 따뜻한 미소를 지을 수 있을까. 그 아줌마는 앞치마만 벗으면 자상하고 지적인 여선생님처럼 보일 것 같았다. 볼테라 사람들이 다들 저런 미소를 가지고 있다면 볼테라는 스트레스 없이 사는 작은 마을일 것 같았다.

하지만 아무 걱정 없이 사는 것처럼 보이는 사람들이 있어도 아무 걱정 없이 사는 사람들은 없을 것이다. 그렇게 보이는 거고 혹은 그렇게 보이려는 것일 뿐이고.

아이를 위해 주문한 돼지고기 그릴은 맛있었다. 나는 해물 샐러드를 시켰는데 식초 맛만 강하지 않았다면 안 남겼을 것이다. 바다에서 먼 토스카나에서 해물 요리 시키는 게 똑똑한 짓이 아니었다.

갑자기 커다란 북소리가 쿵쿵 나기 시작했다. 이탈리아 중세 마을에서는 행사가 있을 때마다 이렇게 마을 청년들이 전통의상을 입고 북을 치며 마을을 다닌다. 레스토랑 주인아줌마가 내일 토요일부터 마을 축제가 열리고 일요일이 축제의 하이라이트라고 했다. 이렇게 좋은 타이밍에 볼테라에 오게 되다니!

축제의 북소리가 온 마을에 계속 울리면서 광장에서는 축제 공연이 벌어졌다. 사람들이 너무 많아 광장의 공연을 제대로 볼 수가 없고 밤 공기가 추워서 호텔로 서둘러 되돌아갔다. 내일 아침에 따뜻한 외투부터 사야겠다고 생각하면서.

ITALIAN

LANGUAGE

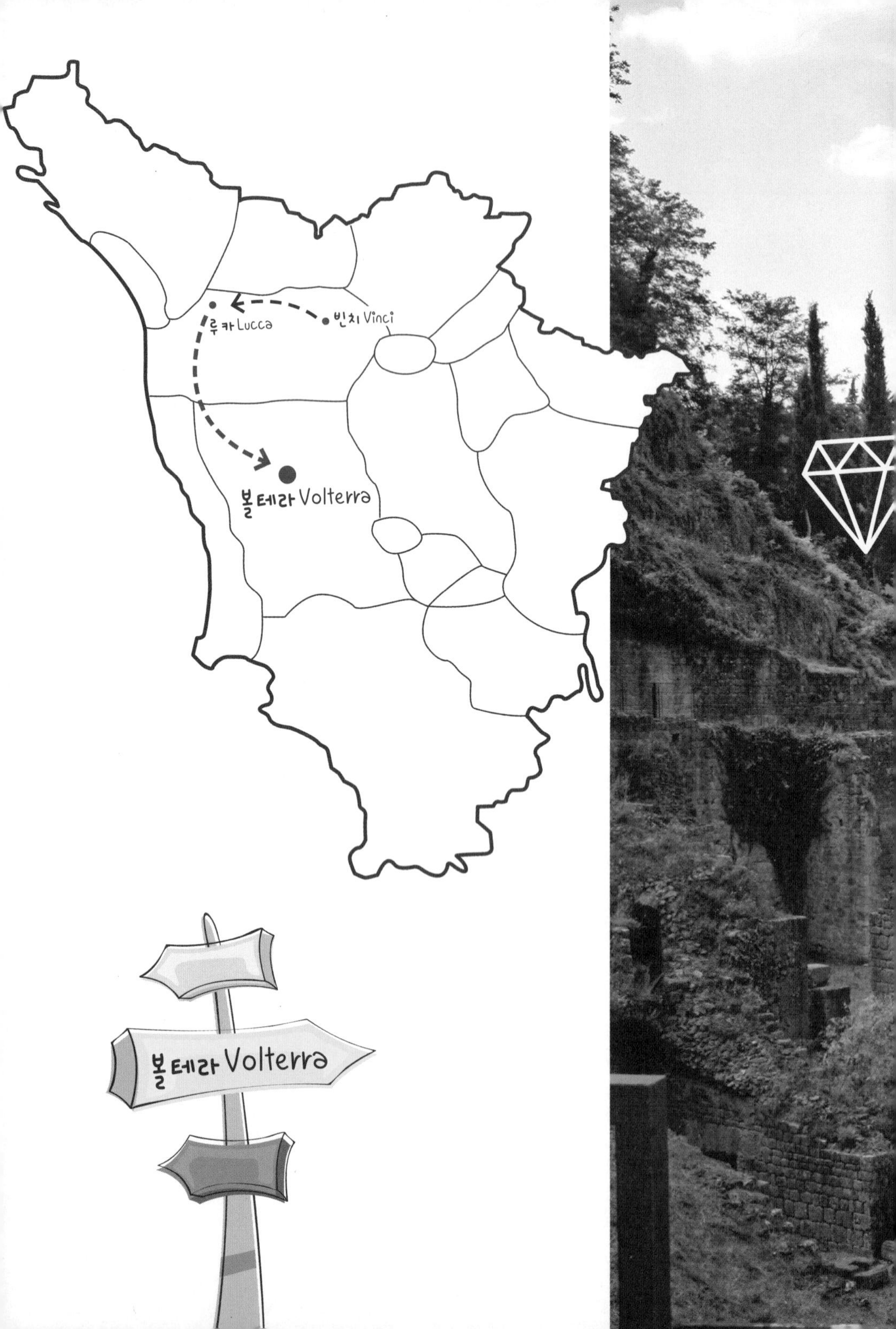
루카 Lucca
빈치 Vinci
볼테라 Volterra
볼테라 Volterra

3. 토스카나의 숨겨진 보석 마을

01. 크루아상, 훔치다

아침에 잠에서 깨니 어제의 피곤함이 산뜻하게 풀린 느낌이었다. 집에서 자고 일어날 때는 눈뜨고 나서도 한참이나 지나서야 몸을 일으키는데 여행 할 때는 아침에 눈 뜨는 게 행복하고 하루에 대한 기대감에 깨자마자 눈을 반짝이게 되는 것 같았다.

아직 자고 있는 가브리엘을 방에 두고 아침을 먹기 위해 혼자 호텔 레스토랑으로 내려갔다. 호텔 요금을 깎기 위해 아이는 아침을 안 먹는 조건으로 해서 어차피 혼자 먹어야 했다. 가브리엘은 크루아상 하나면 아침이 해결되니 호텔 레스토랑을 굳이 이용할 필요도 없었다. 나 역시 아무리 좋은 호텔에서 푸짐한 아침을 먹을 수 있는 경우가 있어도 빵 한 조각, 과일, 커피 정도만 먹게 된다. 이탈리아 살면서 변한 식사 습관이다. 한국에서는 아침에도 점심이나 저녁 같은 밥상을 먹었었으니까. 그렇게 든든히 먹으면 몸이 따뜻

해지고 기운이 돌았었다. 이탈리아에서는 커피나 크루아상같이 영양가 없는 것을 아침으로 먹으니 점심시간이 되기 전에 배고프고 피곤해진다. 커피, 밀가루 등 이탈리아에서 매일 먹는 음식 재료들은 몸이 차가운 편인 나 같은 이에게는 안 맞는 것들이기도 하다.

하지만 음식에 대한 불평도 십 년째가 되니 멈춰지게 된다. 한국 음식이 먹고 싶어 눈물까지 쑥 나던 것도 더 이상 없다. 내가 가진 상황에서 내 주변 사람들이 먹는 대로 나도 먹는 것에 불편하지 않아졌다.

먹고 싶은 것들도 웃기는 허상 같은 거라는 걸 어쩌다 한국에 가면 경험하게 된다. 이탈리아에 온 지 몇 년 안 되었을 때는 한국에 가면 먹고 싶은 것을 적어 놨었다. 그리고 드디어 한국에 가게 되었을 때, 먹고 싶은 것 리스트를 매일 지워나가는 재미로 보름 정도를 보냈던 것 같다. 한국에서는 아무리 괴로운 일이 있어도 이렇게 맛있는 거 먹으면 보약 먹은 듯 살 기운이 나지 않을까 싶었다. 그런데 보름쯤 지나면 먹는 재미가 한풀 꺾인다. 한 달쯤 지나면 이탈리아에서 그렇게 먹고 싶어했던 것을 실제로 먹고 있는데도 감흥이 없어진다.

어떤 위장병 환자가 의사의 권유로 음식을 오래오래 씹어 먹는 습관을 들였더니 어떤 음식을 먹어도 입안에서 오래 씹고 나면 다 같은 맛이 되더라고 했던 말이 기억난다. 오래전에 지나가는 말로 흘려들었는데 의미 있는 말이었다. 그러니까 먹는 음식에 대해 불평할 필요가 없어지는 것이다. 어차피 다 같은 맛으로 끝나는 것들이니까.

호텔 레스토랑에서의 간단한 아침을 끝내고 가브리엘에게 줄 크루아상을 슬쩍 냅킨에 싸서 챙겼다. 투어 리더할 때 한국 아줌마들이 호텔 아침 식당에서 과일이며 빵 등을 슬쩍슬쩍 챙길 때마다 눈 흘기며 쳐다보았는데 내가 똑같은 짓을 했다. 별거 아닌데 왠지 기분이 별로였다. 다음에 똑같은 상황이면 호텔 근처 바에서 하나 사서 먹여 슬쩍 하는 찝찌름한 기분을 안 느끼는 게 나을 것 같았다.

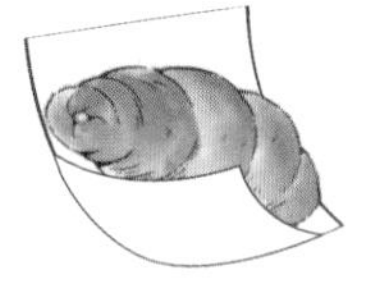

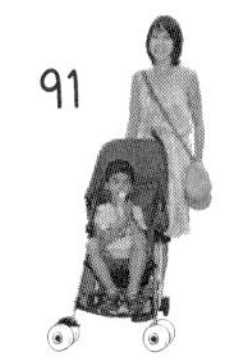

02. 볼테라에 살면 웃는 이가 된다

아이에게 크루아상을 먹이고 TV 만화 영화를 보라고 한 다음 혼자 호텔을 나섰다. 아침 장 서는 곳에 가서 외투를 사고 싶었다.

호텔을 나서기 전 리셉션 테이블에서 눈길을 사로잡는 광고 용지가 있었다. 스티브 맥커리 사진전. 스티브 맥커리는 내가 아는 유일한 사진작가 이름이다. 나는 사진에 관심이 없기 때문에 아무리 멋진 사진들을 봐도 누가 찍은 건지 궁금하지가 않다. 그런데 우연히 어떤 사진을 봤는데 마음이 강하게 끌렸다. 그 사진을 찍은 이가 스티브 맥커리라는 걸 알았다.

요즘 젊은 세대는 사진 세대라고 해도 될 정도로 사진을 많이, 그리고 멋있게 찍는다. 많은 이들이 사진작가 수준이다. 허나 멋있는 사진들은 넘치는데 마음을 잡아끄는 사진을 만나기는 어렵다.

사진에 대해 아무것도 모르는 내가 스티브 맥커리의 사

진을 보았을 때 든 첫 느낌은 사진이 세상에 존재해야 하는 이유를 안 것 같았다. 내가 좋아하는 책처럼 사진이 그렇게 사람들에게 이미지로 메시지를 전할 수 있다는 걸 생각하게 해주었다.

여행 다닐 때 자연 풍경 사진들을 많이 찍는데, 나중에 여행 끝나고 사진을 다시 보면 여행 때 느꼈던 자연 풍경의 아름다움과 감동이 담겨 있지 않아 실망스러울 때가 많다. 사람은 아무리 좋은 카메라를 가지고 아무리 좋은 테크닉을 가지고 있어도 자연의 아름다움을 온전히 담아낼 수는 없다고 생각한다. 그런데 스티브 맥커리의 사람 사진을 보면 실제의 사람을 볼 때 보다도 더 진한 감동이 온다. 그가 사람을 따뜻한 시선으로 보기 때문이 아닐까. 그래서 사진 속의 사람들이 낯설지만, 우리 마음을 움직이는 것 같다

리셉션 테이블의 사진전 광고가 바로 스티브 맥커리의 사진전 광고라서 나의 시선을 더욱 사로 잡았다. 사진전이 시에나siena에서 열리는 중이었다. 시에나에 가면 이 미국인 사진작가의 전시회를 볼 수 있다는 것이 기뻤다.

볼테라의 토요일 장터는 마을 언덕 아래 성벽 밖에서 열렸다. 그 장터가 열리는 곳은 고대 로마 극장터 옆이기도 했다. 장터의 과일, 채소들이 밭에서 금방 가져온 듯 신선해 보였다. 역시 토스카나가 장터도 달랐다. 나는 옷을 사러 왔기 때문에 장터 옷 중에서도 더 싸게 파는 것을 둘러보았다. 내가 사는 마을 장터에서는 헌 옷을 1유로, 2유로에 파는 것들이 많은데 이곳 장터에서는 헌 옷을 팔지 않았다. 헌 옷이라 해도 아줌마의 악착 기질로 잘 뒤지다 보면 꽤 좋

볼테라 장의 싱싱한 채소

은 상표의 것들도 건진다. 가브리엘이 입은 옷 중에는 이렇게 1유로에 건진 것들이 꽤 있다.

볼테라 마을 장에서 제일 싼 외투가 5유로짜리였다. 여행 중 추울 때만 입을 것이라 디자인도, 질도 따질 필요 없이 샀다. 가게 주인은 중국인 부부였는데 연신 생글생글 웃어서 기분 좋았다. 중국 사람이 이렇게 생글생글 웃으며 장사하는 경우를 본 적이 없었다. 저 중국인 부부가 볼테라에 사니까 이 마을 사람들을 닮아가서 저렇게 기분 좋게 웃는 거라는 생각이 들었다. 이렇게 웃으며 장사하는 중국인 부부를 사진에 담아놓고 싶어 사진을 찍어도 괜찮으냐고 물으니 어린 애들처럼 둘이 수줍게 활짝 웃으며 좋다고 했다. 나도 이런 볼테라 마을에 살고 싶다. 웃고 싶다. 토스카나 해바라기처럼 '헤' 벌어진 웃음을 짓고 싶다.

볼테라 장에서 장사하는 중국인 부부

03. 볼테라의 상징 돌, 알라바스트로

마을 언덕 아래에서 다시 언덕 위 호텔까지 가다가 길을 잃었다. 길이 복잡하지 않은데도 길치라 헷갈려 헤맸다. 길을 헤맬 때 좋은 점도 있다. 모르는 새로운 길에서 뜻밖의 맘에 드는 것을 보는 경우들이 생기기도 하기 때문이다.

길을 헤매다가 눈에 들어온 건물이 알라바스트로 작업장이었다. 알라바스트로는 볼테라에서 유명한 돌이고 그 돌로 조각가들이 작품들을 만드는 것이다. 호텔 찾는 걸음을 멈추고 그 작업장 안으로 들어갔다. 작업실을 누구나 볼

알라바스트로 작업실 밖에서 잠시 쉬고 있는 알라바스트로 조각가

수 있다는 안내문이 바깥에 있었다. 작업실 옆은 작가의 작품들을 파는 가게였다.

알라바스트로 작업실

알라바스트로는 이집트의 한 마을 이름이었고 그곳에서 오래전 처음 이 돌을 가져와 꽃병 향수병 같은 것을 만들기 시작하면서 돌 이름으로 불려지기 시작했다. 볼테라에서 캐는 돌은 제쏘소gessoso라 불리는 알라바스트로다. 이 돌을 사용한 수공예가 3,000년 전 이 볼테라에 살았었던 에투루스키인에서부터 시작된다. 3,000년의 알라바스트로 전통 수공예를 볼테라가 이어나가고 있어 알라바스트로에 관심 있는 세계인들이 이 볼테라를 찾아온다. 이 돌은 부드럽고 깎기가 쉬워 작고 섬세한 조각을 할 수 있다.

알라바스트로 작업 중인 조각가

알라바스트로 가게 안에는 알라바스트로로 만든 목걸이, 귀걸이에서부터 온갖 종류의 집안 장식품들이 있었다. 한 작품, 한 작품의 놀라운 기술과 창의성과 아름다움에 감탄하지 않을 수가 없었다. 완성된 작품이 아름다워도 그 한 작품을 깎기 위해 조각가는 돌 먼지 한 바가지는 마셨을 것이다.

알라바스트로 가게

나는 알라바스트로를 성경에서 처음 알게 되었다. 마리아가 값비싼 향유를 예수의 몸에 붓는 유명한 장면에 나온다. 그 향유가 담겨있던 병이 알라바스트로였다. 알라바스트로가 향유병으로서 최고급이었다는 얘기이기도 하다. 알라바스트로는 아름답기도 하지만 향유가 산화되는 것을 막아주는 기능까지 있었다.

최고급 알라바스트로에 담긴 엄청난 가치의 향유를 한 여인이 예수 앞에서 남김 없이 부었다. 성경 어느 장면에서도 이처럼 자신의 전 재산을 오직 예수에게 바치는 장면이 없다. 그래서 이 장면을 떠올리면 감동하지 않을 수 없다. 베드로와 다른 제자들은 말로만 예수를 위해 목숨을 바치겠다고 했지만, 그 목숨이 위태로울 때 다 도망갔다. 그러나 한 여인은 아무 말 없이 조용히 예수에게 다가와 자신의 모든 재산인 향유를 예수에게 부은 것이다. 아, 이게 참사랑이다. 사랑한다고 허풍으로 고백하지 않는 것. 조금 남기고 주는 게 아니라 완전히 다 주는 것.

알라바스트로 작업실을 나와 가브리엘이 기다리고 있을 호텔로 부지런히 길을 찾아갔다. 가브리엘은 만화에 푹 빠져 있어서 얼마 동안 엄마가 밖에 나갔다 왔는지도 감을 못 잡고 있었다.

가브리엘에게 나가자고 했다. 마을 언덕 위아래를 오르내리고 길까지 헤매다 와서 아침부터 피곤해지는 것 같아도 아이를 데리고 나가 마을을 보여주어야 했다. 마을 장터 옆에 있었던 로마 극장을 먼저 데리고 갔다. 길을 헤매면서 그곳까지 가는 길도 지름길이 있다는 것을 알았다. 엄마가 이른 아침에 길 헤매면서 알아놓은 길을 아이는 편하게 유모차에 앉아서 로마 극장까지 도착했다. 이 극장 안에도 입장 가능한 입구가 있다는 것을 길 헤매면서

안 것이었다. 장터에 있을 때 극장 바깥에서만 볼 수 있는 줄 알고 극장 둘레 철조망 사이에 카메라 렌즈를 밀어대며 사진을 찍었고 좀 더 잘 찍어 보자는 생각에 장터 한 가게의 사다리를 잠시 빌려 사다리 위로 올라가 철조망 위에서 극장을 찍었다. 나중에 안으로 들어가는 입구를 보며 '나는 바보다'라고 혼자 중얼거렸다.

로마 사람들이 토스카나 마을을 점령해서 대표적으로 만든 건축물이 극장과 목욕장인 것 같다. 당시 로마는 돈과 힘이 있어서 유흥에 빠져 있던 시

볼테라 로마 극장

볼테라 로마 극장

기였으니까. 이 로마 극장은 기원전 1세기에 아우구스투스 황제에게 바치는 의미로 지어졌다. 당시 관객석과 일부 벽기둥 건축물을 볼 수 있다.

가브리엘에게 내 사진을 찍어 보라고 했다. 그런데 성의 없이 사진을 찍었다. 웃으며 찍어야 하는데 제대로 찍어보라고 아이에게 핀잔을 주다 보니 사진에 찍힌 내 표정에 짜증이 가득 묻어 나왔다. 빈치도 루카도 내 사진을 제대로 찍지 못해서 볼테라에서는 한 장 건지고 싶었는데 이곳에서도 건지기 힘드려나 보다.

극장에서 나와 아치 문을 통과해 언덕 위로 올라가면서 아이에게 다시 사진기를 주었다. 좀 전에 내 핀잔을 들은 터라 조금은 성의를 보이며 사진을 찍었다. 지나가던 한 남자가 우리 둘을 그의 사진기에 순간 담았다. 다섯 살 아이가 프로가 사용하는 사진기로 엄마를 찍어주는 장면이 재미있게 보였나 보다.

그 언덕에 한 아동복 가게로 가브리엘을 데리고 들어갔다. 아침에 이 언덕을 혼자 올라오면서 이 아동복 가게 안도 이미 둘러보았고 가브리엘에게 사줄 재킷도 봐두었었다. 50퍼센트 세일하는 코너에서. 여행 중 추울 때 입을 내 외투도 샀으니 가브리엘 것도 하나 준비해 둘 필요가 있었다. 아이 옷을 살 때는 내 옷 살 때와 달리 갈등 없이 사게 된다.

루카에서 내가 입고 싶은 맘에 드는 재킷이 있었다. 루카는 메인스트리트인 비아 필룽고Via fillungo가 유명한 쇼핑 거리였다. 원래 로마인들에 의해 만들어진 길인데 폭이 좁고 긴 중세 거리의 특징을 살려 루카의 쇼핑 거리로 만들어진 것이다. 쇼윈도의 진열된 옷 중 내 취향의 것들이 많았다. 게다가 이탈리아의 여름과 겨울 두 차례에 있는 할인 시즌 중 여름 할인 끝마무리 무렵이어서 70퍼센트까지 할인되는 것들이 많아 쇼핑하기 딱이었다. 내가 맘에 든 재킷도 70퍼센트 할인이 되는 거였고 할인 가격이 25유로였다. 그런데도 안 샀다. 못 사는 게 아니고 안 샀다. 이 토스카나 여행을 시작하면서 여행 중에 쇼핑은 안 하는 걸로 혼자 결심했기 때문에 그 결심을 지켜보고 싶었다. 맘에 든 그 재킷이 걸려 있는 가게가 로마 극장과 내가 묵는 숙소 중간에 있었기 때문에 루카에 있는 동안 여러 차례 그 가게를 지나가야 했고 그럴 때마다 사고 싶은 걸 참느라 괴로웠다. 루카를 떠나기 바로 전에도 그 가게를 지나가야 했는데 나도 모르게 아이가 앉아 있는 유모차를 앞세워 그 가게 안으로 들어갔다. 가게 안으로 쑥 들어가고 나서야 내가 가게 안으로 들어왔다는 것을 자각했다. 손이 그 재킷으로 뻗으려고 할 때 눈을 질끈 감고 유모차를 돌려 나왔다.

내가 잘 한 건가? 결론적으로 아니었다. 그 후 여행 일정 내내 매일매일 그 재킷이 눈에 아른거렸다. 여행을 마쳤을 때 든 새로운 결심은 꼭 사고 싶은 것은 사자, 였다. 어차피 내가 비싼 거 무리하게 사는 통 큰 아줌마는 아니니까 쩨쩨한 거 사면서까지 마음의 고통(?)을 느끼고 싶지는 않다. 배낭여행 중이라 어깨에 멜 가방 무게가 늘어난다 해도 갖고 싶은 거 갖는 만족감으로 바위라도 뻔쩍 들을 수 있을 힘이 날지도 모르니까.

루카의 쇼핑 골목 비아 필룽고
(via fillungo)

04. 모르는 이의 결혼식에서 왜 눈물이 날까

점심은 호텔에서 먹었다. 이탈리아는 호텔 숙박객이 비교적 저렴하게 호텔 레스토랑을 이용할 수 있는 메타 펜시오네와 펜시오네 콤플레타가 있다. 메타 펜시오네는 점심과 저녁 식사 중 한 번만 먹는 것이고 펜시오네 콤플레타는 점심과 저녁 모두를 먹는 것이다. 아침 식사는 보통 숙박료에 포함되어 있다. 이렇게 식사 서비스가 있는 호텔들은 대부분 해변 근처일 경우가 많다. 해변 호텔에서 묵는 이들은 해변만을 즐기기 때문에 호텔에서 식사를 함께하는 휴가를 즐기는 이들이 대부분이다. 식사 서비스를 하는 호텔들은 음식 맛이 호텔 운영에 영향을 크게 주기 때문에 음식 맛이 좋고 푸짐하다.

몇 년 전 남편, 아이와 함께 이탈리아 북동쪽 유명한 해변 리미니 근처에서 일주일간 휴가를 보낸 적이 있다. 호텔 바로 앞의 해변에서 놀고 호텔에서 먹고 자는 게 일정이었다. 남편은 남들 휴가 기간인 여름철에는 일이 더 많기 때문에 휴가 기간이 끝나는 9월 중순에 우리는 해변을 간 것이다. 9월이어도 이탈리아의 햇볕은 여전히 뜨거워서 아이가 바닷가에서 놀기 좋았다. 나는 바다를 즐기는 쪽이 아니라서 아이와 남편의 휴가를 위해서 '와준' 거였다. 그래도 비치 우산 그늘에서 시원한 바닷바람을 느끼며 책을 읽는 것은 좋았다. 더 좋은 것은 집에서처럼 끼니마다 뭐 먹을까 고민할 필요없이 호텔에서 매끼 다른 메뉴의 음식을 즐길 수 있다는 거였다. 메인 요리가 나오기 전까지 식당 한 테이블에 뷔페식으로 차려진 안티파스토[antipasto 전식 요리]를 즐길 수 있었다.

이렇게 가족이 해변에서 일주일을 보내려면 비쌀 것 같지만 의외로 그렇지 않다. 9월에 호텔은 여름 성수기 요금에서 많이 내려가고 마지막 해변 시즌 손님을 받기 위해 특별 할인까지 해주는 경우가 있다. 우리 세 식구가 하루에 먹고 자는 요금이 백 유로가 채 안 되었다. 성수기 때에는 호텔 요금만 백 유로 받는 곳이 비수기로 접어드는 시기에는 같은 요금으로 세 끼 식사까지 포함하는 가격이 된다. 인터넷으로 호텔 가격들을 비교하다 보면 이런 괜찮은 특별 요금의 숙소를 찾을 수 있다. 이탈리아의 유명한 해변은 역시 이탈리아 남부에 몰려 있으니 남부의 섬들을 장기 여행할 때는 이렇게 숙식 해결이 잘 되어 있는 호텔을 찾는 게 좋다.

해변에서 새로운 풍경이 있었는데 몇몇 중국인 아줌마들이 바다 햇볕에 까맣게 탄 얼굴로 바닷가에 누워 있는 사람들 주위를 돌며 마사지 받을 이들을 찾았다. 보통 동남아시아나 아프리카에서 온 이들이 해변에서 물건 장사를 하는데 중국인 아줌마들은 마사지 장사를 하는 거였다. 저 아줌마들 마사지 솜씨가 궁금해서 받아봤다. 전신 마사지 20유로 다리 마사지 10유로였다. 일단 다리 마사지만 받아보았다. 중국 현지의 전문 마사지 솜씨까진 기대하

지 않았지만, 이 아줌마들은 마사지를 배운 적 없는, 집에서 설거지만 하다가 나온 아줌마들이었다.

토스카나가 음식 맛있기로 유명하니 호텔에서도 한번 먹어보고 싶어서 메타 펜시오네로 먹었는데…… 실망스러웠다. 주문한 뇨끼 요리도 그렇고 고기 요리도 그랬다. 내가 묵는 호텔은 숙박객들이 원하면 먹을 수 있는 곳이지 이런 음식 서비스를 내건 호텔이 아니어서 요리 솜씨가 없는 것 같았다. 펜시오네를 하지 않는 호텔에서는 먹지 않는 게 좋을 것 같다는 생각이 들었다.

나는 맛 없게 먹으면 우선 신경질이 나고 다음은 개선해보라는 의도에서 맛없었다고 식당 주인에게 얘기한다. 음식을 맛있게 만드는 손이 아니면 식당 주방에서 나와야 한다고 강력하게 생각하고 있으니까.

맛없는 음식을 아이에게는 맛있다 맛있다 거짓말하며 먹이고 호텔 밖으로 나왔다. 내일 시에나 가는 버스 시간을 알아보기 위해 중심 광장에 있는 안내소로 갔다. 광장에 있는 시청 건물에서 마침 화려한 결혼식이 있었다. 나도 내가 사는 마을 시청에서 결혼식을 했지만, 이런 분위기가 아니었다. 그냥 시청 한 사무실 같은 곳에서 알아들을 수 없는 이탈리아 결혼법 같은 걸 듣고 손들고 서약하고 얼마 안 되는 남편 친척들의 박수를 받으며 간단히 끝났다.

볼테라 시청 문 앞에는 신부의 들러리 아가씨들이 멋진 분홍빛 드레스를 그리스 신화적인 분위기로 입고 있었고, 그 옆에는 신랑이 잔뜩 긴장한 미소를 지으며 신부를 기다리고 있었다. 저런 멋진 마중을 받을 신부를 보고 싶어 걸음을 멈추고 나도 기다렸다. 조금 후에 예쁜 신부가 나타났다. 외국 관광객들이 이 낯선 신부를 유명 여배우 대하듯 손뼉을 치며 축하했다. 나는 갑자기 눈물이 핑 돌았다. 왜인지 딱히 알 수 없었다.

신부 입장

왜 눈물이 핑 돌지? 내가 슬픈가……. 나도 저런 행복한 신부였던 날이 있었던 게 떠올라서였나……. 서울 한 교회에서 이십 분 만에 뚝딱 끝났던

간편 소박 결혼식에 대한 아쉬움이 있나……. 낯설고 형식적이기만 했던 이탈리아 시청에서의 두 번째 결혼식이 볼테라 시청의 멋있는 결혼식과 너무 비교가 되어 새삼 질투하는 걸까…….

그런데 내 마음은 그보다도 '그냥 아름다워서'라고 말해주는 것 같았다. 세상에 아기가 태어나는 날만큼 두 사람이 사랑의 언약을 하는 날이 아름답다는 것을 새삼 다시 느낀 것 같았다. 그렇게 아름답게 시작했던 부부가, 살면서 왜 처음의 아름다움을 잃어버리는 것인지. 아름답게 사랑하겠다고 끼워준 언약의 반지를 왜 던지기도 하는지.

이번 여행이 끝나면 나도 다시 아름다운 신부로 돌아가고 싶어졌다. 슬픔이 아닌 눈물이 흘렀다.

결혼식에 들러리하러 가는 아가씨들

신부를 기다리는 신랑과 들러리 아가씨들

05. 여행과 바람난 여자는 절대 위험하지 않다

마을 광장에서 활쏘기 대회 준비가 한창이었다. 오늘 밤 정식으로 활쏘기 대회를 할 예정이고 지금은 연습 경기만 한다고 했다. 토스카나의 여섯 개 마을 활쏘기 대표 선수들이 모여 경기를 벌이는 것이다. 이 활쏘기도 토스카나의 오랜 전통이다. 중세 시대에는 성벽 안에서 적군을 향해서 실제로 공격하고 죽이는 활로 썼겠지만, 전쟁이 끝나면서 대회로 즐기는 전통이 된 것 같다.

볼테라 활쏘기 연습 경기

가브리엘은 활쏘기 경기를 보는 재미에 푹 빠졌다. 과녁을 맞출 때마다 손을 흔들며 자기

가 이긴 양 좋아했다. 나는 조금 보다가 지루해져서 다른 데 가자고 해도 아이는 꿈쩍하기 싫어했다. 이런 단순한 과녁 맞추기가 이렇게 아이들의 관심을 끄는 것인지 몰랐었다.

활쏘기가 끝나자 한참을 참았는지 아이가 급하게 오줌 마렵다고 했다. 광장 뒤쪽에 나 있는 길로 데리고 가서 적당한 곳을 찾으려고 했는데 가까운 뒤쪽에 마을 성벽이 처져 있었고 기가 막힌 아름다운 풍경이 내려다보였다. 내가 아름다운 풍경에 입이 벌어져 있는데 아이가 다시 급하다고 소리를 질렀다. 풍경에 반해 뭐하러 이곳에 왔는지를 순간 깜빡했다. 한 작은 나무 밑동에서 아이 문제를 해결했다. 아이는 오줌으로 나무가 더 쑥 자랄 수 있다고 생각한다.

"엄마, 내 머리카락도 빨리 자라게 하고 싶으면 비를 맞으면 되겠지?"

아이와 한참을 같이 성벽 밖의 마을 풍경을 감상했다. 이때 남편에게서 전화가 왔다. 나는 이런 멋진 풍경을 나 혼자 봐서 미안하다고 얘기하고 싶었는데 남편이 내 기분을 확 깨게 하는 말을 했다. 지금 이탈리아 북부에서의 비바람 폭풍이 토스카나 지방으로 옮겨지고 있다는 뉴스를 들었으니 내일이라도 여행을 마치고 집으로 오라는 것이다.

집에서 가까운 곳을 여행하니까 집에 돌아오라는 말을 쉽게 한다. 어렵게 나온 여행인데 날씨 나쁘다고 돌아가야 하나? 비바람, 폭풍 정도가 아니라 회오리바람이 불고 홍수가 나도 안 돌아갈 생각이었다. 집에 돌아가고 싶은 타이밍은 내가 정할 것이다. 부부싸움이 별건가, 다 이런 의견 차이로 싸우는 거지.

볼테라의 성벽 파노라마

남편의 걱정스럽다는 한숨 소리를 마지막으로 듣고 전화를 끊자 나도 기분이 안 좋아졌다. 그러나 아내들이여, 남편의 한숨 소리에 마음 약해지지 말지어다. 아내가 먼저 웃는 마음이어야 남편도 웃게 해줄 수 있다는 걸 생각하면서, 집에 돌아가 웃을 수 있는 마음이 될 때까지 집 밖을 실컷 즐길지어다. 그리고 집에 돌아가 '여행과 바람난 아내는 절대 위험하지 않다'는 것을 증명할지어다!

아이를 데리고 마을 지도 한쪽에 큰 공간을 차지한 공원으로 갔다. 작은 마을 성벽 안에 이렇게 넓은 공원이 있다는 게 놀라웠다. 이 공원 땅만 이용해도 엄청나게 많은 건물을 지을 수 있을 텐데 마을 사람들의 쉼터 겸 아이들 놀이터로 그냥 남겨두는 것 같았다. 이런 정서를 가진 마을이 더 맘에 들었다. 공원 한쪽에는 어린이 놀이터가 있었다. 놀이터를 본 가브리엘은 신이 나서 놀기 시작했다.

아이가 놀이터에서 노는 동안 나는 공원 잔디밭을 거닐며 산책을 즐겼다. 이 마을 아이들은 안전하게 마음껏 뛰어놀 수 있는 이런 공원이 가까이 있어서 참 좋겠다는 생각이 들었다.

갑자기 빗방울이 떨어지지 시작했다. 어, 남편 말이 맞았나 보다. 약한 빗줄기였지만, 호텔로 돌아가는 게 좋을 것 같아 더 놀고 싶어하는 아이를 데리고 호텔 쪽으로 되돌아갔다. 호텔에 도착했을 때 비가 그쳤다. 약하게 잠시

지나가는 비였나 보다. 호텔로 온 김에 일찍 들어 갈까 하다가 비도 그쳤으니 박물관 구경을 가는 게 좋을 거 같았다.

볼테라에서 에투루르칸 박물관은 유명하다. 오늘은 아이에게 에투루르칸 인들이 남긴 유물들을 보여주는 시간을 갖게 해 줄 생각이었다. 박물관까지 가는 길은 호텔에서 제법 거리가 있었다. 놀이터에서 지치게 논 아이를 유모차에 태워 편하게 박물관까지 데리고 갔다. 가는 길에 중세 건물 밖 홈이 파진 곳에 비둘기들이 들어앉아 있는 것을 보고 가브리엘이 비둘기들이 왜 저곳에 있는지 물었다.

"저기가 비둘기 집이야."

"아니야, 비둘기들이 집을 잃어버려서 저곳에 있는 거야."

그렇게 생각하고 있으면서 왜 엄마한테 물어?

볼테라 공원

06. 호텔 리셉션의 몰라맨

로마 역사의 뿌리에는 에투루리아가 있다. 에투루리아인들은 기원전 8세기에서 5세기쯤에 소아시아 지금의 리디아땅에서 이탈리아 토스카나 지방으로 이주했다.

삼천 년이 지난 지금도 여전히 전쟁, 기근, 정치, 종교 문제로 자기 나라를 떠나 동유럽 아프리카 등지에서 이탈리아로 도망오는 이들이 계속 이어지고 있다. 이탈리아는 그때나 지금이나 도망자들에게 인기가 좋다. 유럽에서 이탈리아만큼 밀입국자들을 허용하는 나라는 없다. 나라의 골칫거리가 되어가고 있어도 막을 만한 법 자체가 없다.

에투루리아인들은 토스카나의 티베르와 아르노 강 근처에 살기 시작했다. 살기 시작했다는 것은 당시 이미 토스카나에 살고 있던 원주민들을 침입하여 지배했다는 것이다. 당시 그 땅 이름이 에투루리아였고 그래서 이곳에 살기 시작한 이 이방인 집단 이름이 그냥 에투루리아인으로 불렸

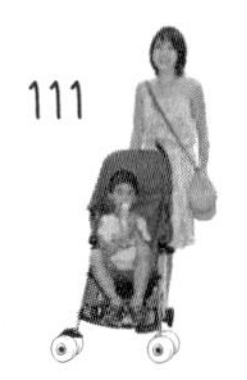

다. 이들이 이주하기 전 그리스의 영향을 많이 받아 이들의 문화, 종교, 예술이 그리스적인 것들이 많았고 농업 무역 광산에 뛰어난 기술이 있었다. 이들이 로마의 침략으로 몰락해 버리고 만다. 로마는 점령한 에트루리아인들로부터 많은 영향을 받았다. 아치 모양의 건축도 배우고 대배수로 만드는 토목 공사도 배우고 글래디에이터나 벤허의 마차 경주 같은 폭력적 엔터테인먼트도 배우고 종교의식도 배우고 그들이 입고 있던 옷 토가도 똑같이 입었다.

박물관에는 무덤관으로 썼던 테라코타들이 많이 전시되어 있었다. 에트루리아인들이 죽음에 대한 관심이 많았고 그들의 예술 작품들이 보통 돌무덤 장식에 많이 표현되어 있었다. 장식들은 일상의 삶과 죽음의 두려움을 극복하기 위한 신앙을 표현하는 것들이 많다. 죽음은 인간이 가장 두려워하는 것이다. 죽는 게 안 무섭다고 하는 이들이 있는데 그 거짓말이 무섭다. 에트루리아인이 제사 의식에 집착했다는 것도 죽는 게 무서워서 제사에 의지해 보려 했다는 의미이기도 하다.

이 박물관은 1761년에 한 귀족이 그의 개인 소장품을 볼테라에 기증해서 만들어진 것이다. 그에게 있었던 5만 권의 책도 함께 기증했다. 이 박물관 자체가 250년 역사를 가진 유럽 박물관 중에서도 아주 초기에 세워진 곳 중 하나다.

비슷비슷해 보이는 테라코타들을 보며 아이가 재미없어할 것도 같았는데 표 값이 아깝지 않을 정도로 흥미롭게 관람했다. 아이는 습관들이기 나름인게 맞다. 박물관에 데리고 다니다 보니 박물관에서 아이의 호기심과 인내심이 좋아지는 것 같다.

호텔로 돌아왔고 또다시 저녁을 해결해야 했다. 점심을 호텔에서 먹었으니 저녁은 싼 것으로 해결하고 싶어 햄버거를 사고 호텔 방에서 먹었다. 남편에게 휴대 전화기로 전화를 걸려고 하는데 안 터졌다. 어제도 안 터져서 그냥 잤는데 오늘도 마찬가지였다. 호텔 건물 밖은 터지려나 싶어 나왔다. 깜빡 잊고 외투를 안 입고 나와서 추웠다. 호텔 밖에서도 안 터졌다. 호텔 근처를 다니며 시도해 봐도 되지 않았다. 좀 전에 햄버거를 샀던 가게를 지나칠 때 왜 휴대 전화기가 안 되는 것인지 물어보았다. 햄버거 아저씨는 너무 당연한 듯이 성 안에서는 휴대 전화기 말고 유선 전화를 쓰라고 했다. 남편하고 오늘 통화한 게 마을 성벽 밖 언덕 아래에서였고 오후는 성벽에 팔을 괴고 마을 풍경을 감상하던 자리였다.

이 마을에서 살게 된다면, 가장 불편한 것이 성벽 안에서 휴대 전화기가 잘 안 터진다는 거다. 춥고 밤이라 호텔 주위에서만 통화를 시도하다 포기하고 호텔로 돌아왔다. 호텔 리셉션에 밤에만 일하는 듯한 둔해 보이는 아저씨한테 왜 호텔 안에서 휴대 전화기가 안 터지는지, 볼테라 성벽 안 전부가 잘 안 터지는지를 확인해보고 싶어 물어보았다. 그의 대답은 아주 간단했다.

"Non lo so(몰라)."

어젯밤에도 시에나 가는 버스가 몇 시에 있는지 등 두어 가지 내가 그에게 물어봤었는데 그의 대답은 똑같았었다.

"Non lo so(몰라)."

리셉션에서 일하는 이의 대답이 다 '몰라'다. 버스 시간은 관광안내소에서 물어봐라, 볼테라의 성벽이 높아서 휴대 전화기가 잘 안 터진다, 같은 말이라도 해야 하는데, '몰라'로 일관한다. 웃기는 몰라맨이다.

호텔 유료 유선 전화를 이용해서 남편과 통화했다. 남편은 이미 볼테라 성벽 내에서 휴대 전화기 사용에 문제가 있을 거로 생각했고 그래서 나하고 통화되지 않는 것에 별로 걱정하지는 않았다고 했다.

07. 잘생긴 이탈리아 남자들이 토스카나에 숨어 있다

천둥소리에 놀라 잠이 깼다. 빗줄기가 무서운 소리로 쏟아지고 거센 바람이 호텔 창문을 흔들었다. 남편 말이 맞았다!

이 토스카나 여행은 어느 도시들을 며칠 동안 여행할 거라는 계획이 출발부터 없었기 때문에 날씨 때문에 어쩔 수 없이 여행을 포기해야 한다고 해도 문제 될 건 없었다. 다만, 내가 여행을 마쳐도 좋겠다는 느낌을 받을 때 여행을 끝내지 않는 것이 유감일 뿐이었다.

가브리엘은 이렇게 시끄럽게 천둥이 치는데도 깨지 않고 잘도 잤다. 지난해 겨울 가족 크루즈 여행을 했을 때 어느 날 밤 파도가 너무 심하게 쳐서 남편은 밤새 화장실을 들락거리며 토하고 나는 어지러워서 반기절 상태로 괴로워했는데 가브리엘은 그때도 밤새 한 번도 안 깨고 잘 잤다. 내가 사는 라티나 마을에 몇 차례 강력한 지진이 밤에 일어났었는데 건물이 심하게 흔들리고 주민이 무서워 잠옷 바

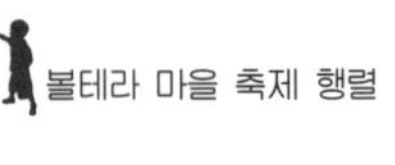
볼테라 마을 축제 행렬

람으로 도망가는 상황에서도 가브리엘은 태평히 잘도 잤었다. 아이가 어른이 되고 노인이 되어도 지금처럼 잠을 잘 잤으면 좋겠다는 생각이 들었다.

성경에 예수가 파도치는 배 안에서 편하게 잠에 빠진 이야기가 있다. 그의 제자들은 목숨이 위험한 상황인데 잠을 자는 예수가 이해되지 않았다. 예수가 파도치는 배 안에서 편하게 잘 수 있는 것은 마음이 평화로웠기 때문이었다는 것을 가브리엘을 통해서 간접적으로 이해할 수 있었다. 어린아이처럼 마음이 평화로우면 천둥이 치건 파도가 치건 지진이 나건 편하게 잠을 잘 수 있을 것이다. 그러니 지금의 어린아이의 평화로움을 어른이 되어도 노인도 되어도 가지고 있어주기를 바라는 것이다.

어린아이의 평화로움이 없는 게 증명된 나는 새벽까지 이어지는 거센 비바람 때문에 잠 못 이루고 있다가 피곤함에 지쳐 잠이 들었다.

조용한 아침 햇살을 받으며 눈을 떴다. 아니, 밤새 몰아치던 비바람은 연극이었나? 비바람 치는 꿈이라도 꾸었나 싶어 창문 밖을 내다보니 밤새 비바람을 견딘 건물과 거리의 모습이 펼쳐졌다. 하늘을 올려다보니 해님이 내게 윙크를 하는 것 같았다. 나는 마음의 혀를 내밀어 남편을 향해 메롱 했다.

마을 축제 하이라이트는 화창한 날씨 속에서 진행되었다. 축제의 시작은 역시 북 치는 마을 청년들이 마을 중심을 한 바퀴 도는 것으로 시작되었다. 축제가 열리는 마을 중심을 막아 놓았길래 왜 그런가 했더니 입장료를 따로

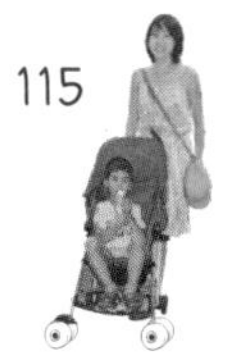

사야 들어갈 수 있는 거였다. 일 년에 한 번 있는 마을 축제를 볼 수 있는 기회이니 10유로의 입장료가 아깝지 않았다.

축제가 벌어지는 안으로 들어가니 너무 잘 조직된 축제 분위기가 감탄스럽기까지 했다. 마을 사람들은 모두 볼테라의 전통 중세 복장을 하고 중세 시대의 풍경을 재현했다. 옷감을 짜는 모습, 기름을 짜는 모습, 커다란 솥에 토스카나 전통 수프를 만드는 모습 등등…….

마을 중심 광장에서는 반디에라bandiera라는 이탈리아 전통 깃발 묘기가 벌어졌다. 영화 「투스카니의 태양Under The Tuscan Sun」을 보면 폴란드 일꾼 청년이 이탈리아 아가씨와 사랑에 빠진 후 이탈리아 남자만큼 잘하는 것을 보여주겠다고 열심히 연습하고 공연까지 했던 게 바로 이 반디에라였다. 북과 나팔로 마치 전쟁터에 나가는 이들의 사기를 북돋아 주는 것 같은 리듬에 맞춰 깃발 묘기를 하는 것이다. 마지막 즈음엔 리더격이 어려운 테크닉 묘기를 보여준다. 멋진 깃발이 하늘 높이 쑥 던져지고 바람에 활짝 펴진 깃발이 공중을 돌아 다시 깃발 주인의 손에 멋지게 잡힌다. 그런데 반디에라 쇼를 보는 내 시선이 깃발이 아니라 자꾸 깃발을 던지는 청년들의 얼굴로 갔다. 잘 생겼다.

이탈리아 밖에서 이탈리아 남자들 잘 생겼다고 하는 것에 나는 이해가 잘 안 됐었다. 일반 사람들이 선호하는 미남과 내가 생각하는 미남의 기준이 틀린가도 생각했다. 내가 사는 마을이나 내가 제일 자주 가는 곳인 로마에서 눈길을 사로잡는 매력적인 남

자를 만나지 못했기 때문이었다. 유부녀로서는 다행스러운 환경이긴 했다. 하긴 나는 내 남편 역시도 미남이라고 생각하진 않는다. 콩깍지가 씌워진 첫 만남에서도 남편의 얼굴이 미남으로 보이는 착시 현상까지는 없었다.

잘 생긴 이탈리아 남자들이 토스카나에 숨어 있었다. 다른 유럽남자들이나 북미의 남자들과 다른 이탈리아 토스카나 남자만의 매력이 있었다. 한마디로 화가들이 좋아할 만한 얼굴이었다. 윤곽이 뚜렷하고 그윽한 눈빛과 분위기를 풍기는. 여러모로 볼테라가 좋아서 떠나기 싫었지만, 잘 생긴 남자들을 보며 마음으로 바람나기 전에 떠나는 게 좋을 것 같았다.

08. 이탈리아 마을 축제에서 한국 아줌마 티를 내고 말다

깃발 묘기가 펼쳐지는 동안 계속 북을 치는 이들 중에 가브리엘 나이 또래가 끼어 있었다. 쪼만한 아이가 큰 형들과 똑같이 틀리지도 않고 당당히 북을 치는 게 귀엽고 대견해 보였다. 내 개구쟁이 아들이 저렇게 늠름하게 큰 형들과 어우러져 자기 몫을 해낸다면 참 좋겠다는 생각이 어쩔 수 없이 들었다.

저 아이는 북을 통해 서로 겨누는 것이 아닌 어울리는 것을 배울 것이다. 한국에서 사교육은 다 겨누는 것들이다. 영어, 악기, 운동, 그림. 남들도 다 관심 갖고 다 하고 있으니 그중에서 두드러지기 위해 겨눌 수밖에 없어진다. 사교육을 시키는 부모들은 다 아이의 장래를 위해서라고 할 테지만, 항상 장래에 포커스가 맞추어진 한국 교육으로 아이들의 과거와 현재가 무시되고 있다고 생각한다.

가브리엘이 깃발 공연을 재미있게 지켜보았다. 내가 사

중세 시대 사형장을 재현하는 모습

는 마을에 일 년에 몇 차례 서커스가 열리는데 나는 가브리엘을 서커스에 데리고 가기 싫었다. 아이에게 서커스를 보여주고 싶어하는 남편의 성화에 어쩔 수 없이 한 번 갔었다. 역시 나는 서커스가 싫었다. 무엇보다 동물들이 불쌍해서 즐길 수가 없다. 사람들이 위험해 보이는 곡예를 하고 동물들이 고문에 의해 훈련된 쇼를 하는 것에 재미있어 하라고 아이를 데리고 가고 싶지 않다. 아이들에게는 오늘 같은 마을 축제의 깃발 묘기 같은 것이 어린 시절 좋은 추억의 한 페이지가 될 것이다.

깃발 묘기가 끝나자 마을 광장에는 준비된 다음 프로가 계속 진행되었다. 사형장으로 끌려가는 죄인을 연기로 보여주고 중세 시대의 사형장을 재현했다. 사형수와 사형 틀을 주제로 축제를 즐기는 것이 중세적인 분위기를 즐기자는 의도로 보였다. 망나니 복장을 한 이들이 아이들이나 관광객들을 형틀에 끼운 다음 목에 물을 끼얹었다. 불과 몇백 년 전에는 실제로 이 광장 이런 형틀에서 죄수들의 목이 날아가기 마지막 순간 그 목에 물이 끼얹어졌을 것이다. 형틀에 낀 목에 찬물이 부어지는 건 어떤 느낌이었을까. 칼보다 더 공포스럽게 섬뜩했을 것이다. 몇백 년이 지난 후에 같은 형틀에서 거짓 망나니들이 형틀에 목이 묶인 관광객들을 장난스럽게 간지럼 피우며 웃겼다.

가브리엘에게 형틀에 목을 넣어보고 싶냐고 물었더니 단호히 싫다고 했다.

중세복을 입은 볼테라의 여인들

가브리엘이 어제 놀았던 공원 놀이터에 가고 싶다고 했다. 나는 공원 놀이터 바로 옆에 있는 아크로 폴리스 에투루리안에 갈 예정이었기 때문에 잘 됐다 싶었다. 공원에 갔을 때 뜻밖에 음식 축제가 열리는 중이어서 환호라도 지르고 싶었다. 마침 배가 고팠던 나와 가브리엘은 우선 불에 구운 햄 살치차[salsiccia]를 먹었다. 지금까지 토스카나 여행 중에서 오늘 점심이 단연 최고의 맛이었다. 축제 분위기라 더 맛있었다. 가브리엘은 꼬챙이 염소 고기 구운 것도 맛있게 먹었다. 나는 살치차를 네 개나 먹고 토스카나 수프와 싱싱한 산딸기를 즐겼다.

공원은 음식 축제 외에 몇 가지 다른 축제 행사가 있었다. 그중 아이들도 활을 직접 쏘아 볼 수 있는 놀이가 있어 가브리엘을 데리고 갔다. 어제 활쏘기 대회 구경을 즐겼기 때문에 오늘 활쏘기를 직접 해볼 수 있는 것에 신바람이 났다. 활을 쏜 아이들에게 나무 장식 목걸이를 걸어주었는데 활쏘기 진행을 담당하는 마을 아가씨가 어쩐 일인지 가브리엘에게는 목걸이를 안 걸어주는 것이었다. 가브리엘은 신 나게 활을 쏘고 나서 목걸이를 못 받았다고 울기 시작했다. 나는 우는 아이를 다시 앞세워 사람 좋아 보이는 볼테라 아가씨로부터 나무 장식 목걸이를 받아냈다. 다소 곤란한 표정을 지으며 무슨 말인가 하려는 아가씨의 말문을 거의 내가 막으며 우는 내 아이를 만족시키라는 어조로 따지듯 요구했다. 이탈리아 마을 축제에서 한국 아줌마 티를 내고 말았다. 그런데 나중에 알고 보니 나무 장식 목걸이는 돈을 더 내야 받는 거였다. 축제 중이니 따지려 하지 않아 다행이었다.

마을 축제에서 활쏘기 놀이를 즐기는 아이들

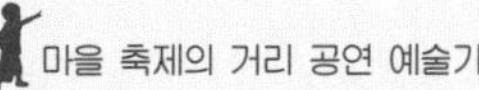
마을 축제의 거리 공연 예술가

09. 맛있는 포도주를 왜 못 팔아?

이탈리아 사람들의 마을 축제인데 어수선함이 없었다. 볼테라는 이탈리아가 아닌가 하는 생각이 들 정도였다. 내가 사는 마을의 혼란스런 축제에 비하면 이 마을 사람들이 보여주는 매너의 수준은 아주 높았다. 이틀 동안 본 볼테라의 마을 축제는 어수룩한 것 없는 백 점짜리 마을 축제였다.

음식 축제가 열린 공원에 떨어진 쓰레기가 안 보였다. 이탈리아 사람들이 먹고 노는 곳에 쓰레기가 안 떨어져 있다니? 이탈리아 사람들은 자기 집은 파리가 왔다가 미끄러져 기절할 정도로 깨끗이 해놓지만 일단 집 밖으로 나오면 아무 곳에 아무거나 버려도 괜찮다는 개념이 있다. 그중 내가 제일 싫어하는 것이 이탈리아 사람들이 운전하면서 창 밖으로 쓰레기를 던질 때다. 영수증, 씹던 껌, 빈 물병, 불안 꺼진 담배도 휙……. 이탈리아 축구 경기 다음 날, 쓰레기차가 와서 치우기 전, 마을 사람들이 모였던 자리는 그야

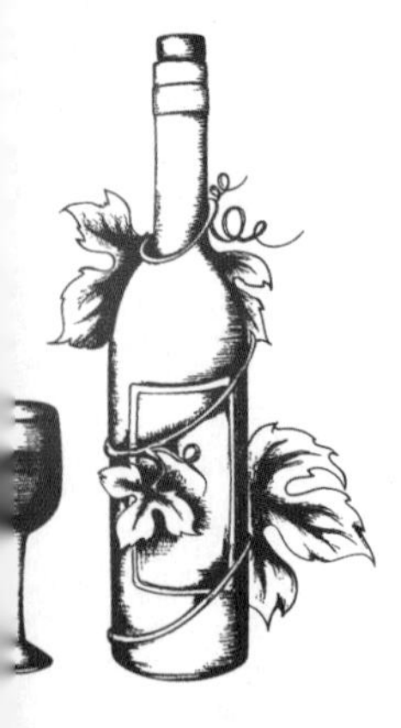

볼테라 - 아크로폴리스 에투루리안
(고대에 제사와 목욕을 했던 곳)

말로 아이들에게 보이기 부끄러운 난장판이다. 그런데 볼테라에 와서 매너 있는 이탈리아 마을도 있다는 사실을 알게 된 것이다. 이탈리아에도 희망이 있었다.

음식 축제가 열리는 공원 안 아크로폴리스 에투루리안으로 갔다. 축제라서 입장이 무료였다. 얼핏 보면 버려진 공터처럼 보이는 곳이었다. 땅에 건물 흔적만 남아 있어 이곳에 무엇이 있었을지 추측하기 어려웠다. 이곳에 처음 건축물을 만든 이가 에투루리안이었고 그 후 로마 시대, 중세 시대에 새 건축물이 지어졌다고 한다. 에투루리안 시대에는 주로 성전들이 지어져 제사 의식을 했고 로마 시대에는 아우구스투스 목욕탕이 만들어졌고 목욕물 운반할 수도관도 지어졌다. 수도관은 그나마 형태가 잘 보존된 편이었다.

시에나로 가는 버스를 타야 하는 시간이 되어 가브리엘을 데리고 호텔로 갔다. 체크아웃한 후 맡겼던 짐을 찾고 버스 정류장으로 갔다. 버스가 이미 도착해 있었다. 운전기사를 보니 나를 볼테라에 태워준 그 기사였다. 버스 노선을 동료들과 바꾸며 운전한다더니 오늘은 시에나 쪽 가는 노선을 운전하게 되었나 보다. 나를 기억하는 버스 기사도 반갑게 인사하며 볼테라에서 좋은 시간을 보냈는지 물었다.

버스로 볼테라에서 시에나로 가려면 폰테데라에서 한 번 갈아타야 했다. 버스 손님은 나와 가브리엘, 다른 여자 손님 달랑 셋이었다. 난 버스의 내 자리(?)에 앉아서 투어 리더처럼 버스 기사하고 얘기를 나누며 갔다.

남편이 버스 운영을 하고 있으니 토스카나의 버스 운영이 어떤지 궁금했다. 토스카나는 꾸준한 관광객들이 찾아오니 그다지 불경기를 안 탈 것 같은데 기사의 말로는 토스카나의 많은 버스 회사들 역시 어려움을 겪고 있다고 했다. 그리고 특히 기사가 일하는 지역인 피사, 폰테데라, 볼테라, 시에나 같은 피사주provincia di Pisa에 속하는 곳들의 외국 관광객들이 예전에 비해 현저하게 줄었는데 결정적인 이유 중 하나가 크루즈 여행 선박이 피사주에 속하는 리보르노Livorno에서 정박했었다가 불과 몇 해 전부터 리보르노의 북쪽 해안, 리구리아Liguria 주에 속하는 라 스페지아La spezia로 정박을 바꾸었기 때문이라고 했다.

라 스페지아는 이탈리아의 유명한 해변 마을 친퀘테레Cinque terre 중 한 곳이다. 다섯 개의 마을이라는 뜻이고 해변을 끼고 다섯 개의 그림 같은 아름다운 마을이 매력적으로 관광객들을 불러들이는 곳이다.

라 스페지아에 크루즈 정박을 뺏긴 이유가 리보르노가 속한 피사주에서 관광객을 유치하기 위한 노력과 투자를 안 했기 때문이라는 것이 기사의 의

견이었다. 토스카나뿐만 아니라 이탈리아의 외국인 관광객들에 대한 배려와 투자는 꽝이라고 비판했다. 내가 생각한 것을 이탈리아 사람이 얘기하다니, 반가웠다.

개인적으로는 문제들을 자각하고 있는 이들이 이 기사 말고도 많을 것 같다. 다만, 문제를 조직력 있게 해결하는 것이 결여되어 있는 것이다. 이탈리아는 어쨌든 관광객들이 즐겨 찾는 곳이라는 생각이 개선의 의지를 꺾는지 모른다. 아니면 관광객들을 위한 개선 비용을 문화재 보호 유지 비용으로 몰아서 투자하는 걸까.

아무튼, 이탈리아 사람들이 제일 못하는 것이 하나로 뭉치는 것이니 관광에 관한 문제 말고도 나라 안의 모든 갖가지 문제들이 의견일치로 풀어지는 경우는 드물 것이다. 로마 시대 원로원들이 매일 모여 자기 유리한 대로만 시끄럽게 떠들며 주장했듯이 이천 년이 지난 지금도 같은 모양인 듯싶다.

이탈리아에 올 관광객들을 다른 나라에 뺏기는 경우는 없을 테니 그나마 다행으로 여긴다 해도 이탈리아의 질 좋은 포도주가 프랑스에 밀리는 것에는 자존심 상해야 한다고 생각한다. 포도가 자라기에 적합한 땅이 프랑스보다 이탈리아에 훨씬 더 많고, 포도주 제조 기술도 원래 로마인이 프랑스에 전해주었다. 포도주 종주국인 셈이다. 그런데 지금은 세계의 포도주 애호가들과 일반인들조차 프랑스 와인을 더 고급스럽게 여기고 있다. 중국인들의 포도주 수입이 늘어가는데, 25% 이상을 프랑스로부터 수입하고 5% 정도만 이탈리아로부터 수입한다는 뉴스가 얼마 전에 나왔다.

내가 버스 기사에게 이 와인에 관한 뉴스를 얘기했더니 이렇게 대답했다.

"이탈리아 사람들은 어떻게 하면 좋은 포도주를 만들 수 있는지를 아는데 어떻게 하면 잘 팔 수 있는지는 몰라."

이 기사가 정확하게 원인을 알고 있었다. 현대는 마케팅으로 승부를 겨뤄야 하는데 이탈리아 사람이 거짓말은 잘하면서 좋은 걸 더 좋은 것처럼 포장하는 것은 못한다.

폰테데라까지 가는 길에 해바라기가 활짝 무리로 핀 곳이 있는가 하면 어떤 곳은 다 고개를 푹 숙이고 있기도 했다. 햇볕을 비슷하게 받는 거의 같은 지역인데 왜 어떤 땅은 해바라기가 살아 있고 어떤 땅은 죽어 있는 걸까. 땅에 대해 식물이나 꽃들에 대해 아는 것이 하나도 없는 나는 아무 생각 없이 풍경을 바라보다가도 궁금한 게 생길 때는 답답해진다. 시골에서 자란 이들이 멀리서도 나무 이름과 풀 이름 꽃 이름을 맞추는 걸 보면 부럽다.

해바라기가 토스카나의 꽃처럼 상징되기도 하듯 토스카나 언덕의 해바라기들은 정말 예쁘고 예쁘다. 달리는 버스 안에서 사진 셔터를 눌러보긴 했지만, 당연히 예쁜 모습이 담기지 않았다. 별 볼 일 없는 사진을 찍는 줄도 모르고 버스 기사는 나를 배려해주고 싶어 버스를 잠시 스톱시키기도 하고 아주 천천히 운전하기도 했다.

폰테데라에 도착했다. 폰테데라는 암벽 위에 세워진 도시였다. 버스 기사가 이곳은 크리스털로 아주 유명하다고 했다. 버스에서 내린 곳이 폰테데라 광장 옆이고 크리스털 박물관이 근처에 있었지만, 시에나로 가는 버스가 이십 여분 후에 있어 갈 수 있는 여유 시간은 없었다. 가브리엘은 광장 중심에 있는 분수에서 잠시 놀았다. 분수 안으로 들어간 것도 아닌데 물 장난치느라 옷이 다 젖었다. 버스 도착할 시간이 되어 아이의 옷을 다 갈아 입혔다. 젖은 옷은 유모차 햇볕 막이 위에 펼쳐 말렸다. 햇볕이 워낙 강해서 버스가 도착하기 전까지 몇 분 만에 옷이 얼추 말랐다.

시에나 가는 버스에 올라 버스표를 샀다. 3유로. 볼테라에서 폰테데라까지 버스 요금이 2.5유로였다. 볼테라에서 시에나까지 버스 이동 시간만 한 시간 반인데 겨우 5유로밖에 안 했다. 게다가 아름다운 토스카나의 풍경까지 보는 코스인데도.

차로 토스카나 여행하는 것에 비교할 수 없이 경제적인 여행이 아닐 수가 없었다.

폰테데라 광장

빈치 Vinci
루카 Lucca
볼테라 Volterra
시에나 Siena
시에나 Siena

4. 1분의 말 경주로 흥분의 도가니 되는 도시

시에나 축제 거리 행렬

01. 한국인 머리 자를 줄 아는 이탈리아 미용실이 없어요

시에나까지 도착하는 동안 새로운 버스 기사와도 얘기를 나누고 싶었는데, 그의 이탈리아어를 알아듣기가 어려웠다. 와인으로 유명한 끼안티가 고향이라고 하는데 토스카나어 중에서도 끼안티가 사투리가 심한 곳인지 그의 이탈리아어가 잘 안 들렸다. 시골에서 자란 티가 풀풀 나는 그 아저씨가 알아들을 수 없는 심한 사투리로 끼안티 자랑을 늘어지게 했다. 알아듣는 척 거짓 웃음을 한 번씩 지어내는 것도 쉬운 노릇이 아니었다.

시에나에 도착해 버스에서 내리자마자 내가 스마트폰 내비게이션으로 호텔 주소를 누르는 걸 본 이 시골 기사 아저씨가 내게 비아냥거리는 투의 손짓을 보냈다. 고지식한 이탈리아 사람들, 특히나 시골에서 자란 이들은 현대의 테크놀로지를 이탈리아 전통문화 파괴범 취급한다는 걸 나도 잘 알고 있다.

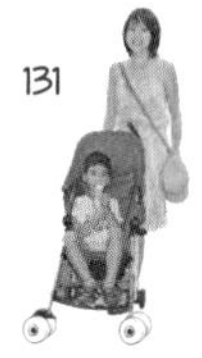

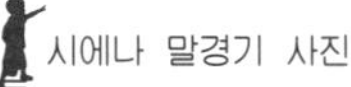

시에나 말경기 사진

버스 역에서 내가 예약한 칸논 도로Cannon d'oro 호텔까지 오 분 거리였다. 버스가 아니라 덩치 큰 택시를 타고 다니는 것 같았다. 한 시간 삼십 분 타고 5유로 내는 택시 말이다.

시에나는 피렌체 다음으로 관광객이 몰리는 곳이라 호텔 가격들이 비쌌다. 50유로의 별 하나짜리 호텔을 간신히 찾았다. 그것도 60유로였는데 깎아달라고 졸라서 십 유로 깎은 거였다. 방은 장식 없이 단순했지만, 깨끗해서 불평할 게 없었다. 게다가 가브리엘이 좋아하는 만화 프로도 잘 나오니 가브리엘이 원하는 방 조건도 충족되었다.

시에나에서 제일 유명한 캄포 광장이 호텔에서 가까운 곳에 있어 아이를 데리고 광장으로 갔다. 광장에서 한참 시간을 보내며 아이에게 스마트폰으로 마음껏 사진을 찍어보도록 했다. 사진을 찍게 하면 눈으로 그냥 보게 하는 것보다 기억에 더 잘 남을 것 같았다. 이 넓은 광장이 시에나의 하이라이트 관광지고 말 경주가 있는 곳이며 시에나의 중요한 관공서가 모여 있는 곳이다.

시에나의 다른 관광지는 내일 보기로 하고 호텔로 돌아왔다. 돌아오는 길에 미용실이 보여서 바깥에 적힌 가격을 확인했다. 머리 커트가 40유로였다. 20유로 내 시골 동네 가격이었으면 커트치고 싶었는데. 앞머리가 길어져 눈을 찔러대서 좀 짤라줘야 하는데 지금 휴가 기간이라 내 단골 미용실이 문을 닫았다. 내 단골 미용실뿐만 아니라 마을 미용실들이 다 문을 닫았다. 어차피 사람들이 마을을 떠나 휴가 중이라 미용실을 찾을 만한 사람들이 거의 없기 때문이다. 휴가 기간 전에 미리 머리를 깎아놓지 못한 게 후회됐다.

내 아파트 옆 동에 사는 영국 아줌마의 이탈리아 남편은 미용사 경험이 있는 카라비니에레[헌병대]인데 가브리엘의 단짝인 그의 아들 머리는 물론 아내의 머리도 다 그가 깎아준다. 그 영국 아줌마는 결혼 이후 미용실에 가본 적이 없다고 한다. 그의 남편은 깎는 걸 워낙 좋아하는지 아파트 공용 정원의 풀들이 자라기 무섭게 깎는다. 어쩌다 정원에서 마주칠 때 불쑥 내 머리끝을 만지며 갈라진 머리는 바로 깎아줘야 한다고 말해서 나를 웃게 한다. 헌병대 유니폼 입고 일할 때는 심각한 표정 관리를 하며 일할 테지만, 집에서는 어디 깎을 곳이 없는지 찾는 이로 바뀐다. 단골 미용실이 휴가 중이라 이 헌병대 아저씨한테 앞머리 좀 잘라 달라고 부탁하면 아주 즐거워하며 깎아주었을 텐데…….

단골 미용실이 생긴 게 불과 몇 달밖에 되지 않는다. 그전에는 집에서 제일 가깝고 예약할 필요도 없고 가격이 싼 곳에서 머리를 다듬었다. 마을 여러 미용실을 이용해보았지만, 이탈리아 여자들과 틀린 내 머릿결을 내 취향에 맞게 해주는 곳이 없었다. 파마도 한 번 해본 적 있었는데 모양은 사자처럼 만들어놓고 머릿결은 수세미로 만들어 놨다. 그래서 예쁜 머리는 포기하고 그저 눈 찌르는 앞머리만 자르고 들쑥날쑥 뒷머리를 가지런히 다듬으려 미용실에 가는 것뿐이다.

남편이 로마 중앙역 근처에 있는 중국인 미용실을 이용해보라고 권해서 가봤더니 미용실 요금이 일반 이탈리아 미용실 요금의 반값이었다. 기다리는 사람들이 바글바글. 머리만 감겨주는 중국여자가 손님들 머리를 기계적으로

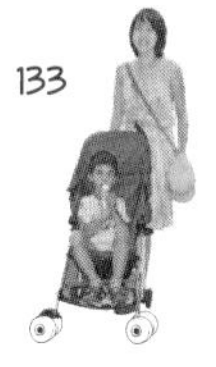

샴푸 해주고 대기석에서 기다리게 했다. 젖은 머리에 수건을 어깨에 두르고 쪼르르 기다리는 여자들 틈바구니에 나도 끼었다. 미용실의 여러 의자가 다양한 국적의 손님과 중국인 미용사로 꽉 채워져 있었고, 중국인 미용사들은 빠른 손놀림으로 손님을 강아지 털 깎듯 기계적으로 다루며 커트를 쳤다.

이탈리아 미용사들은 손님과 수다 떨다가 웃다가 전화받았다가 해서 커트 한 번 치는데 상당한 시간이 걸리는데, 이 중국인 미용실은 손님과 나누는 대화가 하나밖에 없다. 어떤 머리를 원하나요? 그리고 그 손님 머리 손질이 끝나면 한 마디 크게 외친다.

"prossimo[다음]!!"

나도 내 차례에 한 미용사가 다음! 하고 소리 지를 때 얼른 대기 의자에서 일어나 명령에 따르듯 그 미용사 의자에 앉았다. 나는 그냥 좀 다듬어 달라고 요구했다. 중국인 미용사는 내 머리를 중국 시골마을 아줌마 스타일로 다듬어놨다. 다르게 해달라는 말을 하고 싶었는데 미용사가 내 귀청을 찢듯 큰 소리로 외쳤다.

"prossimo[다음]!!"

이런저런 우여곡절 끝에 맘에 드는 단골 미용실이 생긴 게 행운 같다. 그렇다고 그 미용사가 내 맘에 꼭 드는 스타일로 내 머리를 자른다는 것은 아니다. 다른 이탈리아 여자들은 멋있고 세련되게 다듬어지는데 왜 내 머리는 같은 미용사에게 맡겨도 별로인지 모르겠다. 두상이 다르고 머릿결이 다르고 무엇보다 얼굴의 윤곽이 희미해서 그런지 모르겠다. 아무튼, 그럼에도 내 단골 미용사는 지금까지 미용사 중에서 제일 성의있게 잘라줘서 좋다. 손놀림이 프로다웠다. 남편도 그녀의 손놀림을 보고 단골이 되어 나와 나란히 앉아 그 미용사에게 머리를 맡긴다. 아이까지 세 식구가 같이 머리 자르면 아이는 공짜로 깎아줘서 더 좋다.

02. 소통하지 않은 엄마가 미안해

시에나에서의 다음 날 아침. 별 하나짜리 호텔인데 아침 커피는 별 하나도 안 주고 싶어지는 맛이었다. 바에 가서 다시 커피를 마실 겸 관광 안내소도 가야 해서 호텔을 나왔다. 물론, 가브리엘은 방에서 만화 영화 보게 하고.

캄포 광장에 있는 관광 안내소에서 와인 투어와 뛰어난 자연경관으로 유명한 끼안띠, 몬테풀치아노, 몬탈치노, 발도르차, 피엔자, 그레베, 루치냐노……쪽을 갈 수 있는 교통편을 물었는데 그 어느 곳도 버스나 기차로 갈 수 있는 노선이 없었다.

이 지역들이 지도 상으로 시에나 아래쪽에 몰려 있기 때문에 패키지 투어 같은 상품이라도 있지 않을까 기대했었는데 차가 아니면 갈 방법이 없다고 하니 실망스러웠다. 짐작했었던 버스 기차 여행의 결정적 단점이었다.

영화 「글래디에이터Gladiator」에서 막시무스가 가족을 만나

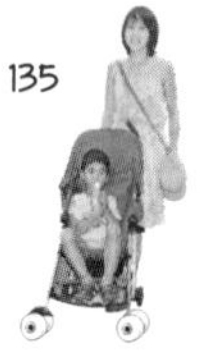

기 위해 집에 돌아오는 장면의 촬영지였던 발도르차. 감독이 발도르차에 얼마나 깊은 인상을 받았으면 마지막 장면에서 막시무스가 죽은 후 가족을 만나는 천국의 이미지로도 묘사했을까.

피엔자에 가서는 「로미오와 줄리엣Romeo And Juliet」을 만나고 싶었다. 프랑코 제피렐리 감독이 이 영화를 만든 해가 1968년. 그 후 여러 편의 '로미오와 줄리엣' 영화가 만들어졌지만, 프랑코 제피렐리가 준 감동을 넘는 영화는 아직 없는 것 같다. 셰익스피어의 『로미오와 줄리엣』 원작 배경은 베로나지만, 영화는 토스카나 피엔자에서 촬영되었다. 현재의 토스카나가 중세 때의 모습을 보존하며 살기 때문에 중세 시대 배경의 영화를 찍으려면 그냥 중세 옷만 입으면 되는 것이다. 시대극 세트를 할 필요가 없다는 것을 한국의 영화 제작자들은 얼마나 부러워할까 싶다.

『로미오와 줄리엣』의 비극 스토리는 누구나 다 알고 있지만, 다시 봐도 여전히 즐기게 된다. 『춘향전』을 보고 또 봐도 재미있는 것처럼 고전은 대중을 사로잡는 힘이 있다.

이 피엔자에서 또 다른 비극 스토리 촬영이 1996년에 있었다. 「잉글리쉬 페이션트The English Patient」. 유부녀 유부남들의 바람난 사랑 스토리가 아름답게 처리되는 미국 영화를 경계하는 편이지만, 이런 영화는 제외 시킨다.

토스카나를 다시 와야 할 이유가 생긴 것 같다. 다음엔 남편과 같이 와서 이번에 보지 못한 시에나 근교의 예쁜 마을들을 가 보고 싶어졌다. 역시 남편이 있어야 한다는 사실을 이렇게 필요할 때만 깨닫는 나는 참 이기적이다.

시에나에서 대중교통으로 가는 노선 중에서 제일 편한 곳이 아레쪼Arezzo였다. 그래서 내일 일정이 아레쪼로 정해졌다. 아레쪼로 가는 버스 시간을 알아보기 위해 버스 안내소를 찾아가다 길을 잃었다.

관광 안내소가 있는 캄포 광장에서 나와서 내가 가야 할 길의 또 다른 갈라진 길로 걸어가 버린 것이다. 아침부터 헤맸다. 볼테라에서도 아침에 장터에 갔다가 돌아오는 길을 헤맸었는데……. 어제에 이어 오늘도 '길 헤매기' 아침 걷기 운동을 하고 호텔 방으로 돌아왔더니, 거의 11시였다.

호텔로 돌아와서 먼저 아레쪼에서 묵을 숙소를 검색했다. 파격 할인을 하는 별 네 개짜리 호텔이 있었다. 150유로짜리 방이 70유로. 전화해서 아이 동반 요금을 더 할인해줄 수 있는지 물었고 60유로로 다시 깎을 수 있었다. 오늘 별 하나 호텔에서 내일 별 넷 호텔로 가는데, 10유로밖에 차이가 안 났다. 발도르차 피엔자에 못 가게 된 실망감이 풀렸다.

계속 만화 영화만 보고 있는 가브리엘에게 구경하러 나가자고 했다. 가브리엘은 지금 보고 있는 만화가 다 끝날 때까지 기다려 달라고 했다. 끝나는 시간을 확인하니 삼십 분이나 기다려야 했다. 으름장 주는 톤으로 TV를 지금 끄라고 했더니 지금 보는 만화가 자기가 좋아하는 거라면서 울려고 했다. 내가 져야 했다. 애 울리고 나가서 보는 관광이 무슨 의미가 있으랴 싶어져서.

스티브 맥커리 사진전 보는 것을 첫 일정으로 잡았다. 사진전이 열리는 곳이 산타 마리아 델라 스칼라Santa maria della scala 박물관이기 때문에 사진전과 박물관을 같이 볼 수 있어서 좋았다.

강한 이미지의 사진들을 가브리엘도 호기심 가득한 눈으로 보았다. 영어권에서 온 어떤 애 엄마가 세 살쯤 되어 보이는 딸 아이에게 사진들 하나하나 아주 쉽고 간략하게 설명해주고 있었다. 어떻게 저렇게 부드러운 톤으로 세 살 아이가 이해할 수 있게 설명해줄 수 있는지 부러웠다. 그 아이도 이해하는

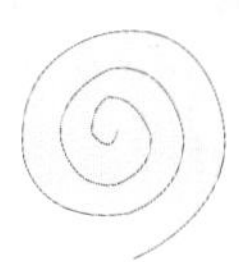

듯 엄마의 설명에 반응했다. 저건 평상시에도 엄마와 딸이 많은 이야기를 공유하기에 가능한 소통 같아 보였다. 부러워서 몸이 가볍게 떨렸다.

나는 내 아이와 소통하는가? 소통은 피드백이 있는 대화인데 곰곰 생각해보면 나는 엄마로서 아이와 제대로 소통하지 않았다는 것을 인정하게 된다. 나는 아이에게 무엇을 하라는 말과 하지 말라는 말 사이만 오락가락했다. 하라는 대로 하면 칭찬하고 안 그러면 부르르 야단치고.

한편, 아이는 무엇을 갖고 싶을 때와 뭔가 하고 싶을 때의 욕구를 채워주는 대상으로서 엄마를 생각할지도 모른다. 엄마와 아이의 자리에 각각 서서 서로의 바라는 것들만 요구하는 관계가 된 것 같기도 하다. 진짜 소통이 빠져 있었다. 관계를 이어주는 중요 밧줄인 소통이 빠진 채 아이가 성장하면 어떻게 되는지 알고 있다. 바로 내 꼴이 된다. 부모를 소통 대상에서 제외시킨. 그리고 더 악순환은 다른 이들과의 소통에서도 문제가 생기는 거다.

'품 안에 있을 때만 자식일 뿐 다 떠나더라'고 서운한 목소리를 내는 부모는 반성해야 한다. 그건 자식이 몸과 머리가 커져서 떠난 것이 아니라 소통하고 싶었던 부모가 소통의 대상이 되어주지 않아 상처받고 떠나는 것이라는 것을 알아야 한다.

가브리엘. 이제부터 엄마하고 많은 얘기를 나누자. 엄마가 너를 어리다고 무시하고, 내 새끼라서 내 맘대로 명령만 해서 미안해. 이번 여행하면서 왜 이렇게 너한테 미안해지는 게 많은지…….

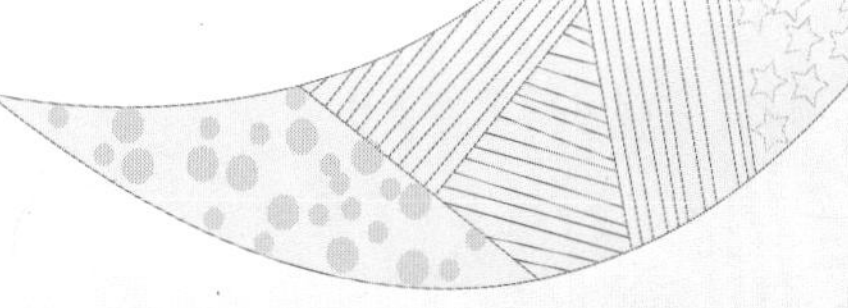
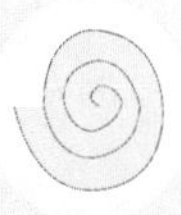

03. 테크놀로지는 가정 파괴범

미안한 마음으로 내가 어떻게 하면 이 사진들을 가브리엘이 이해할 수 있게 설명할 수 있을까 생각하는데 아이가 아름다워지려는 모성의 분위기를 또 깼다. 전시관에서 몇몇 사람들이 사진 설명 오디오 듣는 것을 보더니 자기도 듣겠다고 한 것이다. 하여튼 여러모로 테크놀로지가 가정 파괴의 주요 원인이다.

오디오 가이드는 전시된 사진 중 작가가 다시 작품들을 선정해서 작가의 목소리로 사진을 설명한 것이다. 가브리엘이 이해할 수 있을까 싶어졌지만 일단 한 번 듣게 해봤다. 비 오는 날 차창 밖의 가난한 두 아이의 모습인데 빗물이 아이들의 눈물처럼 보이는 신비로운 사진이었다.

"엄마, 저 두 아이는 배가 고파서 차창 밖에서 돈을 달라고 하는 거야."

작가가 인도에서 비 오는 날 차를 타고 가는데 두 아이가 다가와 애처로운 눈빛으로 차 안을 쳐다볼 때 찍은 사진

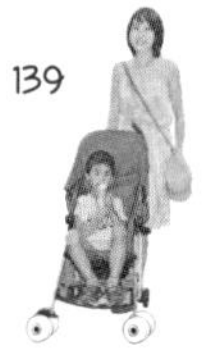

이라는 게 설명이었고, 설명이 간단해서 다섯 살 아이도 이해할 수 있었다.

결국, 또 소통의 기회를 갖지 못한 채 가브리엘은 이탈리아어 오디오로, 나는 영어 오디오로 사진 설명을 듣기 시작했다.

한 아이가 총을 자기 이마에 대고 있는 사진이 있었다. 눈물 콧물 땟물로 범벅되어 있는 얼굴. 전쟁이 어린아이를 얼마만큼 슬프게 만드는지 이 사진보다 더 강하게 전달해 줄 수 있는 사진이 있을까 싶었다.

"가브리엘, 친구들하고 전쟁놀이하는 거 좋아하지? 그런데 진짜 전쟁은 진짜 총을 쏘고 많은 사람이 죽어. 그래서 저 아이처럼 슬프게 돼."

가브리엘은 전쟁으로 피 흘리며 붕대 감고 있는 또 다른 아이의 사진과 손발을 잃은 사람들의 사진을 보면서 전쟁과 무기가 장난하는 것과 아주 다른 무섭고 슬픈 것임을 이해하는 것 같았다.

미국 쌍둥이 빌딩 사진이 너무나 생생하게 사건 경과에 따라 찍어진 것도 인상적이었는데 작가가 사고 당일 뉴욕 사고 빌딩 근처에서 있었고 그가 머물렀던 곳 옥상에서 찍은 거라고 했다. 작가가 파키스탄에서 사진 찍을 때 감옥에 5일간 갇혀 있었던 적도 있었다고 한다. 그의 직업 열정에 존경심이 일었다. 걸프 전쟁으로 기름을 온통 뒤집어쓰고 있는 새의 모습을 보는 것은 손발이 잘린 사람의 모습만큼 슬펐다.

가브리엘이 사진이 찍혀진 나라 이름들을 잘 기억하지 못할 걸 알지만 하나하나 알려주었다. 인도, 쿠웨이트, 캄보디아, 예멘, 미얀마, 티베트……, 말리라는 나라는 나도 생소했다.

앞으로는 사진 전시를 볼 기회가 있을 때마다 가브리엘을 데려가 보여줘야겠다는 생각을 했다. 사진이 좋은 교육 자료이면서 아주 효과적인 전달력을 가지고 있음을 알게 된 게 기뻤다.

사진전이 있던 박물관에는 museo d'arte per i bimbi[어린이 예술 박물관] 코너도 있었다. 아이들의 작품들과 아이들을 모델로 한 조각과 그림들이 전시되어 있었다.

그리고 다른 층에는 토스카나 대부분의 박물관이 그렇듯 에투루리아 시대부터 로마 중세 르네상스에 이르는 작품들이 전시되어 있었다. 이 박물관은 원래 병원이었었다고 한다. 버려진 아이들, 가난하고 병든 사람들 성지순례자들을 위한 시민 병원이었다. 시에나 부자들의 후원으로 운영되었다는 것이 인상적이다. 그래, 한국도 부자들의 후원으로 큰 무료 병원들이 세워진다면 참 좋겠다…….

두 시간 이상을 박물관에 있다가 나온 후 바로 앞에 있는 두오모 성당 안으로 들어가자고 하자, 가브리엘이 안 들어가겠다고 했다. 아이는 새로운 도시에서 많은 것을 보고 싶은 목적이 전혀 없기 때문에 피곤하고 싫다고 하면 내가 포기해야 한다.

가브리엘은 아침에 먹다가 남은 빵을 광장의 비둘기들에게 주었다. 비둘기 주겠다고 일부러 안 먹고 챙겨둔 것이었다. 한 마리한테 주기 시작하면 곧이어 떼 지어 몰려와 먹는 모습을 보는 게 나도 즐겁긴 했다. 인간은 누구나 엄마가 아니어도 다른 이들에게 먹이는 것을 즐거워하는 본능을 가지고 있는 것 같다.

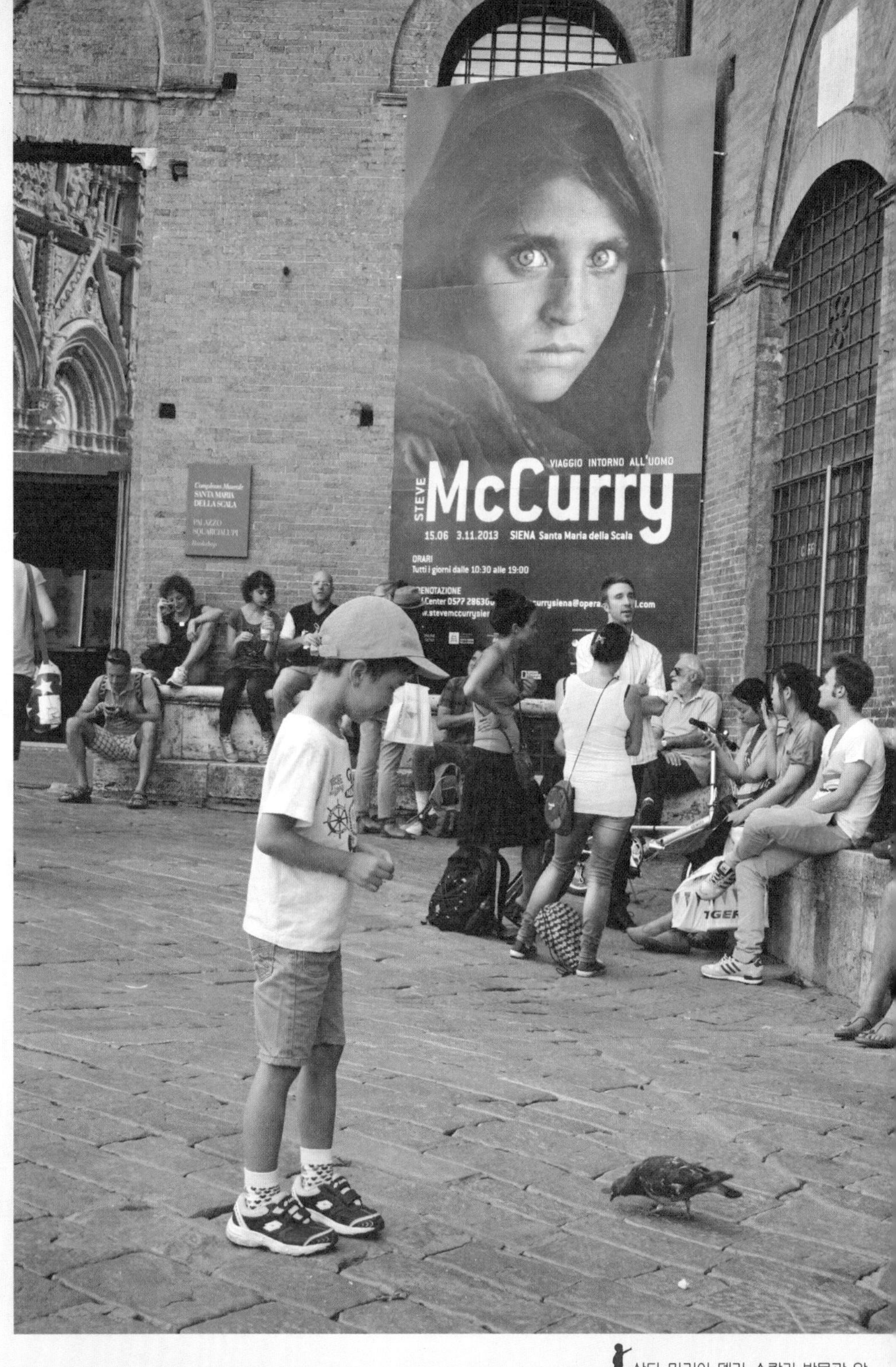

산타 마리아 델라 스칼라 박물관 앞

04. 성당에 들어가는 데도 돈?

호텔로 다시 돌아왔다. 숙소가 관광 중심지에 있으니까 구경하다 피곤하면 돌아가 쉴 수 있어서 편했다. 숙소 앞에 있는 식품점에서 점심거리를 샀다. 며칠째 계속 고기만 먹은 가브리엘이 생선류도 먹어야 할 것 같아 훈제 연어와 치즈 샐러드, 알로에 주스 등을 샀다. 호텔 방에서 경제적으로 그러나 영양가 있게 먹었다. 이탈리아 음식은 컵라면이나 김치처럼 방에 냄새를 베게하지 않으니까 전혀 문제 될 게 없었다.

내가 국외여행 인솔자 일을 했을 때 종종 손님들이 컵라면과 김치를 호텔에서 먹곤 했다. 나도 손님이 하나 먹으라고 주면 고맙다고 먹곤 했다. 멸치나 노가리를 고추장에 찍어 먹으며 와인을 같이 나누어 먹은 적도 있다. 유럽 여행에 한국 밑반찬을 잔뜩 가져오는 손님은 여행 중 인기가 아주 좋았다.

나도 하루 자고 떠날 나라인데 방에 냄새 좀 풍기면 어때, 창문 열고 통풍시키면 괜찮아, 그랬는데 이탈리아에 살게 되니까 이탈리아 현지 호텔에서 한국인 관광객에 대한 이미지들을 생생하게 듣게 되니, 한숨이 나오지 않을 수 없었다.

내가 한국인인게 창피해지는 이야기들. 나도 그랬었던 얘기들이 있고, 무지한 매너를 가진 얘기들이 더 많다. 재미있는 일들도 있는데 이탈리아 욕실 비데의 용도를 모르는 한 한국 할머니가 비데에 찬물을 채워서 한국에서부터 가져온 참외를 동동 띄워 먹었다나.

늦은 점심을 먹고 나도 잠시 쉬고 있는데 가브리엘이 다시 나가자고 졸랐다. 점심 먹고 아이스크림 사주겠다고 했기 때문이었다. 캄포 광장 근처에서 눈에 들어온 아이스크림 가게가 있었는데 일반 아이스크림 가게와 달리 신선도를 더 유지하기 위해 아이스크림 통의 뚜껑을 닫아놓고 파는 곳이었다. 유기농 아이스크림이라는 포스터가 크게 붙어 있어 더 마음에 들었다. 이탈리아 아이스크림이 맛이 있어도 왠지 점점 설탕 농도가 진해지고 과일 농도는 옅어지는 것 같아 즐겨 먹지는 않고 있다. 그런데 이런 믿을 수 있는 아이스크림이라면 나도 군침이 돈다.

아이스크림을 먹는 아이들의 얼굴은 행복하다. 그 행복한 얼굴을 보기 위해서 아이스크림을 사주는 것이고. 나도 잠시 달콤한 아이스크림 행복에 빠져보았다.

캄포 광장으로 다시 왔다. 몇몇 아이들이 넓은 광장에서 뛰어놀고 있었다. 가브리엘에게도

시에나 유기농 아이스크림 가게 안에서

뛰어놀라고 했더니 똥 마렵다고 했다. 하필 지금. 화장실 찾기 어려운 곳에 오면 일부러 가브리엘 똥이 나를 골탕먹이고 싶어하는 것 같다. 광장 주변에 커피숍들이 있지만, 화장실 쓰려면 뭔가 마셔야 하고 이곳은 비쌀 테니까 아이스크림 가게로 다시 가기로 했다. 가브리엘에게 잘 참고 있으라고 으름장 명령을 했다. 동전 몇 푼 절약하려고.

가브리엘 똥 마려울 때는 유모차의 속도가 자전거 속도가 된다. 가브리엘이 아이스크림 가게 화장실을 사용하는 동안 나는 가쁜 숨을 헐떡거려야 했다. 다시 캄포 광장으로 돌아왔다. 아이가 광장을 뛰어다니며 노는 동안 나는 관광 안내책에 나와 있는 박물관과 교회들을 갈까 말까 고민했다. 시간 여유가 있었지만, 별로 가고 싶은 마음이 안 들었다. 광장에 있는 시민 박물관Museo civico과 그 옆의 시티 타워torre del mangia도 굳이 입장료를 내면서 보고 싶지 않았다. 시민 박물관은 시에나 시청이기도 하다. 이곳은 초기 르네상스 시대부터 시에나 최고 정부 부처였고 몇 점의 유명한 프레스코화를 비롯해서 예술 작품들이 있기 때문에 지금도 시청과 박물관을 겸하고 있다. 그 옆의 시티 타워는 돈을 내고 300개의 계단을 올라가야 했다. 탑 꼭대기에서 보는 시에나의 경치가 아름답다고 하나 나는 돈 내고 탑 계단 오른 적이 아직 없다. 로마 베드로 성당 탑도 피렌체 두오모 탑도 오르려 시도해 본 적도 없다. 하다못해 누구나 올라가 보려 예약까지 하고 비싼 입장료 내는 피사의 탑도 몇 차례를 갔어도 시도하지 않았었다. 내가 이런 탑 꼭대기를 영화 「냉정과 열정 사이Between Calm And Passion」처럼 만남의 장소로 정할 확률은 없다.

시에나에 와서 꼭 봐야 할 곳이 캄포 광장과 두오모 성당이기 때문에 다른 것들을 못 보아도 뭔가 놓쳤다는 생각이 안 들었다. 그러고 보니 두오모

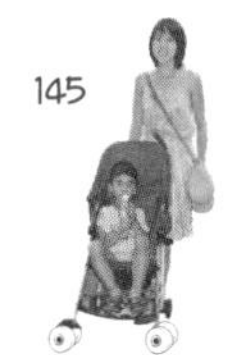

성당도 바깥에서만 보고 입장하지 않았다. 가브리엘이 입장을 거부했고 나도 두오모 입장료를 내고 싶지 않아 쉽게 포기했다. 200년이나 걸려 위대한 예술가들의 혼을 담은 거대 웅장 예술적 건물을 공짜로 보는 게 당연하다고 생각하는 것은 아니다. 하지만 이탈리아에서 유명한 대성당이어도 대부분 무료 입장이기 때문에 시에나만 왜 유별스럽게 돈을 받을까 싶은 것이다. 최고로 유명한 로마의 베드로 대성당도 무료인데.

시에나 두오모 성당

05. 시에나 하이라이트, 팔리오 축제

시에나 캄포 광장

시에나는 역시 캄포 광장을 즐기는 것으로 만족해야 할 것 같다. 시에나가 세계적으로 유명한 건 바로 이 광장에서 열리는 팔리오Palio라는 말 경주 때문이다.

내가 토스카나 여행의 시작을 시에나 팔리오 축제 보는 걸로 시작해볼까 생각을 했었다. 8월 15일이 이탈리아의 성모 마리아 승천일 축제고, 남편이 이 축제 이후로 여행을 가라고 해서 바로 다음날인 8월 16일 떠날 생각을 했었다. 마침 이날이 팔리오 축제가 열리는 날이라 시에나로 가야겠다고 생각했다. 그래서 시에나 호텔을 검색했는데 축제 날 시에나 중심가의 모든 호텔은 단 하나의 방도 남는 게 없었다. 팔리오 축제 입장료도 알아보니 남는 티켓도 없을

뿐더러 경주가 잘 보이는 곳의 자릿세가 오페라 VIP 좌석값보다 더 비쌌다. 물론 티켓 없이 멀리서 볼 수도 있겠지만 보통 만오 천 관중이 모인다는 곳에서 관중을 비집고 들어갈 힘도 없고 키도 작아 사람들 등짝에 끼어 숨만 막힐 게 뻔했다. 이래저래 시에나 팔리오 축제 보기를 포기해야 했다.

팔리오 축제를 못 보는 게 실망스럽진 않았다. 오페라는 3시간을 즐길 수 있지만 팔리오 경기는 단 1분도 안 걸려 끝나니 말 경기의 스릴 자체에 관심이 없는 나 같은 이는 1분으로 끝나는 경기가 허망할 것이다. 초 단위에서 끝나는 경주를 보기 위해 그 많은 사람이 모인다는 것은 그 몇십 초가 극도로 흥분의 도가니에 빠트린다는 것이고 돈 내기가 걸려 있다는 것이다.

시에나 광장에서 이 정도 도가니라면 로마 막시모 전차 경기장은 이천 년 전 어떠했을까. 벤허의 마차 경주 장면에서도 보듯 수만 명의 사람이 동시에 흥분의 함성을 지르며 광란했다. 로대시대부터의 스피드 경주는 현대에까지 이어진다. 말에서 차로 바뀌었다. 이천 년 전통을 가진 스피드 경주 민족답게 이탈리아가 세계 최고 스피드차 페라리를 만들었다.

군중 속에서 흥분시키는 스포츠를 즐기는 이탈리아 사람들은 그래서 경기가 끝나도 격해진 감정을 스스로 처리하지 못하는 경향이 강하다. 현재 이탈리아 사람들에게 제일 인기 스포츠인 축구를 즐길 때의 이탈리아 사람 모습은 흥분을 넘어서 폭력적이다. 자기가 응원한 팀이 졌을 때 특히 이탈리아가 다른 나라에 졌을 때 경기장에서 싸움판이 벌어져 치고받는다. TV에서 고스란히 보여주지만, 경찰이 말리는 장면은 보여주지 않는다. 싸움도 경기 후 재미의 연장으로 여기는지도 모른다.

시에나의 팔리오는 화합을 위해서 만들어진 경기였다. 시에나가 다시 작은 17개의 자치 마을로 갈라져 있는데 서로 적대시하고 싸움이 잦았기에 서로 화합하고자 팔리오 축제를 나누었다. 시에나는 13세기 피렌체와의 전투에서 이겼을 때 팔리오로 승리 기념 축제를 했고, 16세기에 다시 피렌체와의 전투에서는 져 토스카나 공국으로 편입되어서는 옛날 영광을 보여주기 위해 팔리오로 축제를 했다.

팔리오는 깃발이라는 뜻이고 성모 마리아의 모습이 그려졌다. 시에나 마을에 성모 마리아가 나타난 후 축제 깃발 상징에 마리아의 모습을 그린 것이다. 문화, 정치, 종교적인 것을 다 의미하는 팔리오가 시에나에서 중요한 축제가 아닐 수 없다. 팔리오의 말경기는 1분 안에 끝나지만, 그 하이라이트 1분은 저녁해가 떨어지는 시간에 시작되고 축제는 아침부터 시작된다. 북과 나팔 소리와 함께 중세 복장을 한 시에나 각 자치마을 청년들의 퍼레이드로 동네 구석구석을 돌고 마지막에 캄포 광장에 모여 깃발 던지기 같은 쇼를 보여준다. 시에나를 찾는 여행객들이 최고의 추억을 만들 수 있는 날은 역시 이 팔리오 축젯날이 될 것 같다.

팔리오 축제 날에 맞춰 시에나에 오지 못해서인지 시에나에서 내 일정은 별 감흥 없이 캄포 광장과 그 주변을 서성거리는 것 뿐이었다. 볼테라에서 매우 좋은 시간을 보내다 온 것이 시에나를 즐기지 못하게 하는 것 같기도 했다. 같은 토스카나이고 이웃 동네인데 볼테라와 시에나의 분위기가 확연히 달랐다. 다른 게 도시 분위기만이 아니다. 사람들의 친절함이 달랐다. 볼테라의 자연 미소를 시에나에서는 보지 못했다. 시에나가 관광지로 유명한 대도시 같은 분위기라면 볼테라는 높은 언덕 위에서 자기네 고유한 것들을 지키며 사는 곳이라 분위기가 다를 수밖에 없긴 했다.

06. 영화 「레터스 투 줄리엣」 큐피트의 무대, 시에나

시에나에서 사랑이 싹튼 영화 「레터스 투 줄리엣Letters To Juliet」의 소피라면 이곳은 최고 로맨틱한 추억의 장소가 되겠지. 베로나가 주 배경이지만, 주인공 연인 소피와 찰리가 데이트를 즐긴 곳은 시에나였다. 사랑의 짝 로미오 같은 찰리를 만나 이미 있는 약혼자까지 버린 소피에겐 이 캄포 광장과 둘이 아이스크림을 먹었던 이 근처 세례 요한 교회 앞 광장이 큐피드가 마련해준 무대처럼 여겨지겠지. 로마의 스페인 광장에서 오드리 헵번이 아이스크림 먹는 장면 때문에 그 영화 후 60년째 스페인 광장은 아이스크림 먹고 싶은 장소가 되었듯이 시에나를 찾는 연인들은 세례 요한 교회 광장에서 아이스크림을 먹으며 로맨틱한 영화 기분을 내보는 것도 재미있을 것 같다.

밤이 되었을 때 호텔 창문으로 사람들 구경하는 것이 즐거웠다. 바로 앞의 레스토랑 야외 테이블에서 즐겁게 얘기하며 저녁을 먹는 이들의 모습을 보는 것도, 거리를 지나가는 사람들을 보는 것도 즐거웠다. 내가 언젠가 이사를 가게 되면 차들은 못 지나가고 사람들만 많이 지나가는 곳에 창문이 있는 집으로 가고 싶다는 생각이 들었다.

내가 사는 아파트에 혼자 사시는 할머니의 아들이 이 토스카나 어느 동네에서 아주 큰 규모의 집을 겸한 레스토랑을 운영했었다. 사진을 보았는데 집이 아니라 무슨 성 같았고 주위의 경치는 그림처럼 아름다웠다. 절로 감탄이 나오는 곳이었는데 할머니 아들은 그 집을 팔고 다른 곳으로 이사를 갔다. 이유가 집 주변에 사람이 없어 외로워서 살고 싶지 않다는 거였다. 그렇구나, 싶었다. 아무리 아름다운 집과 아름다운 풍경 안에 살고 있어도 사람과 동떨어져 있으면 더 이상 좋지도 아름다워 보이지도 않나 보다.

한참 거리 풍경을 보다 내일 이른 아침 버스를 타야 하는 생각을 하고 아이를 잘 준비시켰다.

오늘은 쉬듯이 하루를 보냈기 때문에 나도 아이도 쉽게 잠이 오지 않았다.

"노래 부를까?"

"곰 세 마리."

나와 아이는 함께 노래를 부르기 시작했다. 불 꺼진 방이지만 창문의 덧문을 닫지 않아서 바깥의 불빛이 방 안을 은은히 비춰주고 있었다. 곰 세 마리가 한집에 있어 엄마 곰, 아빠 곰, 아기 곰…… 곰 세 마리는 아이가 알고 있는 몇 개 안 되는 한국 동요 중 애창곡이다.

아빠 곰은 뚱뚱해, 엄마 곰은 날씬해. 갑자기 아이가 노래를 멈췄다.

"그런데 엄마는 왜 뚱뚱해?"

"엄마가 어디가 뚱뚱해?"

"여기가 뚱뚱해."

아이가 내 허벅지를 끌어안으며 말했다. 왜 애들 동요에 엄마를 날씬하다고 해서 안 날씬한 엄마들을 스트레스받게 할까.

"다른 노래 부르자."

"토마토."

로마 한글 학교에서 종업식 발표회용으로 배운 동요였다.

울퉁불퉁 멋진 몸매에, 빨간 옷을 입고…… 나는야 케찹 될 거야, 나는야 주스 될 거야……

"엄만 왜 같이 노래 안 해?"

나는 이 노래 부르기 싫다. 이탈리아에 살면서 토마토에 질렸기 때문이다. 매일 토마토소스 파스타, 토마토소스 피자, 토마토 샐러드, 토마토 말린 거……. '이탈리아 요리는 토마토 요리다'라고 해도 될 정도로 매일 토마토 요리를 먹는다. 그런데 케찹 되고 주스 되는 토마토 노래까지?

곰 세 마리가 한 집에~~ ♩♪♬

울퉁불퉁 멋진 몸매에~~ ♩♪♬

빈치 Vinci
루카 Lucca
볼테라 Volterra
시에나 Siena
아레쪼 Arezzo
GUIDO: Guarda che roba! Guarda... guarda che roba Ferruccio! Ma te l'avevo detto, eh? Qui siamo in città, qui puoi fare quello che ti pare, siamo proprio liberi. Ti va di fare una cosa, la fai! Guarda che bellezza! Vuoi sfogarti, vuoi urlare? E urli, no!
GUY: Look, look at this, Ferruccio. Didn't I tell you? We're in a city! You can do whatever you want, we're free. If you want to do something, you do it! You want to let yourself go? You want to yell? Yell!...
Vieni, te la faccio conoscere, vai...
last night. Come with me, I'll introduce you.
DORA: Guido,
mi hai intontita!
GUIDO: Non sono io,
GIOSUÈ: Non sono io,
DORA: Stop ringing
It's driving me mad!
GUY: It's not me,
JOSHUA: It's not me,
"Questa è una storia
Come in
아레쪼 Arezzo

IL GRANDE CINEMA AD AREZZO

Great Cinema in Arezzo

LA VITA È BELLA

LIFE IS BEAUTIFUL

di Roberto Benigni

5. 이곳에 살면 인생이 아름다워질 것 같아

GUIDO: Guarda che roba! Guarda... guarda che roba Ferruccio! Ma te l'avevo detto, eh? Qui siamo in città, qui puoi fare quello che ti pare, siamo proprio liberi. Ti va di fare una cosa, la fai! Guarda che bellezza! Vuoi sfogarti, vuoi urlare? E urli, no!

GUY: *Look, look at this, Ferruccio. Didn't I tell you? We're in a city! You can do whatever you want, we're free. If you want to do something, you do it! You want to let yourself go? You want to yell? Yell!...*

...: Oh, guarda là! Quella è la maestrina. Guarda com'è bella! L'ho anche sognata stanotte, eh... bella!... Vieni, te la faccio conoscere, vai...

...: Look! There's that teacher! I told you about her. Boy, is she pretty! I even dreamt about her last night. Come with me, I'll introduce you.

GUIDO: Buongiorno principessa!
DORA: Ma è lei, ancora? Ma come fa?
GUIDO: Questa è la principessa che mi è caduta dal cielo fra le braccia. Ecco...
ELENA: Ah, è lui quello che ti ha succhiato il pungiglione dalla coscia?
DORA: Sì, noi ci incontriamo sempre così, lei mi appare all'improvviso.
GUIDO: Beh... potremmo incontrarci... organizzando... stasera alle otto?
DORA: No... è più bello così. Spero di incontrarla ancora all'improvviso. Arr...
GUIDO: Arrivederla, principessa, arrivederla! Oh, hai visto? Sarà bella eh... L... piace quando le appaio all'improvviso.

GUY: *Good morning, princess!*
DORA: *It's you again! How do you do this?*
GUY: *This is the princess who fell from the s... my arms.*
HELEN: *Is he the one who sucked the stinge... your thigh?*
DORA: *Yes. We keep meeting like this! You...*

01. 울고 떼쓰고 울고 떼쓰는 5살 여행 파트너

자는 아이를 깨우기 미안했지만, 옷을 입혔다. 아레쪼로 가는 이른 아침 버스를 놓치면 다음 버스가 열두 시 삼십 분에 있었다. 일찍 이동해 아레쪼에서 더 시간을 보내고 싶었다.

자는데 옷을 입히면 일어나 이동해야 하는 걸 알기 때문에 가브리엘은 더 자겠다고 조르지 않았다. 여덟 시 삼십 분 버스인데 호텔에서 나온 시간이 여덟 시 이십 분. 그래도 여유 있게 버스를 탈 수 있었다. 버스 정류장 가까이 숙소를 정한 건 아주 좋은 생각이었다.

시에나에서 아레쪼까지 버스로 한 시간 반. 가브리엘은 자고 나는 멍하게 졸았다. 가브리엘 보호에 짐도 보호해야 하기 때문에 숙소가 아닌 곳에서는 잠들면 안 되었다. 졸린 거 말고 문제가 생겼다. 화장실이 급해졌다. 버스 이동의 단점. 버스에는 화장실이 없다.

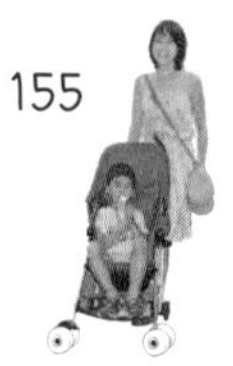

아레쪼에 도착했을 때 나는 급하게 세 가지가 필요했다. 화장실, 커피, 관광 포인트가 표시된 아레쪼 지도. 버스에서 내리니 바로 건너편에 화장실과 커피를 해결할 수 있는 바가 보였고 또 다른 맞은 편 건너에는 관광 안내소가 있었다.

화장실이 제일 급해 버스 정류장에서 제일 가까운 바로 갔다. 칙칙한 분위기에 화장실도 좁은 계단으로 한 층 내려가야 했다. 가브리엘이 자기도 급하다면서 내 뒤에 바짝 붙어 계단을 내려왔다. 엄마가 더 급하다고 내가 뛰듯이 화장실로 들어가는데 불편하게 턱이 올라와 있는 화장실 문턱에 내 뒤를 쫓던 가브리엘이 양 무릎을 다쳤다. 아파서 더러운 화장실 바닥에 주저앉아 울었다. 양 무릎 아래가 금방 멍이 들어 부었다. 엄마가 아이보다 먼저 화장실 가겠다고 하다가 애만 다치게 한 꼴이었다. 아침부터 속상하고 미안하고 이 더럽고 불편한 화장실 구조에 화도 났다.

그 바의 커피도 맛없었고 크루아상도 조금 먹고 내려놓았다. 울고 난 후 크루아상을 먹는 가브리엘에게 미안했지만, 내가 커피를 마시는 중인데 당장 반창고를 가방에서 꺼내달라고 졸라대서 윽박질렀다. 아이는 어디를 어떻게 다치건 반창고로 해결된다고 생각한다. 반창고를 배낭 깊숙이 넣어 두어 꺼내기 불편해 내가 커피 먼저 마신 후 찾아 주겠다고 했는데 막무가내로 반창고를 달라고 졸라서 화낸 거였다. 다섯 살이면 엄마가 먹고 있을 때 기다리는 것을 배울 나이라고 생각한다. 내 생각이 옳은 거 같은데 내 방법은 안 좋아서 내가 화날 때에 아이를 인격적으로 대하며 설명하는 것이 아니라 윽박부터 지르게 될 때가 잦다. 윽박질러 놓고 또 미안해졌다.

바에서 나와 건너편에 있는 관광 안내소로 갔다. 아레쪼 무료 지도가 시에나 오십 센트 유료 지도만큼 크고 보기 좋았다. 아레쪼 관광 안내 책자도 하나 샀다. 내가 가지고 있는 토스카나 가이드 책에 아레쪼에 대한 소개가 없기 때문에 가이드 책이 필요했다. 영어로 된 것으로 골랐는데 가브리엘이 옆에서 이탈리아어로 된 걸로 사자고 또 졸랐다. 가브리엘이 글씨를 막 읽기 시작하고 있지만, 안내서의 이탈리아어 의미들을 이해하지 못할 터인데 또 떼를 쓰는 거였다.

"가브리엘이 이해하지 못해!"

내가 한 말에 상처까지 받은 모양인 가브리엘이 또 눈물을 글썽거리며 울기 시작했다.

아무래도 지난밤에 늦게 자고 아침에 일찍 일어난 탓에 가브리엘과 내가 둘 다 피곤해서 이렇게 작은 걸로 떼쓰고 화내고 울고 하는 것 같았다. 빨리 숙소로 가서 서로 우선 쉬는 게 좋을 것 같았다.

돈이 있는 내가 내 맘대로 영어 안내책으로 산 후 지도를 보고 예약한 숙소인 포르티치[Portici] 호텔을 찾아갔다. 버스 정거장에서 오 분 거리에 있는 찾기 쉽고 위치 좋은 곳에 있었다. 호텔로 들어가려고 할 때 가브리엘이 아레쪼 이탈리아어 안내책을 보여주는 것이었다. 관광 안내소에서 내가 영어 안내서를 지급 하는 동안 이탈리아어 안내서를 집어 계속 들고 있었던 것이었다.

"엄마, 이 책 돈 내러 다시 가야 해."

호텔에 도착했는데 책값 내러 가야 한다고 또 울면서 졸랐다. 호텔에 짐만 놓고 다시 안내소로 가기로 하고 겨우 호텔로 들어갔다. 호텔 방에 들어가자 나와 가브리엘은 기분이 좋아졌다. 나는 방에 에어컨이 있어서 좋았고 가브리엘은 별 네 개짜리 호텔답게 커다란 TV를 보더니 좋아했다.

커다란 TV로 얼굴이 환해진 가브리엘에게 이탈리아어 안내책은 사지 말고 안내소에 다시 돌려주는 걸로 하자고 하자 이미 안내책이 중요해지지 않은 가브리엘이 고개를 끄덕였다. 그래서 관광 안내소로 다시 찾아가 책을 돌

려주었다. 책을 돌려주는 우리를 향해서 웃는 안내소 직원의 미소가 보기 좋았다. 저 미소에서부터 오늘 하루 일정을 다시 시작하는 걸로 하자는 생각이 들었다.

02. 광장을 지나가는 이들은 말한다. "인생은 아름다워"

호텔에서 이왕 나왔으니 아레쪼의 볼거리를 즐기고 싶었다. 지도를 보니 제일 가까운 곳에 로마 극장과 고고학 박물관이 있었다. 토스카나 가는 도시마다 로마 극장이 있는 걸 또 확인한 셈이었다.

이 로마 극장은 아드리안 황제 때 만들어진 것이었다. 그 바로 앞에 박물관이 있었다. 토스카나 지역답게 에투루리안 유물들이 대부분 소장된 곳이었다. 박물관이 바깥에서 보는 규모와 달리 내부가 넓고 소장품들이 다양하게 아주 많았다. 특히 에투루리안들이 사용했던 흙을 구운 테라코타들이 많았다. 그런데 이 박물관은 이상하게 작품들이 눈에 들어오기보다 작품 진열 솜씨가 마음을 사로잡았다. 예술 작품들을 예술적으로 진열하는 것이 박물관 데코레이션 예술이 될 수 있다는 생각을 처음 하게 되었다. 이런 감각을 조금만 내가 가지고 있다면 내 집을 꾸미는 데 좀 활용하고 싶은데 집 안이 맘에 안 들어도 도대체 어떻게 하면 내 맘에 들게 꾸밀 수 있는지를 모르겠다.

박물관에서 한 시간 정도 보다가 나왔는데 가브리엘이 졸립다며 호텔로 가자고 했다. 커다란 TV를 보고 싶어 그러는 걸 알고 있지만, 피곤하고 졸린 것도 사실인 것 같아 순순히 아이가 원하는 대로 호텔로 돌아왔다. 졸린 것은 역시 핑계였던 가브리엘은 만화 영화를 보고 나는 에어컨의 시원함을 즐기며 잠시 쉬었다. 두 시간 정도 쉰 다음 가브리엘에게 구경하러 나가자고 했다.

피아짜 그란데 주변 건물들

아레쪼의 중심 광장 피아짜 그란데[Piazza grande: 그란데 광장]로 먼저 갔다. 광장 입구에 들어서자 눈길을 끄는 것이 있었다. 아레쪼하면 바로 떠오르는 영화가 된 「인생은 아름다워[Life is beautiful]」 포스터였다. 이 포스터 앞에 있는 광장이 이 영화의 주요 촬영지였다. 감독이자 주연이었던 로베르토 베르니니가 아레쪼에서 태어나 자랐으니 이 광장은 그의 유년의 광장, 마음의 광장이 되었을 것이다. 이 마을이 베르니니의 정서를 얼마나 긍정적으로 성장하게 도와주었는지 영화에 듬뿍 담겨 있다.

"인생은 아름다워!"

"인생은 아름다워?"

이 앞을 처음 지나가는 이들이 포스터를 보며 인생은 아름답다고 중얼거리는 것을 듣게 되었다. 미소가 절로 지어졌다. 「인생은 아름다워」 제목이 특징 없게 들리지만, 이 광장에 포스터로 세워져 있으니 세상의 그 어떤 영화 제목보다 훌륭하게 생각되었다. 슬픈 사람도 화난 사람도 그 앞을 지나가며 인생은 아름답다고 말하게 하기 때문이다.

50년대의 유명한 이탈리아 영화 「달콤한 인생La Dolce Vita」보다도 더 나은 제목이다. 「달콤한 인생」은 달콤하지 않은 인생을 빗대는 것처럼도 들리기 때문이다. 그러나 「인생은 아름다워」는 너무 슬픈 내용이어도 인생의 아름다움을 슬픔 속에서 더 활짝 피어나는 사랑으로 보여 주었다. 그래서 세계인에게 감동을 줬다.

「달콤한 인생」이나 「인생은 아름다워」가 이탈리아 영화인 것이 이탈리아 사람들의 정서가 인생을 낙천적으로 정말 아름답다고 받아들이기 때문이다. 북유럽은 인생에 어떤 제목을 짓는가. 개 같은 내 인생!

스웨덴 영화 「개 같은 내 인생My Life As A Dog」은 오래전 아주 인상 깊게 감상했고, 세계적으로 유명해도 그 영화를 만든 촬영지에 포스터를 달지는 않을 것 같다. 지나가는 이들을 '개 같은 내 인생'하고 중얼거리게 만들고 싶지 않으면 말이다.

피아짜 그란데에 세워진 영화 「인생은 아름다워」 포스터

03. 수용소 기차에 남편과 아이가 타면 나도 기꺼이 그 기차에 오를까?

피아짜 그란데는 「인생은 아름다워」에서 여러 차례 나온다. 그중 귀도와 도라가 그들의 아이와 함께 자전거를 타고 광장을 가로지르는 장면이 이 가족이 얼마나 행복한지를 아름답게 보여줬다. 그런데 그 행복한 시간이 끝나고 만다. 유대인인 귀도가 아이와 함께 수용소로 끌려가는 기차를 타게 된 것이다. 남편과 아이가 탄 수용소행 기차를 도라는 자진해서 함께 탄다. 감동을 주는 장면이다. 눈물도 흘리지 않아 사랑이 슬픔을 이길 수 있고 망설임 없이 고통도 함께 나누는 것임을 보여주는 것 같았다.

수용소에서 귀도가 확성기로 아내에게 사랑하는 공주라고 외치는 장면, 그리고 후에 또 한 번 확성기로 그들이 처음 함께 즐겼던 오펜바흐Jacques Offenbach의 오페라 「호프만 이야기Les contes d'Hoffmann」의 「바르카롤barcarole」을 들려주던 장면은 눈물 나게 했다. 이 영화 때문에 나도 바르카롤이 좋아졌다. 바르카롤이 뱃노래란 뜻인데 오펜바흐 오페라에서 베니스

말경기를 기다리는 말과 기수들

사공들의 뱃노래 장면에서 불린다. 오펜바흐도 유대인인데 영화에서 유대인 수용소에 그의 음악이 울려 퍼지게 한 것도 의미를 주는 것 같았다.

광장에 오늘은 대각선으로 흙길이 깔리고 임시 관중석이 만들어져 있었다. 어떤 행사가 열릴 모양인 것 같아 궁금해서 바리케이드를 치고 있는 경찰에게 다가가 물어보았다. 이번 주 일요일 아레쪼의 전통 행사인 죠스트라 델 사라치노Giostra del saracino가 열리는데 오늘은 연습 경기가 있다고 했다. 아레쪼 4개 구역의 대표 기수들이 말을 달려 창끝으로 과녁을 맞추는 경기다. 처음엔 군사 훈련용으로 시작했는데 시에나의 말 경주처럼 이웃과의 화합을 위한 축제가 된 것이다. 구역마다 두 명의 대표 기수가 있고 말이 질주하는 동안 창으로 강철 방패를 쳐야 한다. 방패는 사라센이라는 동양제국 주권자를 의미하는 인형이 들고 있고 이 인형은 빙글빙글 회전한다. 사라센은 원래 아랍 쪽 나라를 가리키는데 중세 시대 유럽에서는 모슬렘 나라를 사라센이라고 불렀다고 한다. 모슬렘 나라의 상징에 창을 찌르며 무찌르는 경주를 즐기는 셈이다. 이 행사 중에 모슬렘 쪽 사람들이 방문하면 기분이 안 좋을 것 같다. 기수가 창으로 방패를 맞추면 방패를 든 사라센 인형이 빙글빙글 돌고 방패에 붙은 종이 타켓의 어디에 창끝이 찔렸는지에 따라 점수가 매겨진다.

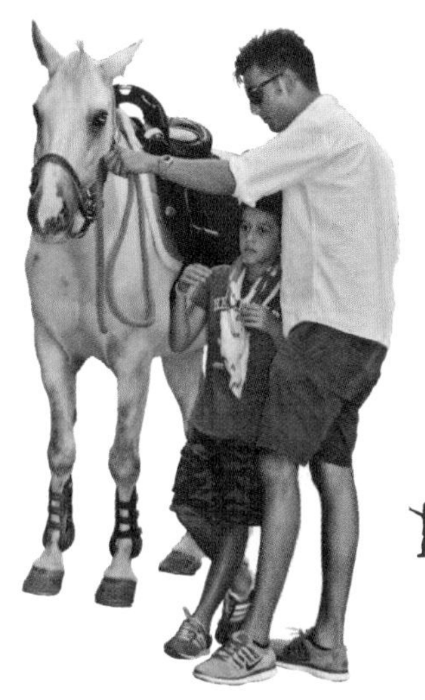

경기 전 말을 쉬게 하는 한 기수와 그의 아들

조금 있으려니 말을 타고 경기를 치를 선수들과 말들이 도착했다. 그중에 한 말은 일곱 살쯤 되어 보이는 아이가 잡고 있었다. 옆에 말을 타고 달릴 아빠가 안전하게 눈으로 지켜주고 있었다. 아빠가 말을 가지고 있으니 저 아이는 아빠처럼 자주 말에 오르겠지. 말과 가족처럼 지내며 타고 노는 아이들의 정서는 온순하고 긍정적일 것 같다.

소 등을 타고 놀고 소젖을 아침마다 직접 짜서 먹으며 자란 남편은 언젠가 땅으로 돌아가 일할 계획을 하고 있다. 그리고 가브리엘에게 말을 사줄 거라고 한다. 낭만적인 계획으로 들리지만, 나는 집에 동물을 키우면 집을 비우며 여행 다닐 때가 문제일 것 같다. 나는 여타의 상황을 여행과 연결시키는 게 버릇이다. 늙어 무릎과 허리가 아파 돌아다니지 못할 때쯤에야 몸 아프고 외로워서 개라도 키우려나.

사실 나는 남편의 노후를 그리는 풍경을 똑같이 꿈꾸지 않는다. 어떻게 지내고 싶다는 그림이 그려지지 않는다. 많은 이들이 젊었을 때 열심히 고생하고 난 후 노후에는 편하게 지내고 싶어한다. 꾸부정한 허리로 재래시장 한 구석 땅바닥에 주저앉아 한 봉지밖에 안 되는 나물을 파는 할머니가 안쓰러워 보이긴 한다. 그러나 또한 기껏 고생해서 번 돈을 노년이 되어 죽기 전까지 자기 몸 편하게 지내는 것으로 쓰면서 사는 노인들이 부러운 것도 아니다.

어차피 우리 몸은 흙이 된다. 어떤 인생 스토리를 가지고 있건 우리의 마지막은 흙이다. 내 몸은 흙이 되고 아무도 나에 대해 기억조차 못 하게 될 시간이 온다. 살고 있을 때 사랑받고 싶어하고 죽은 후에도 다른 이 마음속에서 그리움의 대상으로 남고 싶어하지만, 이 꿈이야말로 슬픈 허상이다.

이 슬픈 허상에 속아 인생을 늘 사랑을 갈구하는 아이처럼 사는 이들이 있다. 내가 엄마로서 아이에게 무조건 사랑을 주는 것 같지만, 속을 들춰보면 다 계산이 있고 보상받고 싶은 욕심이 있다. 그리고 제 자식은 예뻐 보이고 지 자식이 더 잘되기를 바라는 것은 사랑처럼 보이는 이기심일지 모른다. 이런 계산이 들어간 사랑은 존경받지 못한다. 우리가 일상을 천박하게 사는 것 같아도 자기를 희생하는 고귀한 사랑을 보면 마음에 존경이 드는 것이 그게 옳은 사랑임을 마음으로는 인정하기 때문일 것이다.

도라는 참사랑이 무엇인지를 감동적으로 보여줬다. 남편과 아이가 죽음을 당하는 기차에 올라탔을 때 망설임 없이 함께 탔다. 아내로서 엄마로서 이보다 감동적인 사랑을 보여줄 수 있는 장면이 있을까? 그리고 떨리는 마음으로 내게 묻는다.

나도 수용소 기차에 탄 남편과 아이를 따라 기꺼이 기차를 탈 수 있는가?

04. 엄마는 '다른 애 하는 것 내 아이도'에서 자유롭지 못하다

현대 이탈리아 사람에게 가장 존경하는 인물이 누구냐고 물으면 아마 대부분 피오 신부님을 들지 않을까 싶다. 나는 기독교인으로서 예수보다 더 완벽한 사랑의 모델이 없다고 생각하기 때문에 예수의 이름으로 사랑을 행한 사람들에 대해서는 과장되게 존경하지 않는다. 그런데 우연히 피오 신부가 일했던 성당으로 성지 순례를 가는 이탈리아 그룹에 함께 갔다가 감동받은 게 있었다. 물론 남편이 그 순례 버스 운전을 했다.

성당 안에 피오 신부의 시신이 유리관 안에 모셔져 있기 때문에 성지를 찾아온 누구든지 그의 모습을 볼 수 있었다. 그 성당에서 내게 제일 인상적인 곳이 피오 신부의 살아생전 거처였다. 작은 방. 소박한 침대와 작은 책상 정도만 있는 곳이었다. 나는 그 방을 한참을 서서 바라보았다. 성직자들의 전형적인 방의 모습인지 모르겠지만 장식 없이 잠잘 침대와 성경을 읽을 책상만 있는 그 방의 모습이 나를 사로잡았다.

유럽을 다니다 보면 제일 많이 보는 곳이 교회와 옛날 왕들이나 영주들이 살았던 궁전이나 성이다. 크고 웅장하고 멋진 곳이 많이 있다. 그런데 왕족들이 살았던 화려한 궁전을 둘러보면서는 그저 감상이나 하게 되지 마음이 사로잡히지는 않는다.

그런데 피오 신부의 방은 내 마음을 끌었다. 그리고 내가 살고 있는 집에 내가 자는 방에 거추장스러운 장식들과 꼭 필요하지도 않으면서 쌓아놓고 있는 소유물들이 너무 많다는 생각을 했다. 그리고 내가 앞으로 꾸미고 싶은 방이 다른 이에게 보여주고 싶은 예쁜 방이 아니라 장식을 버린 소박한 방이어야 한다는 생각을 했다. 더 가지려 하지 말고 무엇을 더 버릴 수 있는지를 생각하는 이가 될 수 있었으면 좋겠다.

나에 관해서는 비우고 버리면서 살아야겠다는 생각을 쉽게 할 수 있는데, 아이에 관해서는 더 많은 것을 가지길 바라는 마음이 버려지지 않는다.

나는 말고삐를 잡고 앉아 있는 아이에게 다가가 가브리엘이 말을 만져도 좋은지 물어보았다. 연습 경기 전 말을 충분히 쉬게 해주는 시간이어서 아이와 그의 아빠가 허락해주었다. 가브리엘이 한참을 말 볼과 등을 쓰다듬으며 즐거워했다. 내년쯤부터 이웃 동네 승마를 배울 수 있는 곳에 한 번씩 데려가 말타기를 즐기게 해주고 싶은 생각이 들었다. 영어 배우게 해야지, 악기도 뭔가 배워야지, 지금 하는 태권도와 유도도 계속시켜야 하지, 이탈리아 애들하고 어울리려면 축구도 해야지……. 그런데 승마시키고 싶은 종목이 더 추가? 내가 또 뭐 새로운 거 보면 아이가 하고 싶어하는 것과 상관없이 나 혼자 또 추가로 가르치고 싶어지겠지……. 스위스 가면 스키 배우게 하고 싶어질 거고 캐나다 가면 아이스하키 배우게 하고 싶어질 거고 스코틀랜드 가면 골

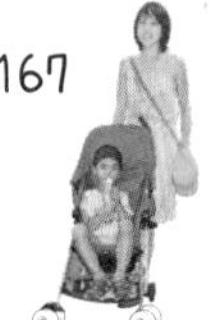

프 배우게 하고 싶어질 거고…… 또 어디 어디 가면 뭐뭐뭐…… 아이가 내가 원하는 만큼 다 배울 수 있나? 다 배우는 게 아이한테 정말 좋은가? 그 많은 과외비 내려고 애 아빠는 또 새벽부터 밤늦게까지 말처럼 뛰어야 하겠지? 한국 밖에서 사는 나 같은 한국 엄마들이 한국의 사교육 분위기가 살벌해서 한국 돌아갈 엄두 못 내는 이들이 많지만, 외국에서도 한국 엄마의 자녀 교육 욕심 기질은 접지 못한다.

문제는 학교 교육과 사교육에 하루 일정을 보내는 자녀들이 언제 정말 중요한 인성 교육을 받을 수 있을지다. 레오나르도 다 빈치가 천재적인 사고를 할 수 있었던 건 어쩌면 학교 교육을 받지 못해 자유롭게 자연 속에서 놀고 사고할 수 있었던 환경 때문이 아니었을까.

실제로 교육자들이 좋다고 권하는 것들을 욕심껏 자녀에게 교육했을 때 아이의 현재와 미래에 정말 좋은 영향을 미쳤는지는 검증하기 어렵다. 막연히 좋은 학교와 좋은 직장과 좋은 친구와 좋은 배우자 좋은 노년이 있기를 바라는 한결같은 기대일 뿐이다. 그런데 좋은 학교와 좋은 직장과 좋은 친구와 좋은 배우자 좋은 노년까지 보장받은 사람들이 왜 인생을 허무해할 때가 잦은가? 이 중에는 우울해서 자살하는 이들까지 있다. 그렇다면 우리의 기대와 목적이 뭔가 잘못되었다는 것 아닌가? 우리의 자녀 교육도 우리 사회 구조에 훈련받은 혹은 세뇌당한 생각으로 키우고 있을 뿐 아닐까? 여기까지 생각이 이르면 머리가 아프면서 혼란스럽기만 하다. 그럼 도대체 어떻게 길러야 하는 거냐고?

05. 아내는 할매가 되어도 남편 단속

저녁 7시쯤부터 연습 경기가 열릴 예정이어서 그동안 중심 광장 근처를 둘러보았다. 광장에서 언덕 위로 조금만 걸어가면 마을 공원이 있고 그 공원 옆으로 마을 중심 성당 두오모가 있었다. 이 두오모 성당 계단이 「인생은 아름다워」에서 비 오는 날 밤, 귀도가 도라에게 붉은 카펫을 펼쳐 깔아주던 곳이었다. 그것이 그들의 웨딩 카펫이기도 했다.

아레쪼 두오모 성당

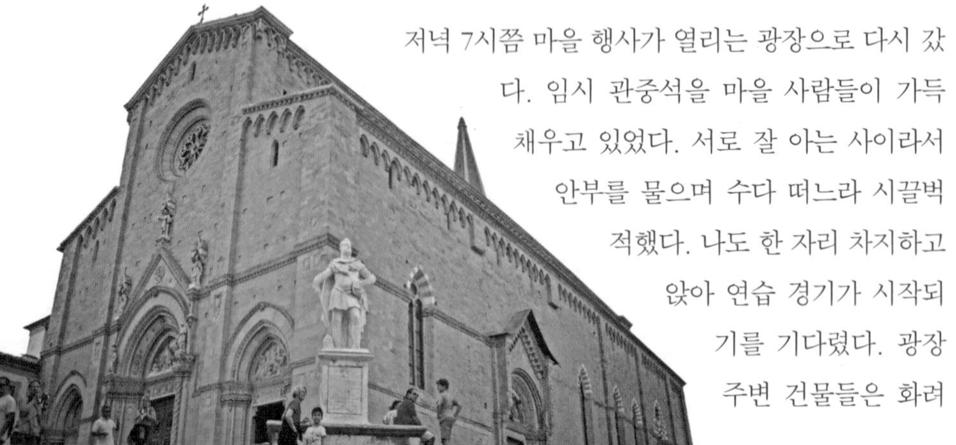

저녁 7시쯤 마을 행사가 열리는 광장으로 다시 갔다. 임시 관중석을 마을 사람들이 가득 채우고 있었다. 서로 잘 아는 사이라서 안부를 물으며 수다 떠느라 시끌벅적했다. 나도 한 자리 차지하고 앉아 연습 경기가 시작되기를 기다렸다. 광장 주변 건물들은 화려

아레쪼 전통 말달리기 경주

한 색깔의 깃발들로 온통 장식되어 있었다. 그 깃발들이 의미하는 것이 궁금해서 내 뒷좌석에 앉아 열심히 수다 떠는 두 노인네에게 물어보았다. 두 노인네는 흥미로운 수다거리가 생긴 걸 좋아하며 서로 경쟁하듯이 설명해주기 시작했다. 경주를 펼치는 마을들의 상징 깃발들이라고 했다. 그리고 깃발 하나하나가 속한 마을들 얘기서부터 아레쪼의 마을 자랑을 숨차게 번갈아 얘기했다. 마을에 자랑거리가 많아 자부심을 갖는 것은 좋은 것 같은데 두 노인네가 서로 먼저 더 많이 얘기하고 싶어서 경쟁하듯 얘기하는 모습은 속으로 웃음이 나게 했다.

"아레쪼 마을에는 유명한 사람들이 정말 많이 태어났어. 음악가 귀도 모나코, 바사리, 피에로 델라 프란체스카, 페트라르카……."

또 몇 사람들을 더 열거했지만, 다른 이들의 이름은 내게 생소했다.

"마을의 최고 자랑스러운 인물이 누구인가요?"

내가 물었다.

"당연히 미켈란젤로지."

나는 눈이 번쩍 떠졌다. 그렇다. 내가 미켈란젤로가 태어난 곳을 갈 예정이었는데 미켈란젤로가 태어난 카프레세가 어느 곳에 있는 마을인지조차 몰랐었다. 그런데 이 노인이 이 아레쪼 근처에 미켈란젤로의 고향이 있다는 것이다. 카프레세가 아레쪼에서 거리가 얼마나 되는지 물으니 노인이 차로 이십 분이면 갈 수 있다고 했다. 나는 차가 없어서 버스로 가야 된다고 얘기했더니 노인이 버스로 가면 한 시간 이상 걸리고 한 번에 가는 버스도 없다고 했다. 그러더니 자기가 내일 차로 바래다주겠다고 망설이지도 않고 제안했다. 순간 옆에 있던 다른 노인이 나에게 제안해준 노인을 째려보았다. 예끼 주책 맞은 할배야, 하는 시선이었다. 나는 당연히 좋아서 그러면 내일 바래다 달라,고 말했다면 나 역시 주책 맞은 아줌마가 되는 거였다.

차로 바래다주겠다는 남자가 영화 「투스카니의 태양」에서의 잘 생기고 매력적인 이탈리아 남자 배우 같았다고 해도 나는 거절하는 게 옳았다. 하지만 이 경우는 거절하면서 속이 은근히 두근거리며 아쉬울지도 모른다.

정말 주책인 노인네가 내가 번복해서 괜찮다고 거절하는 데도 자기가 데려다 주겠다고 고집부리며 내가 묵는 호텔이 어디인지 알려주면 아침에 호텔 앞으로 가겠다는 것이다. 노인과 내가 옥신각신할 때쯤 연습 경기가 시작되었다.

사람들이 수다를 멈추고 환호했고 곧이어 말을 탄 기수들이 광장을 가로지르며 질주했다. 기수들이 입은 옷들이 마을 깃발의 색깔들하고 같은 것 같아 어느 마을 대표인지 쉽게 알 수 있을 것 같았다. 창을 들고 질주하는 중세 기사복 기수들의 모습이 멋있었다. 창을 과녁에 맞출 때마다 관중의 환호가 터졌다. 연습 경기가 이 정도니 일요일에 열릴 정식 경기는 정말 뜨거운 열기가 이곳에 가득할 것이 쉽게 상상되었다.

연습 경기가 끝나기 전에 가브리엘이 배가 고프다고 해서 뒤에 앉은 두 노인네에게 인사하고 관중석 자리를 벗어났다. 카프레세에 데려다 주겠다던 노인은 여전히 서운한 듯 인사했다. 남자들은 노인이 되어도, 여자가 애를 데리고 있어도 작업을 하니 아내들은 할매가 되어도 남편 단속을 염려해야 하는구나 싶었다.

06. 엄마, 박물관 안에서 사진 찍지마!

저녁은 호텔 근처 한국의 반찬가게처럼 음식을 미리 만들어 놓고 저렴하게 파는 곳에서 버섯 리소트와 삶은 브로콜리를 먹었다. 호텔로 돌아가기 전에 밤거리를 산책했다. 아레쪼의 거리는 다른 중세 마을에 비해 거리가 넓고 사람들이 북적거리지도 한산하지도 않은 딱 보기 좋은 거리 풍경이라는 생각이 들었다. 사람들의 모습에 여유가 있고 멋을 아는 옷들을 입고 있어서 마을이 안전해 보였다. 맘에 드는 마을이었다.

호텔로 돌아와 가브리엘하고 같이 샤워를 했다. 별 네 개 호텔 샤워 부스 안에 마사지 샤워 시설이 있어 나는 피곤해진 근육을 풀고 가브리엘은 장난하면서 샤워를 즐겼다. 가브리엘이 샤워실 비상 줄을 장난삼아 잡아 당기려고 해서 비상줄을 올려 샤워기에 묶었다.

이탈리아 호텔 샤워실 안에는 비상줄이 있는데 샤워 중

아레쪼에 거리의 현대 설치 예술가의 작품

몸이 갑자기 아프거나 할 때 외부에 알리기 위한 거였다. 한 한국인 아줌마 관광객이 이 비상줄의 용도를 모르고 빨랫줄처럼 연결해 묶어서 욕실에서 빨래한 옷들을 걸었다는 에피소드가 있다. 옷이 걸려 있는 무게 때문에 프런트 데스크 비상벨이 울렸고, 호텔 직원은 심장병 환자가 발생한 줄 알고 응급차를 불렀다. 그리고 신속히 마스터키로 방에 들어갔더니…….

가브리엘이 새근새근 잠이 들고 나는 내일 일정을 어떻게 하면 좋을까 생각했다. 광장 노인네한테 카프레세 얘기를 듣기 전에 코르토나 호텔을 이미 예약한 게 후회스러웠다. 코르토나 호텔도 별 네 개짜리인데 인터넷에 70유로 할인 가격이 맘에 들어 전화 문의를 했었다. 호텔 요금 깎는 것에 점점 뻔뻔해지고 있어 또 깎았다. 60유로. 깎아줘서 아침은 안 먹겠다고 했더니 먹으란다. 이렇게 좋은 조건의 호텔을 운 좋게 예약했는데 갑자기 카프레세로 먼저 가고 싶다고 일정을 바꾸기가 어려웠다. 그래서 먼저 코르토나로 간 다음 다시 아레쪼로 되돌아와 카프레세로 가는 방법을 택하기로 했다. 코르토나는 영화 「투스카니의 태양」이 촬영된 후 유명해졌다. 가볼 만한 곳이기에 영화를 찍은게 아닐까 하여, 나도 전부터 가 보고 싶었었다.

아침 먹고 짐 챙기고 열한 시쯤에 호텔 체크 아웃을 했다. 코르토나 가는 버스가 아침 열한 시 삼십 분에, 다음 버스는 오후 1시에 있었다. 아레쪼에서 세 군데를 더 보고 가고 싶었기 때문에 오후 1시 버스를 타기로 하고 짐을 호텔에 맡기고 나왔다.

먼저 피에로 델라 프란체스카Piero della Francesca의 「성 십자가의 전설Leggenda della vera croce」을 볼 수 있는 성 프란체스코San Francesco 성당을 향했다. 내가 묵은 호텔 옆에 귀도 모나코 광장이 있고 이곳이 아레쪼로 들어서면 처음 만나는 광장이다. 아레쪼가 자랑하는 인물 중 빼놓을 수 없는 귀도 모나코Guido Monaco. 모나코는 수도사란 뜻이고 그는 아레쪼 베네딕트 수도에 속했었다. 10세기 말 당시 음표 이해가 어려웠던 그레고리안 성가를 쉽게 부를 수 있는 음표로 발명했고 그것이 우리가 지금까지 사용하는 '도레미파솔라시도'다. 로베르토 베니니도 영화를 통해 아레쪼의 귀도를 자랑하고 싶어서 영화 속 주인공 이름을 귀도로 정한 것 같다.

광장에서 마을 언덕 쪽으로 올라가니 성 프란체스코 성당이 있었다. 입장료가 8유로나 하는데 훼손이 많이 된 프레스코화들로만 내부 장식된 교회에서 피에로 델라 프란체스카 작품 하나 보려고 다들 기꺼이 입장료를 내는 것이다. 몇몇 외국인들이 카메라로 피에로의 예수 십자가 상을 담았다. 나도 뭔가 감동을 받고 싶은데 별 느낌이 안 왔다. 그래서 남들 하듯이 그냥 나도 사진이나 한 장 찍을까, 하고 카메라를 챙겨 드는데 가브리엘이 사진을 못 찍게 사진기를 잡아당겼다. 카메라 금지 표시를 봤다고 한다. 다른 사람들도 사진 찍으니까 엄마도 한 장 찍자고 하니까 다른 사람들이 잘못하고 있는 거니까 엄마는 찍지 말란다. 살짝 창피해졌다. 창피하면서 드는 생각이 내가 투어리더로 일할 때 싫어하던 관광객들의 태도를 내가 다 따라 하고 있다는 거다. 볼테라 호텔 식당에서 아침 먹을 때 크루아상을 슬쩍한 것이 순간 다시 떠올랐다.

내가 머리로 수준 높은 문화 의식을 가져보려 해도 내 실제 문화 의식이 내가 속한 집단의 문화 의식과 비슷하게 된다는 생각이 스쳐 갔다.

잘못한 걸 알면 바로 인정하고 미안하다고 해야 하는데 보통 엄마들은 아이에게 이런 걸 잘 못한다. 눈썹을 치켜들며 핀잔을 주기까지 한다. 나도 잘못했다는 말 대신 아이에게 눈을 흘기며 말했다.

"그렇게 규칙을 잘 지키고 싶으면 유치원에서도 잘 지키지. 유치원 규칙 안 따르고 제멋대로 하는 아이라는 말을 왜 늘 듣게 만들었니?"

07. 몬테소리 교육의 나라, 그런데 왜 내 아이가 배우는 게 없지?

심각하게 유치원을 바꿔 볼 생각을 했었다. 가브리엘이 유치원 규칙을 안 지키고 선생님 지시를 잘 안 따르는 것이 나는 유치원과 선생님의 문제라는 생각이 들었기 때문이었다. 자기 자식에 눈먼 엄마의 생각일지도 몰라서 내 생각이 옳다는 확신은 안 생겼다. 유치원 한 반에 스물다섯 명의 아이들이 있고 두 선생님이 오전 오후 맡아서 가르치는데 한 선생님이 다섯 살 아이들 스물다섯 명을 통제하며 수업하기란 어려운 일이다. 아이들의 개별적인 성향들이 존중받기는 더 어렵다.

가브리엘이 규칙을 지키기 싫어서 안 지키는 것이 아니라고 나는 생각했다. 가브리엘이 규칙을 싫어하게끔 하는 뭔가 잘못된 게 있는 거로 생각했다.

사립 유치원을 보낼까, 아니면 수녀님들이 선생님으로 계시는 유치원으로 보낼까 고민했다. 아이를 수녀 선생님이 가르치는 유치원으로 보내는 엄마들의 조언을 들어 보았다. 그런데 일반 유치원 선생님보다 수녀 선생님들이 더 엄하게 아이들을 다룬다는 것이다. 그래서 같은 아파트에 사는 독일 아줌마의 딸이 다니는 독일식 자연주의 유치원 발도로프에 보낼까 생각했었다. 비싼 학비만 아니라면 그 발도로프 유치원이 제일 맘에 들었다. 그 발도로프 유치원을 찾아가 교실 분위기며 학습 목표에 대한 설명을 들었는데 내가 원하는 인성교육에 알맞은 유치원이었다.

아이를 가르치는 선생이기도 한 미국인 친구 아줌마에게 상담을 했다. 그런데 그 아줌마는 대학교 학비만큼 비싼 발도로프 유치원에 가는 걸 반대했다. 그리고 발도로프 유치원에서 늘 관심과 보호를 받으며 교육을 받게 될 경우 나중에 사회 생활할 때 적응하기 더 어려울 거라고 했다. 남편도 반대했다. 지금도 생활비에 여유가 없는데 어떻게 그 비싼 학비를 댈 것이며, 유치원이 멀어서 통학하기도 불편했기 때문이었다.

이래저래 삼 년 내내 머리로 고민만 하다가 가브리엘은 유치원을 마치게 되었다. 교육 전문 상담가를 찾아가서 내가 무엇을 어떻게 잘못하고 있기에 가브리엘이 유치원에서 말 안 듣는 아이가 된 건지 심각하게 물어보고 싶었던 것도 고민만 하다가 시도도 못 했다. 이제 이 여행을 마치고 며칠 후면 가브리엘이 초등학교에 입학한다. 나는 왠지 마음이 무겁다. 아들이 초등학교에 들어가는데 왜 기쁘지가 않지? 왜 자꾸 뭔가 아닌 것 같은 생각이 떨쳐지지 않는 건지…….

이탈리아가 선진국으로 알려졌어도 내가 경험한 유치원은 선진국이 아니었다. 선생들이 윽박지르는 호령으로 아이들을 통제했다. 유치원 담장 밖에서도 소리 지르는 게 다 들렸다. 내가 유치원생이어도 그런 악쓰는 선생의 지시를 따르고 싶지 않을 것이다.

나는 유치원에서 아이가 무엇을 배우고 무슨 활동을 하는지 알 수 없었다. 한국 유치원처럼 일주일 단위로 학습 계획을 학부모에게 친절히 알려주는 것도 없었다. 일 년에 두세 번 있는 학부모 면담 때나 되어야 아이가 수업 시간에 했던 파일들을 들춰볼 수 있을 뿐이었다.

내 아이가 세 살 때 유치원에 들어갔을 때와 삼 년 후 유치원을 졸업할 때까지 어떤 인성 교육을 받았다는 변화가 보이지 않았다. 다른 이탈리아 엄마들은 그들도 똑같은 시스템에서 유치원 생활을 했기에 아무 불만이 없어 보였다. 하지만 나는 이탈리아 유치원의 학습 방침에 늘 속이 답답했다. 가톨릭 국가라 종교 수업 시간을 갖지만, 성경도 이야기로만 배우면 아이들에게 성경은 그저 이야기일 뿐이다.

몬테소리 교육의 나라에서 실제 교육은 이렇게 허술하고 문제가 많다는 걸 이탈리아 사람들은 자각 못 하고 이탈리아 밖에 있는 사람들은 오해한다. 제2의 몬테소리 아줌마가 나타나 이탈리아의 교육을 물갈이했으면 좋겠다.

08. 종교화 보고 감동 못하는 게 나만은 아니기를……

프란체스코 성당을 나와 바사리의 집을 보러 가려고 지도로 위치를 확인하는 동안 가브리엘은 프란체스코 성당 광장을 뛰어다녔다. 그러다 어떤 이의 발에 걸려 넘어졌다. 유난히 뛰는 걸 좋아하는 아이라 넘어지기도 많이 넘어진다. 무릎의 피를 보더니 더 요란 엄살을 부렸다. 반창고를 붙여주자 다 나았다고 다시 뛰기 시작했다.

바사리 집에 도착했을 때 티켓을 파는 직원의 낯이 익었다. 그녀가 먼저 웃었다. 어제 고고학 박물관에서 티켓 팔던 직원이었다. 박물관 직원들끼리 일하는 장소를 바꾸어 가며 일하는가 보았다. 겨우 어제 잠깐 보고 오늘 다시 보는 그냥 박물관을 보러온 사람한테 그녀가 미소로 반기자 기분 좋았다.

바사리가 박물관처럼 화려하게 꾸미고 살았던 집이다.

프란체스코 성당

지금은 정부가 관리하고 있다. 집 안이 작은 미술 박물관 같았다. 이런 예술적인 그림들이 벽과 천정에 가득한 집에서 살면 나 같은 이도 저절로 예술적인 감각을 가지게 될 것 같았다.

바사리 집을 나와 다시 삼 분 정도 걸어 산 도메니코 성당으로 갔다. 치마부에Cimabue 작품을 보기 위해서. 치마부에가 미술 원근법을 발전시킨 이로 유명하다고 알고 있는데 그의 작품 안에서 보이는 원근법이 내 눈에는 특징적으로 보이지 않았다. 그런데 당시에는 사람들이 치마부에의 작품을 보며 처음 보는 원근법에 놀라운 감탄을 하면서 그림이 아니라 뭔가 파냈다고 착각을 했었다는 것이다. 오늘 본 피에로 델라 프란체스카와 치마부에의 두 예수 십자가 상이 아무리 유명해도 내가 보는 눈이 없으니 돼지 목의 진주 목걸이였다. 이런 종교화를 제대로 감상하며 감동할 줄 모르는 게 나만 아니기를……

산 도메니코 교회가 있는 골목을 벗어나니 어제 본 두오모 성당과 광장

바사리 집 입구

광장 옆 바사리가 만든 화랑, 현대 설치 예술가의 작품이 장식되어 있다

이 나왔다. 그 옆 공원을 끼고 가파른 경사길을 내려갈 때 도서관이 보였다. 원주 기둥 회랑에서 학생들이 담화를 나누는 장면이 인상적이었다. 옷만 중세 시대의 것들로 갈아입게 하면 서로의 지식을 교환하는 중세 학자들의 모습처럼 보일 것 같았다. 저 학생들은 아레쪼에서 태어나 학문하는 것에 자긍심을 가지고 있을 것 같았다.

도서관에서 몇 걸음 더 내려오면 바사리가 만든 화랑에 이른다. 「인생은 아름다워」에서 두오모 성당 계단 레드 카펫 장면 다음에서 둘이 함께 걷던 곳이 이 화랑이었다. 영화에서 그날 밤 두오모 성당에 도착하기 전에 그들이 오펜바흐 오페라를 보는데 그 오페라 극장은 코르토나 마을에 있는 극장이었다. 「투스카니의 태양」에서 다이안 레인이 영화 보던 극장이기도 했다. 코르토나에 가면 그 극장을 꼭 들어가 볼 이유가 두 가지나 생긴 것이다.

바사리 화랑에 현대 조형 예술가들이 화랑 천장을 티셔츠 옷을 이용해서 작품을 만들어 놓았는데 중세 시대 건축물에 어울리지 않아 예술 작품으로도 보이지 않았다. 개인적으로 현대 음악, 그림, 조각…… 이런 현대의 것들에서는 현대 이전 시대에 만들어진 예술들의 감동을 느끼기가 어렵다. 교만을 부려도 마땅한 현대 예술가들이 별로 없을 것 같은데 예술가 타이틀 붙은 사람치고 겸손한 이 찾기가 또 어려운 게 현대다.

호텔로 가서 짐 찾을 생각을 하는데 어떤 박물관 이름이 눈에 들어왔다. 아까 성 프란체스코 성당 입장료를 살 때 또 다른 티켓을 받았는데, 그 티켓에 쓰여 있는 박물관을 가면 1유로에 입장할 수 있다는 설명을 들었었다. 그런데 지금 내 눈에 들어온 박물관 이름이 1유로에 입장할 수 있다는 그 박물관이었다.

카사 무세오 이반 브루스키Casa meseo Ivan bruschi. 이반 브루스키라는 유물 전문

수집가의 집이었는데 지금은 박물관이다. 덤으로 보는 박물관 같아 별 기대 없이 들어간 이들은 나처럼 놀라면서 나오게 될 것이다. 3층으로 되어 있는 넓은 집은 선사시대부터 현대에 이르는 만 점이 넘는 작품들이 전시되어 있었다. 가구, 조각, 책, 그림, 세라믹, 은수공예, 보석, 동전…… 전시 솜씨 역시도 어제 본 고고학 박물관같이 뛰어난 감각이었다.

박물관을 나와 호텔로 향하는 내 발걸음을 멈추게 한 것이 있었다. 한 커피 전문점. 어제도 지나가면서 뭔가 다른 커피 향에 발걸음을 멈추었었다가 호텔에서 커피 마신지가 얼마 안 되어 참았었다. 오늘은 참을 이유가 없었다. 커피 전문점 이름이 coffee o'clock. 체인점처럼 보이는데 나는 처음 보는 곳이었다. 나는 아메리칸 커피를, 가브리엘은 스무디를 주문했다.

커피와 뜨거운 물을 따로 줘서, 내가 조절하여 먹도록 하는 것도 좋았다. 향을 즐기면서 맛을 보니 무척 맛있었다. 아니 이렇게 맛있는 커피점을 지금에서야 처음 보다니. 가격도 1유로 10센트밖에 안 해 스타벅스가 옆 가게에 있어도 이곳을 찾게 될 것 같다.

내가 직원에게 로마에도 이 커피점이 있냐고 물으니까 없다고 했다. 이탈리아 어느 도시에 있는지를 물어도 잘 모른다고 했다. 한국에는 있을 것 같다. 커피로 사업하는 한국인 중에 이 맛을 보고 그냥 넘어갈 사람이 없을 것 같으니까.

한국에 스타벅스가 들어오기 전에 외국에서 스타벅스 커피를 처음 마셔보았을 때 든 생각은 내가 돈이 있다면 스타벅스를 한국에 차리고 싶다는 거였다.

사람의 입맛이 제각각 인 듯 보여도 누구의 혀나 즐겁게 만들어 주는 것들이 있다. 그 맛을 잡아내는 이가 먹거리로 성공하는 것이고.

호텔에서 짐을 찾고 코르토나로 가는 버스 정류장으로 갔다. 버스는 시간보다 이십여 분 늦게 도착했다. 이탈리아에 살면서 기차 연착에 골탕을 많이 먹은 내게 이 정도는 아무것도 아니었다.

버스에 올라 아레쪼를 등지고 떠나려 할 때 비가 부슬부슬 내리기 시작했다. 내가 아레쪼 떠나기 싫은 걸 알았는지 아레쪼가 우울한 무드로 나를 보냈다.

커피맛이 좋았던
시에나의 한 커피숍

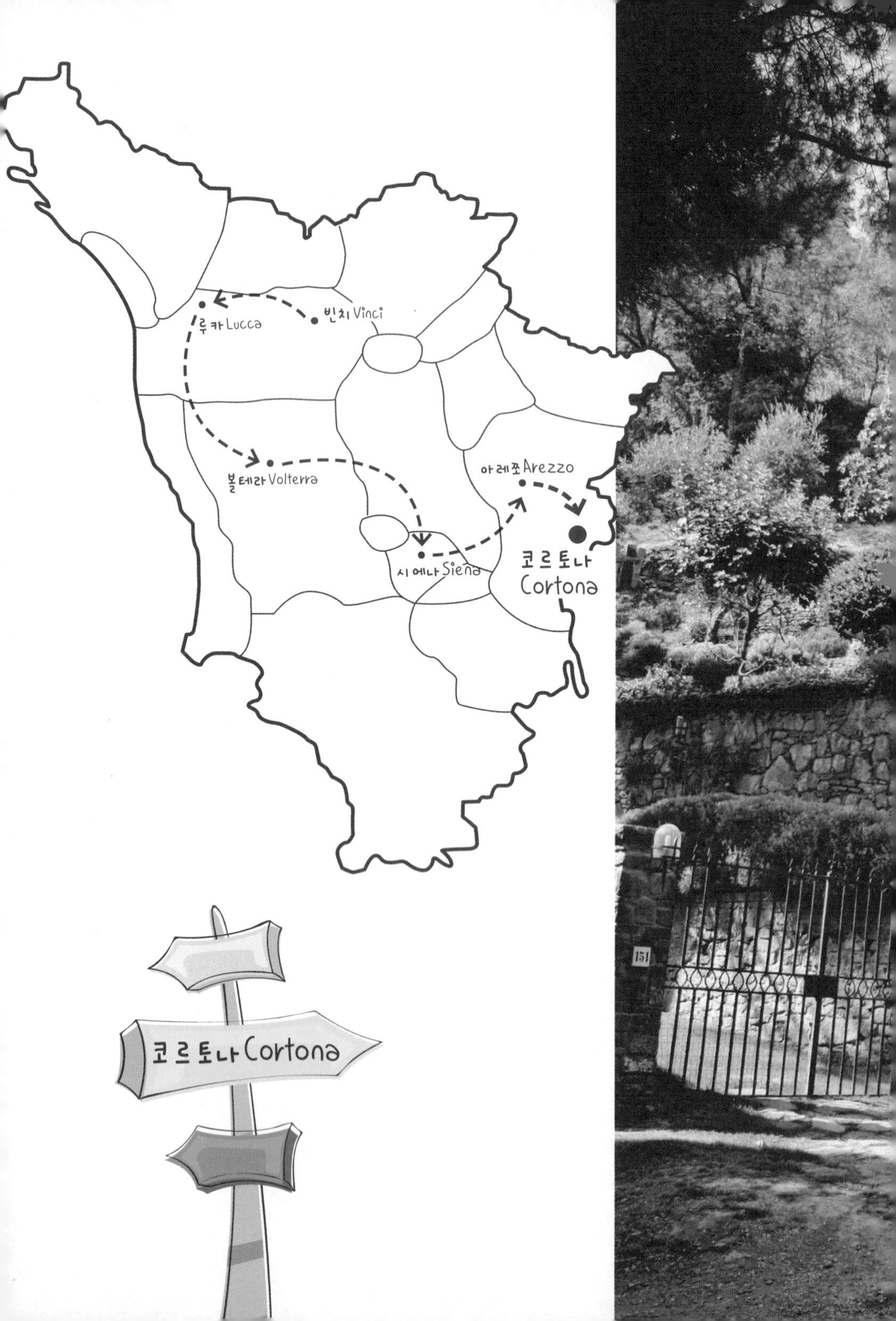
루카 Lucca
빈치 Vinci
볼테라 Volterra
시에나 Siena
아레쪼 Arezzo
코르토나
Cortona
코르토나 Cortona
151

6. 해바라기 닮은 마을

항상 햇볕 받는 길 브라만테솔에 있는 작가 프랜시스 메이어스의 집

01. 전망 좋은 방, 야호!

아레쪼에서 코르토나까지 버스로 한 시간. 가는 길에 언덕 위의 멋있는 성 하나를 보게 되는데 몬테끼오 성Castello di Montecchio이다. 버스 기사에게 몬테키오 성에 올라갈 수 있는 버스가 있는지 물으니 없다고 했다. 코르토나가 가까워질수록 주변 풍경들이 예뻤다.

"코르토나, 정말 아름다워요!"

내가 진심에서 나오는 감탄으로 맞은편에 앉은 코르토나 아줌마한테 말했다.

"지금 보이는 땅은 코르토나가 아니라 움부리아주예요."

"아, 코르토나가 토스카나와 움부리아주 경계 마을이군요."

나는 코르토나 아줌마가 『토스카나의 태양 아래서Under the Tuscan sun』의 작가 프랜시스 메이어스를 아는지 궁금했다.

"코르토나 사람치고 메이어스를 모르는 이가 없지요.

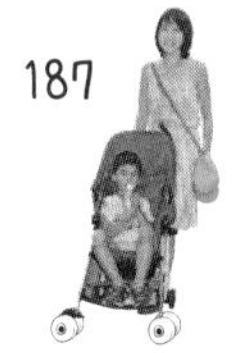

며칠 전에도 어떤 가게에서 봤으니까 지금 코르토나에 있을 거예요."

버스는 코르토나 성벽 안으로 들어갈 수 있는 아치 문 바로 앞에서 멈추었다. 마을로 올라가는 언덕이 너무 가빠 숨이 찼다. 비까지 내렸다. 가브리엘은 뛰어 올라가다가 내가 너무 뒤쳐져 있자 내려와서 유모차에 짐을 올려놓고 힘겹게 끌고 올라가는 내 등을 밀어주기 시작했다. 작은 힘이라도 밀어주니 오르기 훨씬 쉬웠다.

오르는 길에 작은 여행사가 있었는데 투어 상품들 소개하는 종이들이 창문 가득 붙어 있었다. 얼핏 보니 와인 투어도 있고 근교 토스카나 마을 투어하는 것도 있었다. 하루 와인 투어 상품이 100유로.

와인 투어는 다른 기회에 토스카나의 유명한 와인 지역을 다 다니면서 제대로 하는 게 나을 거라는 생각이 들었다. 토스카나에 다시 와야 할 명목이 여러 가지인 것 같다.

언덕을 올라오자마자 바로 작은 광장이 있었다. 작지만 마을 중심 광장이기도 했다. 광장 주변의 건물들과 바와 레스토랑의 풍경이 아기자기한 분위기였다. 맘에 들었다. 비가 와서 잠시 광장 한 레스토랑 야외 천막 안으로 들어갔다. 비는 잠시 후 그쳤다. 내가 예약한 산 루카San Luca 호텔은 내가 언덕에서 올라와 서 있는 광장에서 오른쪽 길을 곧장 따라가 오 분 거리에 있었다. 호텔 앞에 넓은 광장이 있고 그 광장에서 토스카나 언덕 아래 풍경이 한눈에 보이는 것에 먼저 감탄했다. 인터넷으로 위치를 확인했을 때 광장에 위치한 것만 알았지 그 광장 앞이 이렇게 앞이 트인 최고의 파노라마가 있는지 몰랐기 때문이다. 광장 옆 호텔로 가서 방 키를 받고 방에 들어왔을 때, 나는 다시 한 번 감탄했다. 광장에서 본 파노라마를 그대로 내 방 발코니에서 볼 수 있었기 때문이었다. 하루만 묵고 가기에 너무 아까운 생각이 들었다. 아니 당장 기분은 다른 곳으로 가지 않고 이곳에서 한참을 머물고만 싶었다. 어린아이처럼 좋아서 폴짝 뛰며 환호하자 아이는 목소리를 낮춰 말했다.

"엄마, 좀 진정해."

늦은 점심시간이라 배도 고팠고 코르토나 마을 구경도 서둘러 하고 싶어 아이에게 나가자고 했다. 가브리엘은 나가기 전에 TV에 자기가 좋아하는 만화 채널이 있는지를 확인하겠다고 했다. 그런데 TV 리모컨 작동이 안 됐다. 내가 호텔 프런트 데스크에 얘기해서 고쳐달라 하자고 했다. 그랬더니 아이는 여기저기 버튼을 눌러보고 나서 건전지 약이 없어서 작동이 안 되는 거라고 했다. 내가 마침 가지고 있는 건전지를 주며 한 번 바꿔보라고 했다. 남자아이라 뭔가 만지면서 고치는 걸 좋아해서 다행이다. 나는 고장 난 것들은 수

코르토나 호텔 룸 발코니 파노라마

리해 볼 생각도 안 하고 다 버리는 쪽이니까.

건전지를 새로 갈아 끼자 TV가 잘 켜졌다. 가브리엘이 좋아하는 만화 채널이 있는 것도 확인됐다.

호텔에서 마을 중심 광장으로 가는 좁은 골목에 가게들과 레스토랑들이 있는데, 레스토랑에서 풍기는 냄새가 아주 좋았다. 이곳은 어떤 레스토랑에 가도 맛있을 것만 같았다. 광장에 도착했을 때 한 바에서 관광객을 위한 메뉴가 있었다. 15유로에 바에서 정해준 요리를 먹는 거다. 물과 와인 한 잔도 포함이다. 테이블 서비스까지 포함이라고 쓰여 있었다. 보통 관광지 레스토랑에서는 테이블 서비스 요금을 한 사람당 1유로 50센트에서 2유로씩 받는다.

나는 바의 야외 테이블에 앉아 관광객용 메뉴를 주문했다. 하나만 시켜서 아이하고 같이 먹어도 되냐고 묻자 기꺼이 괜찮다고 해줘서 좋았다. 대부분 레스토랑이 아이도 뭔가 메뉴를 시켜주기를 원하니까.

메뉴는 라자냐와 닭 가슴살 요리였는데, 제법 맛있었다. 양도 가브리엘과 나누어 먹을 만했다.

남편이 함께하는 가족 여행이면 매번 식사 때마다 많은 지출을 해야 한다. 남편은 이탈리아 사람이 그렇듯 레스토랑에서 한 메뉴만 시켜 먹지 않는다. 파스타를 기본으로 먹고 그 외 고기나 생선을 주문하고 샐러드 같은 사이드 접시를 주문한다. 배가 많이 고플 때는 안티파스토[전식]까지 주문한다. 이렇게 먹으면 이탈리아식 풀코스가 된다. 가격이 저렴한 식당에서 풀코스를 먹으면 한 사람당 30유로 정도 나오고 좀 괜찮은 레스토랑은 50유로가 나온다. 아주 좋은 레스토랑은 지갑에 얼마가 있는지 확인하고 조심해서 시켜야 한다. 먹고 나서 계산서 받고 '캑!'하고 놀랄지도 모르니까.

02. 사기 치는 레스토랑 조심하세요

내 미국인 친구 아줌마 레베카가 남편과 이탈리아 여행을 왔을 때 터무니없는 바가지를 한 번도 아니고 두 번이나 당했다. 한 번은 시칠리아에서 또 한 번은 로마에서. 공통점은 웨이터가 메뉴판에 없는 메뉴를 소개해서 주문하도록 유도했다는 점.

로마에서 당할 때는 나도 함께 있었었다. 로마에서 제일 고급 호텔과 레스토랑이 스페인 광장 근처 비아 베네토 via veneto에 모여 있다. 레베카의 남편 딘은 전직 파일럿이었고 퇴직 후 항공 관련 사무를 하기 때문에 일 관계로 항공 마일리지가 엄청 많이 쌓인다. 이탈리아 여행도 그 마일리지로 항공권과 고급 호텔까지 공짜로 해결했다. 그래서 여행 경비는 레스토랑만 해결하면 되었다. 육십의 나이도 있고 허리와 다리에도 문제가 있어 식사를 묵는 호텔이나 호텔 근처에서 해결하고 싶어했다.

비아 베네토에서 가장 유명한 레스토랑이 헨리바henny bar인데 소피아 로렌 같은 유명한 연예인들이 즐겨 찾는 레스토랑으로 메뉴판의 가격이 70유로부터 시작된다.

레베카 부부가 묵은 호텔이 헨리바 앞의 메리엇marriot 호텔이었기 때문에 레베카의 남편 딘은 헨리바에서 먹자고 제안했다. 레베카가 너무 비싸니까 다른 곳으로 가자고 했을 때 나는 다행스러워했다. 어차피 딘이 계산할 것을 알고 있어도 그런 고급 식사는 부담스럽기 때문이었다.

며칠 동안 '겁나게' 비싼 식사들을 이미 같이 했다. 바티칸이 보이는 고급 호텔 테라스에서 와인을 취하도록 마셔 보기도 했다. 바티칸과 와인, 이렇게 이탈리아 적인 곳에서 라이브 음악은 미국 팝송이었다. 가브리엘이 더 분위기를 깼다. 비싼 파스타를 먹다가 토한 것이다. 정말 모처럼, 두 번도 경험하기 어려운 로마의 밤을 즐기고 있었는데 가브리엘이 지저분하게 마무리시켰다.

헨리바에서 몇 걸음만 옮기면 되는 가까운 곳 한 레스토랑이 손님을 끄는 좋은 미끼를 바깥에 세워놓았다. 레스토랑 특별 메뉴 30유로 해물 요리 코스 광고. 레베카와 나는 서로 미소를 지으며 동의하고 딘을 이끌듯이 레스토랑으로 들어갔다. 나와 레베카는 물론 그 30유로 해물 코스 요리를 시켰다. 딘은 메뉴판의 한 생선 요리를 시켰다. 그런데 잠시 후 프로 요리사 같은 복장을 한 이가 다가오더니 커다란 쟁반 위의 아직 살아 숨을 쉬는 몇 가지 생선 해물 요리를 보여주며 혹 주문할 의사가 있는지를 깍듯하게 물었다. 딘 역시 고급 매너의 손님다운 포즈로 와이 낫 오케이why not? ok!라고 했다.

딘이 내 남편이었다면 오케이라고 하는 순간 웨이터에게 가격을 물어보

았겠지만, 딘은 촌스러운 거 싫어하는 사람이라 딘 앞에서 물어볼 수가 없었다. 나중에 계산서를 본 순간, 촌스러운 내가 촌스럽게 가격을 물어보지 않았던 것이 제일 실수였다고 생각했다.

계산서를 받은 딘이 계산서를 바로 덮으며 여전히 침착하게 이 레스토랑은 한 번은 즐길 수 있지만, 두 번은 오기 어려운 곳이라고만 했다. 저런 표현을 할 딘이 아니라서 내가 계산서를 봐도 괜찮겠냐고 물으니 절대 안 된다고 했다. 보여달라고 떼를 쓰니 촌스러운 거 싫어하는 딘이 레스토랑에서 옥신각신하기 싫어 보여주었다.

530 유로! 한국 돈으로 70만 원!

너무 놀라 하마터면 의자 뒤로 넘어질 뻔했다. 나는 30유로짜리 메뉴에 레베카가 시킨 샴페인만 나눠마셨을 뿐이다. 레베카 역시 마찬가지였고. 60유로짜리 두 병의 샴페인 가격과 상식을 넘어서는 테이블 서비스 요금을 제외해도 도저히 딘이 먹은 가자미 생선 요리 가격을 받아들일 수가 없었다. 경찰에 신고해도 될 만한 사기가 아닐 수 없었다. 레베카는 인터넷에 올려야겠다고 레스토랑 이름이 보이는 사진을 찍었다. 카페 베네토Cafe Veneto.

딘은 이미 시칠리아 섬에서 한 번 당한 경험이 있어서, 이탈리아 레스토랑에서는 미국인의 영어를 들으면 부자인 줄 알고 엄청난 바가지를 씌워보려 시도한다고 당한 본인이 스스로 설명했다.

내 생각에 딘 같은 성격의 남자들이 체면 때문에 바가지요금을 당하는 것 같다. 가격 물어보는 것을 촌스럽고 좋은 매너가 아니라고 생각하는 체면. 내 남편도 같은 과에 속한다.

바가지요금을 당하던 날 밤 가브리엘도 그 레스토랑에 같이 있었다. 아이는 내 해물 요리를 같이 나눠 먹었기 때문에 530유로에 기여한 것이 없었다. 어른들이 어떤 상황에 걸려들었는지 모르면서 먹고 마시고 떠들고 하는 동안 레베카의 아이패드 게임에 푹 빠져 있었다. 530유로 한 끼 저녁 식사 값으로 나도 하나 갖고 싶은 아이패드도 살 수 있다고 생각하니 더 어처구니가 없었다.

나는 가브리엘과 여행하면서 하루 식사비를 20유로로 잡았다. 어떤 날은 초과하고 어떤 날은 10유로로도 해결했다. 지금 레스토랑에서 15유로짜리 메뉴를 먹으니까 저녁은 5유로 정도에서 해결할 생각이었다. 광장을 지나갈 때 봐 둔 작은 식료품점에서 간단한 거 사서 방에서 먹을 계산을 이미 했다.

03. 봄에 아름다운 곳이 겨울에도 아름다운 것은 아니라 한다

가브리엘과 식사를 하는 동안 바로 앞 광장에서 결혼식 사진을 찍는 모습이 보였다. 광장 앞 건물이 시청이라서 오늘 결혼식을 그곳에서 치르고 가족, 친지 친구들과의 사진을 찍는 중인 것 같았다.

사진을 다 찍은 결혼 커플이 다른 장소로 이동하고 없자 가브리엘이 말했다.

"엄마, 결혼식 다 끝났어. 이제 아이 생기겠네!"

주위 테이블에 사람들이 있는데 큰 소리로 얘기했기 때문에 나는 당황스러웠고 옆 테이블에 앉아 있던 두 아저씨와 아줌마는 웃었다.

가브리엘이 웃게 해줘서 옆 테이블의 사람들과 얘기를 나누기 시작할 수 있었다. 내가 코르토나가 정말 맘에 든다고 하자 옆의 나이 많은 아저씨가 말했다.

"여름에만 좋지. 겨울은 너무 추워. 관광객도 없고."

그래, 겨울은 이 높은 언덕 마을이 꽤 춥겠다. 여름에 보는 아름다운 풍경은 반하게 만들지만, 이 마을에 사는 사람들에게는 겨울이라는 현실이 있는 거였지. 여행이 여름이라면은 현실은 겨울이라는 말로도 들렸다. 나는 아저씨에게 코르토나 사람들이 프랜시스 메이어스 작가를 다 좋아하는지 물었다.

"메이어스의 책이 유명해지고 영화가 만들어진 후 코르토나가 관광지가 됐어. 그전에는 이곳을 찾는 사람들이 별로 없었거든. 메이어스는 언덕 아래 집에서 책을 쓰고 유명해진 후 저 언덕 위에도 큰 집을 또 샀어."

그리고 좀 못마땅한 표정을 지으며 말을 덧붙였다.

"그 여자는 우리 코르토나 사람들과 친근하게 섞여 어울리지는 않아. 저 언덕 위에 살면서 외부에서 오는 자기 개인 방문객들하고만 지내는 거 같아."

나는 아저씨와 얘기를 나누며 메뉴에 포함되어 나온 레드와인 한 잔을 조금씩 마셨다. 반 잔쯤 마셨을 때 부주의해져서 테이블에 놓아두었던 카메라를 떨어트렸다. 카메라 렌즈 뚜껑을 열어 놓은 상태에서 떨어졌는데 다행히 렌즈는 안 깨지고 렌즈를 보호하는 조리개가 조금 찌그러졌다. 더 실수하기 전에 마시던 와인 잔을 내려놓았다.

잠시 광장 주변을 걸었다. 시청 뒤쪽에 에투루리안 박물관이 있었고 그 옆에 시뇨렐리라는 영화관 겸 극장이 있었다. 바로 이곳이 「인생은 아름다워」에서 귀도와 도라가 오페라를 봤던 곳이고 「투스카니의 태양」에서 다이안 레인이 영화를 봤던 곳이다. 극장 앞에 커피숍이 있는데 영화에서 수녀와 금발 여자가 차 마시던 장소였었다.

극장에 상영 안내 포스터를 보니 내일 날짜에 오케스트라 연주가 있고 입

장은 무료였다. 내일 하루 코르토나에 더 묵을 생각이니 내일은 가브리엘과 오케스트라 연주회를 보면 좋을 것 같았다. 오케스트라 연주가 끝난 다음날 프로그램은 영화 「레드2[Red 2]」 상영이었다. 포스터를 보니 낯익은 배우가 있었다. 한국 배우 이병헌. 브루스 윌리스와 같이 영화를 찍을 정도의 연기를 인정받는가 보다. 배우건 가수건 자동차건 전자 제품들이건…… 자꾸자꾸 한국이라는 이름이 세계에 알려지게 만들어 주는 모든 것이 나는 고맙다.

호텔로 돌아와 직원 아저씨에게 하루 더 묶겠다고 말했다. 아저씨는 코르토나 지도를 보여주며 내일 내가 어디 어디를 다니면 좋을지를 설명해주었다. 내가 미국 작가의 집은 어디에 있냐고 물으니 아이 데리고 유모차 끌고 가기는 어려운 곳에 있다고 했다. 그러면서 내게 내일 한 시간 동안 자기 차로 걸어가기 어려운 언덕 위쪽과 작가의 집을 보여주겠다고 했다. 물론 돈을 지급하는 조건으로. 나는 흔쾌히 좋다고 했다.

바에서 만난 코르토나 아저씨가 코르토나 성벽 둘레가 3킬로 정도 된다고 했지만, 가파른 언덕이 너무 많아서 나도 어떻게 둘러봐야 하나 난감해 있던 참이었다. 내일 아침 11시로 약속 시각을 정했다.

호텔 방으로 돌아온 나는 침대에 누워 잠들 때까지 내내 바깥 풍경을 쳐다보았다. 마음을 평화롭게 만들어 주는 토스카나의 풍경. 이런 풍경을 보면서 잠들 수 있는 지금 이 시간이 평화롭고 행복했다.

04. 항상 햇볕 받는 길, 브라만솔레

다음 날 아침은 호텔 테라스에서 이 풍경을 보면서 아침을 즐길 수 있었다. 맑은 날씨라서 멀리 있는 호수가 잘 보였다. 트라시메노[trasimeno]라는 호수다. 호수는 옴부리아 페루자에 속해 있다. 이탈리아에서 가장 큰 호수다. 이탈리아 북부에 있는 유명한 호수 코모보다 조금 작다.

호텔 아침 뷔페 테이블에 여러 생과일을 잘라 만든 마체도니아가 있어서 커다란 볼에 욕심껏 담아 먹었다. 그리고 카푸치노 한 잔. 기분 좋은 아침 식사였다.

방으로 돌아와서는 빨래를 했다. 방에 발코니가 있고 햇빛이 있으니 빨래하기에 최상이었다. 이탈리아의 햇빛은 강해서 한 두 시간이면 금세 빨래가 마른다.

11시를 조금 남기고 호텔 로비로 내려갔다. 리셉션은 어제 나와 얘기한 아저씨가 아닌 다른 직원 아저씨가 있었다. 호텔 로비에는 코르토나에서 지금 진행 중인 국제 사진 전시회 광고가 있었다. 어디에서 열리는지 호텔 직원에게 물

작가 프랜시스 메이어스의 집 앞 

어보았다. 전시관이 마을 여섯 군데에 나뉘어 있었다. 코르토나를 떠나기 전에 남는 시간이 있다면 둘러보고 싶었다.

직원이 내게 언제 코르토나를 떠나냐고 물어서 내일 다른 곳으로 갈 예정이라고 했더니 코르토나에서 몬테풀치아노, 피엔자, 페루자가 다 가까우니까 가보라고 했다. 페루자는 차로 삼십 분밖에 안 걸린다고 했다. 내가 차가 없이 버스로 이동 중이라 다음에 차로 와서 이번 여행에서 보지 못한 곳을 볼 생각이라고 했다.

직원은 코르토나에서 차를 렌트하는 게 비싸지 않다고 했다. 예를 들면 피아트 작은 소형차 판다 하루 렌트료가 35유로. 세금을 포함하면 42유로라고 했다. 생각보다 렌트료가 쌌다. 나처럼 운전을 잘하지 못하고 여행 경비 절약 때문에 대중교통 이용하는 거 아니라면 토스카나는 역시 자동차로 이동해야 가고 싶은 곳 어디든지 문제없이 갈 수 있다.

곧이어 낯익은 아저씨가 내게 인사하며 다가왔다. 어제 호텔 직원 아저씨였다. 리셉션에서 정장 입고 일하는 모습이었다가 캐쥬얼 셔츠에 청바지를 입고 나타나서 금방 알아보지 못했다. 내게 다가올 때 연극배우 같은 톤으로 봉쥬르하며 프랑스 아침 인사를 했고 몸을 한쪽으로 기울이며 절룩거리면서 다가오길래 처음 순간적으로 이탈리아 사람 장난기인 줄 알았다. 나도 가끔 장난치고 싶어하는 끼가 있어 똑같이 절룩거리는 제스처로 봉쥬르 할 뻔했다. 그렇게 맞장구치지 않은 게 바로 다음 순간 천만다행이었음을 알았다. 아저씨는 장난이 아니었기 때문이다.

아저씨의 차를 탔다. 가브리엘은 뒷좌석에. 먼저 그 미국 작가의 집에 가기로 했다. 아저씨가 영어, 프랑스어, 독일어를 할 줄 안다기에 어디에서 배웠는지 물어보았다.

"여자 친구 사귀면 빨리 배울 수 있어."

미국 여자, 프랑스 여자, 독일 여자를 사귀었다는 얘기다. 별로 믿기지 않았다.

"내가 중국 여자를 사귀어야 중국말도 배우는데 코르토나에 중국 사람들이 안 오네. 아랍어도 배우고 싶은데 아랍 여자들은 화나면 남자 목을 잘라 버린다고 하니 안 사귀는 게 낫겠지?"

종잡을 수 없는 농담으로 사람을 즐겁게 해주는 아저씨였다. 운전하다 차를 잠시 세우더니 아주 작은 창고 같은 집을 가리키며 저 집이 그 미국 작가의 집이라고 했다. 그리고 다시 혼잣말로 아무래도 저 집은 너무 작아서 아닌 것 같으니까 좀 더 가보자고 했다. 그리고 언덕 아랫길로 내려가기 시작했다. 코미디언 기질이 있는 아저씨다.

"이 길이 브라만솔레 길이야. 항상 햇빛을 받는 길이란 뜻이지."

영화에서는 집 이름이 '브라만솔레'였는데 그 촬영 했던 집은 어떤 돈 많은 미국 사람이 샀고 고급스럽게 리노베이션을 한 후 렌트해주는 빌라로 쓰고 있는 중이라고 했다.

아저씨는 나를 브라만솔레 길에 있는 어느 집 앞에서 내려 주었다. 이 집이 바로 작가가 살고 있는 집이고, 작가가 이 집에서 책을 썼다고 했다. 나는 철문으로 닫혀 있는 작가의 집 문밖에서 사진을 열심히 찍었다. 셰익스피어의 생가도 아닌데 한 베스트셀러 미국 작가의 집 철문을 열심히 찍는 게 좀 유치한 짓이긴 했다. 그런데 그 유치가 딱 내 실제 수준이라 철문 바깥에 서서 가브리엘한테 사진을 찍어보라고 했다.

다섯 살 아이가 찍는 사진이라 어느 정도 맘에 들 때까지 계속 찍어보게 해야 했다. 솔직히 어린아이의 서툰 기술이 문제가 아니라 모델에 문제가 있다는 것을 인정하게 된다. 사십 중반이 되니 내 맘에 드는 사진 한 장 건지기가 해변 모래사장에서 잃어버린 반지 찾기 같아진다.

05. 순결에 대해 얘기하는 이가 없다

미국 작가의 '집 철문 방문' 후 아저씨는 언덕 위쪽에 있는 성녀 마르게리따 성당으로 데려가 주겠다고 했다. 운전을 하는 동안 아저씨는 파이프처럼 생긴 전기 담배를 피웠다. 30년 동안 하루 4갑의 담배를 피웠다고 했다. 담배를 꺼 달라고 말하고 싶었는데 보통 담배보다 그게 더 맛이 좋냐고만 물었다. 맛은 떨어지는데 돈이 많이 절약된다고 했다. 이탈리아에선 담뱃값이 비싸기 때문이다. 전기 담배도 가게에서 사면 더 비싸고 인터넷으로 중국 제품을 사면 훨씬 싸게 살 수 있다고 했다. 중국 여자 친구가 생기면 자기한테 중국에서 아주 싸게 갖다 줄 수 있을 텐데 중국 관광객들이 코르토나를 잘 안 와서 안타깝다고 했다. 아무래도 중국 여자 친구가 생겼으면 하는 바람을 정말 가지고 있는 것 같았다.

마르게리따 성당에 도착했을 때 아저씨가 성당 안에 들

어가면 예배드리는 곳 옆에 아주 작은 여자 시체가 있을 테니 보라고 했다. 줄곧 농담만 하는 아저씨라 또 농담의 일종일지도 모른다고 생각했다. 그런데 정말 아주 작은 키의 마른 여자 시체가 유리관 속에 있었다.

마르게리따는 코르토나 근처 마을, 농부의 딸로 태어났다. 7살 때 어머니가 돌아가신 후 계모 밑에서 학대받으면서 자랐다. 17살 때 집을 나와 코르토나 옆 마을 몬테풀치아노 한 귀족의 첩이 되었다. 정식 결혼을 못하고 아들을 낳았다. 이로 인해 그녀는 멸시당하고 죄인 취급받았다. 그러던 어느 날 남자가 살해당해 죽어 있는 것을 보게 된다. 충격 속에서 마르게리따는 부모를 찾아갔지만, 거절당하고 수녀가 되고자 시도했지만, 그것도 계속 거절당했다. 그리고 마침내 프란체스코 교의 수녀가 되어 죽는 날까지 금욕과 회개의 기도 속에서 살았고 특히 그리스도의 고난에 대한 영을 가지고 있었다. 그리고 그녀를 통해 많은 기적이 일어났다. 그녀의 유해에서 아름다운 향기가 난다고 한다.

1200년대에 정식 결혼하지 않고 아들을 낳아 죄인 취급 당했던 마르게리따. 그 후 800년이 지난 지금 이탈리아는 동거로 아이를 낳는 것이 일반 문화가 되어 있다. 나는 이탈리아 사람 사이에서 혼전 순결에 관해 얘기하는 것을 들어본 적이 없다. 결혼은 안 하려 하고 이혼율은 계속 높아지고 있다. 동거, 이혼, 심지어 동성연애까지…… 그 누구도 비난하지 않는다. 이제 마르게리따같이 도덕적인 죄책감에 회개하는 사람이 없어졌고 그래서 마르게리따같은 성녀가 다시 나올 가능성이 없어졌다.

성녀 마르게리따 성당 다음으로 간 곳이 성 프란체스코 수도원이었다. 가

브리엘은 차에서 내리자마자 혼자 뛰어다니다 바로 넘어졌다. 만병통치 반창고를 피 나는 무릎에 붙여주었는데도 정말 많이 아픈지 계속 울며 걷지 못했다. 프란체스코 수도원이 차가 세워진 곳에서 언덕 아래로 많이 걸어 내려가야 해서 가브리엘을 아저씨와 함께 언덕 위에 남아 있게 했다.

프란체스코 수도원은 한마디로 너무나 고요하고 성스러운 분위기였다. 수도승이 텃밭 가꾸는 모습이 멀리에서 영화같은 풍경으로 비쳤다. 1211년 프란체스코가 만든 수도원이다. 프란체스코가 기도하던 기도실과 그가 묵었던 방을 볼 수 있었다. 그 작고 소박한 기도실과 방을 보니 마음이 경건해졌

마르게리따 성당

다. 피오 신부의 방을 보았을 때와 마찬가지의 마음이 들었다. 정말 내 삶이 이렇게 작은 기도실과 작은 방 안에서 평화롭고 행복할 수 있다면 얼마나 좋을까 싶은 생각.

언덕 층층으로 지어진 이 수도원의 수많은 창문 안은 다 기도실일 것이다. 똑같은 하나님을 믿는 사람 중엔 기도할 때 더 많이 갖게 해달라고 기도하는 이들이 있다. 아니, 많다. 그러나 저 창문 안에서 기도하는 어떤 이도 무엇을 갖게 해달라고 기도하지 않을 것이다. 아무것도 가지려 하지 않았고 모든 것을 주려고만 했던 예수를 닮게 해달라는 기도만 할 것 같다.

프란체스코 수도원의 한 기도실

06. 여성과 아이 인권을 위해 살다 죽은 이가 있더라

수도원을 등지고 언덕 위로 오르는 마음이 아쉬웠다. 어젯밤에 근사한 호텔에서 멋진 풍경을 보며 행복하다 혼자 중얼거리고 잠들었던 마음마저 부끄러워졌다. 그러나 하루하루 돌봐줘야 하는 아이가 있고 남편이 있는 여자는 경건해지기 정말 어렵다.

가족과 간혹 웃고 간혹 행복한 마음이 들지만, 마음 한편에 구멍이 있다. 구멍 난 항아리에는 절대 물이 채워지지 않듯 내 마음도 채워지지 못한 허전함에 먼 하늘을 멍하니 볼 때가 잦다.

우리의 마음은 사람과의 관계로 채워지지 않고, 사람과의 사랑으로도 채워지지 않는 것을 알게 되었다. 우리는 죽을 때까지 절대 불완전 속에서 절대 불안을 떨치지 못하고 살게 되어 있다. 유일하게 완전한 하나님 앞에 무릎을 꿇을 수밖에 없어진다.

언덕 위로 다 올라오니 가브리엘이 아저씨의 스마트폰

프란체스코 수도원 정경

으로 게임을 하고 있었다. 수도원의 고요한 분위기 속에서 잠시 휴식하듯 있다가, 게임에 빠진 아이를 보니 한숨이 먼저 푹 나왔다. 스마트폰이 없던 시대에는 아이들이 어떻게 시간을 보냈는지 기억도 나지 않는 시대가 올 것 같다.

아저씨에게 아이를 봐주셔서 고맙다고 했더니 인터넷에 자기에 대한 글을 써달라고 한다. 한 미국인 아가씨가 호텔에 일하는 마리아노가 차로 코르토나 구경시켜주었다고 썼는데 그 글을 읽은 다른 미국 아가씨들이 자기 호텔로 와서 투어 서비스를 신청했다고 한다. 이 아저씨의 이름이 마리아노인 것을 그때야 알았다. 미국 아가씨는 마리아노에게 돈을 지급했다고 인터넷에 썼는데 내게 마리아노가 돈을 받았다는 얘기는 쓰지 말라고 했다. 그리고 마리아노가 가브리엘이 넘어져 다쳤을 때 놀아주었다는 것도 쓰라고 했다. 내가 쓰지 않아도 이 정도 능글 수준이면 충분히 손님들이 이어질 것 같다는 생각이 들었다.

코르토나의 한 갤러리 앞

점심은 광장 극장 앞에 있는 레스토랑에서 먹었다. 이름이 라 포스타la posta, 우편이란 뜻이다. 많은 유명인이 온 것을 자랑하는 사진들이 벽에 가득했다. 교황, 영국 여왕, 소피아 로렌, 제러미 아이리언…… 그러면 맛도 그만큼 좋아야 마땅할 것 같은데 실망스러웠다. 내가 점심 할인 메뉴 같은 싼 것을 시켜서 그런 걸까? 교황과 여왕은 무슨 메뉴를 먹었을까?

점심 후에는 레스토랑 바로 앞에 있는 에투루리안 박물관으로 갔다. 토스카나 주요 박물관은 거의 에투루리안 유물이라 이제 에투루리안의 유물들이 거의 친숙해지기까지 한 것 같았다. 가브리엘도 박물관 구경에 점점 익숙해져 가고 있었다. 박물관에서 나와 근처 두오모 성당을 찾아가 안을 둘러보고

한 그림 갤러리 안에 있는 우물, 신기해 안을 들여다보는 아이

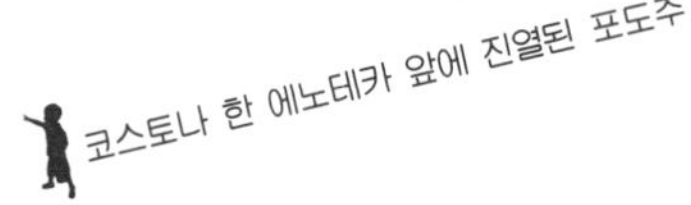

코스토나 한 에노테카 앞에 진열된 포도주

성당 앞에 디오체사노Diocesano라는 박물관이 있길래 입장했다. 종교화들만 있는 곳이었다. 코르토나의 볼거리가 다 작은 동선들 안에 있어서 둘러보는 데 세 시간도 안 걸렸다. 특별히 더 갈 데가 없어 다시 호텔로 돌아왔다. 쉬었다가 저녁에 오케스트라를 즐길 기대를 하면서.

전망 좋은 내 방으로 다시 돌아와 기분 좋게 휴식을 취한 후 저녁 무렵 다시 나왔다. 이탈리아에 살면서 저녁에 돌아다닌 적이 거의 없어 이렇게 저녁에 나오면 기분이 낯설다. 저녁에 오케스트라를 보러 극장을 가는데 오 분 정도만 걸으면 되는 마을에 있는 것은 무척 기분 좋았다.

연주 시간보다 조금 이르게 도착했고 저녁도 해결해야 해서 극장 카페에서 피자를 주문해 먹었다. 영화 촬영지였던 카페. 내가 주인아줌마에게 어느 테이블에서 촬영했는지 물으니 광장 쪽 구석 테이블이라고 알려 주었다. 그곳에 이미 다른 사람들이 앉아 있지 않았다면 이왕 그 테이블에서 피자를 먹고 싶었다. 광장에선 음악 콘서트가 열리고 있어 피자 먹는 즐거움을 더해줬다. 그냥 계속 앉아 광장의 음악 콘서트를 즐겨도 좋은 밤이었지만 오케스트라 볼 계획을 취소할 생각도 없었다.

그런데 이렇게 광장의 음악 콘서트 소리가 마을에 시끄럽게 울리는데 바로 옆 극장에서 오케스트라 연주를 해도 방해되지 않는지 궁금해서 극장에 들어가며 관계자에게 물어보았다. 관계자는 친절한 미소를 보이며 극장 문을 닫으면 방음이 되어 방해받지 않는다고 했다. 그만큼 방음 시설이 좋은 극장인가보다.

극장 내부 모습이 친근했다. 영화에서 본 무대를 실제로 보는 재미가 느껴졌다. 오페라를 보러 온 도라를 보기 위해 극장에 온 귀도가 오페라 무대를 보지 않고 발코니에 앉은 도라를 얼이 빠진 채 올려다보던 장면, 다이안레인이 자기 집 수리하는 폴란드 청년과 영화 보러 왔는데 이 청년이 사랑에 빠진 마을 아가씨가 있는 걸 보고 폴란드 청년을 북돋으며, 다가가 말을 건네라고 밀어주던 장면. 이 극장은 사랑의 작대기가 오가는 낭만의 장소였다.

오늘 밤 무대는 독일 뮌헨에서 온 오케스트라 연주였다. 오늘 연주는 이탈리아 여성과 아이들의 인권을 위해 인생을 바쳐 공헌한 테레사 마테이Teresa Mattei의 죽음을 추모하는 연주회였다. 1921년에 태어나 2013년에 사망한 테레사 마테이는 제2차세계대전이 끝난 후 이탈리아 여성의 날인 3월 8일에 미모사 꽃을 여성에게 건네주는 축제를 시작한 사람이기도 하다. 그녀의 오빠는 노벨상 후보에 오른 유명한 교수였는데 파시즘에 대항하는 정치 활동을 하다 체포당했고 고문받기가 두려워 자살했다. 그런 정치적인 분위기 속에서 그녀 역시 파시즘에 저항하는 운동을 멈추지 않았고 전쟁에서 인간 목숨의 가치가 사라지는 것에 반대했다. 전쟁이 끝나면서 본격적인 정치 활동을 펼쳤고 이탈리아 여성 연합 대표로 선출되어 여성과 아이들을 위한 시설과 체계를 만드는 데 많은 공헌을 했다.

오케스트라 연주는 헨델, 비제, 엘가, 모차르트의 누구에게나 익숙한 곡을 연주해서 좋았다. 가브리엘은 중간 정도까지 듣다가 밤 10시가 넘은 늦은 시각이라 잠들어 버렸다. 가자고 떼쓰지 않고 잠들어줘서 다행이었다.

연주가 끝나고 극장 밖으로 나오니 마을 광장에서는 록밴드의 콘서트가 한창이었다. 아까보다 더 많은 사람이 모여 있었고 록의 리듬에 자유롭게 춤추는 이들도 많았다. 나는 오케스트라 연주를 아주 만족스럽게 즐겼기 때문에 이 분위기에 기웃거리지 않고 바로 호텔로 돌아왔다.

07. 나는 남편을 백 퍼센트, 남편은 나를 이백 퍼센트 믿는다

전망 좋은 방을 떠나기가 싫어서 11시 체크 아웃 시간을 꽉 채워서 나왔다. 아레쪼로 가는 버스가 12시 30분에 있어서 국제 사진전을 보러 다니기에는 시간이 부족했고 호텔 리셉션 직원과 잠시 얘기할 여유는 있었다.

도시마다 호텔 요금 외에 세금을 따로 내는데 각 도시 시장이 세금을 정한다는 것을 알았다. 호텔 숙박료에 별도 세금을 매기기 시작한 것이 불과 이삼 년밖에 안 됐다. 호텔 비즈니스 하는 입장에서 별도 세금 제도는 사업에 장애가 된다는 것이다. 시에나의 호텔 주인도 시청 욕을 했었다.

지금 몇 군데의 도시를 다니면서 세금을 하루당 2유로 50을 지급했는데 코르토나는 3유로였다. 미국 관광객들에게 3유로는 달러로 계산해서 적은 돈이 아니다. 그럼에도 이탈리아가 어떤 불편한 조건을 붙여도 관광객이 올 수밖에 없는 곳이기 때문에 정부가 이렇게 배짱을 부리는 관광

정책을 할 수 있는 것이다. 하지만 정부 차원에서 이탈리아의 이미지를 국제적으로 향상하는 쪽으로 키를 돌리면 얼마나 좋을까. 옛날 것들을 보기 위해 오는 관광이 아니라 현재의 이탈리아도 즐기기 위해 찾아오는 이들이 많아질 것이다. 한 사람이 하루 잘 때마다 3유로씩 세금으로 걷는 것보다 더 많이 벌게 될 것이다.

호텔 직원은 코르토나가 카자흐스탄의 한 마을과 자매결연 맺었었던 적이 있었는데 카자흐스탄 사람들은 돈이 없어 이탈리아까지 놀러 오는 이들이 없었다는 것이다. 그런데 코르토나 시청은 이 자매결연을 위해 돈을 엄청나게 썼다는 것이다. 카자흐스탄 중요 정치인들을 코르토나에 초대해서 많은 지출을 해가며 대접해 주었다고 한다. 그 카자흐스탄 정치인들이 내가 묵은 호텔에서 묵었는데 호텔 리셉션에 와서 너무 당연한 듯이 이탈리아 여자들을 어디서 만날 수 있는지 물었다고 한다.

이런 정치인들 얘기에 새삼 놀랄 사람이 없을 듯싶다. 나는 국외여행 인솔자를 할 때 모든 남자를 믿을 수 없다는 걸 여러 차례 경험했다. 밤에 그룹 공식 일정이 끝나고 나면 사라지는 남자 손님들을 종종 봤기 때문이다. 한국에서 존경받는 직업인들도 많았다.

나는 내 부모의 결혼이 행복해 보이지 않아서 결혼관이 긍정적이지 못했는데 국외여행 인솔자를 하면서는 더욱더 부정적이 되었었던 것 같다. 그랬던 내가 결혼해서 애를 키우고 있다는 것은 제정신으로 결혼한 게 아니었다는 것이다.

그래도 다행인 것은 모든 남자를 믿지 못했었는데 남편은 믿는다. 남편은 남자가 아니라 남편이기 때문에 믿는다. 백 퍼센트 믿는다. 남편은 나를 이백 퍼센트 믿는다. 모든 남자를 의심했던 생각을 바꾸어 준 사람이라 고맙다.

도대체 우리가 왜 이렇게 섹스의 노예처럼 살게 되었을까. 자연 본능이라고 대체로 얘기하고 싶겠지만 나는 아니라고 생각한다. 이것은 조작된 것이다. 우리의 자연 본능은 섹스를 지금의 우리가 생각하고 즐기는 것과 근본이 다르다고 생각한다.

자연 본능은 아주 자연스럽고 아름다운 게 자연 본능이다. 지금의 우리는 너무나 거대하고 어마어마한 파워를 가진 시스템에 속아 우리들의 식욕과 소유욕과 성욕 같은 것들만 비대하게 자극받는 것이다.

식욕과 소유욕과 성욕의 공통점은 절대 만족할 수 없다는 것이고 그러면서 계속 더 자극적으로 추구하게 된다는 것이다. 자연이어야 할 인간이 점점 비자연적으로 변하게 되고 비자연적인 것은 절대 평화로울 수도 행복해질 수도 없다.

결국, 섹스 자체는 우리를 즐겁게 해주지도 않고 행복하게 만들어 주지도 않는다. 우리는 그저 세상의 성을 자극하는 수 없는 이미지에 속는 것이다.

나는 가브리엘이 어떻게 하면 성적으로 순결하게 성장하도록 도와줄 수 있을지도 고민하고 있다. 내가 성공하고 싶은 아주 중요한 교육 과제다. 순결함의 아름다움 속에 있다가 맑은 영혼의 눈으로 아름다운 여자를 찾을 수 있기를 바란다. 그리고 비로소 성이 부부에게 주어진 값진 선물임을 알기를 원한다.

나는 세상의 교육이 수학, 영어와 컴퓨터를 강조하기보다 순결의 교육을 제일 우선하는 교육으로 바뀌기를 참으로 소망한다. 그리고 윤리와 진리를

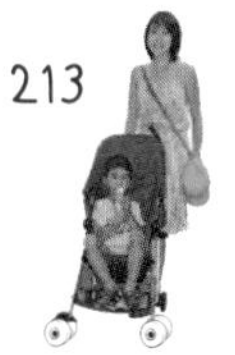

알려주는 교육으로 바뀌기를 절실하게 소망한다. 경쟁 구조가 아니라 서로가 교류하기 위해 어떤 매너를 지켜야 하는지를 알려주는 교육으로 바뀌기를 원한다.

내가 유년 시절을, 청춘 시절을, 성년 시절을 사회의 시스템에 속아서 보냈기 때문에 내 아들은 같은 길을 헤매지 않기를 절실히 바라고 있다. 어미로서 내 아들을 먼저 생각하게 되지만 이 세상의 모든 아이가 그러기를 또한 바란다. 지금 너무나 불쌍하게 자라는 아이들을 생각하면 마음이 답답하다.

08. '토스카나의 태양 아래서' 사랑 찾기

호텔을 나와 버스를 타기 전에 이십 분 정도 시간이 남아 영화 촬영지였던 광장의 커피숍으로 갔다. 영화에서는 광장에 분수가 있는데 영화를 찍기 위해서 분수를 만들었다고 한다. 진짜 분수를. 그 분수가 영화에서 중요한 의미가 없었기에 그저 이탈리아적인 분위기를 위해 만든 것 같다. 미국 영화는 제작비가 남아 돌만치 여유가 있는가 보다. 그 분수는 영화 촬영이 끝나고도 8개월 정도 사용되다가 시청에서 철거했다고 한다.

영화 촬영지였던 극장 앞 커피숍

나는 영화 속 배우들이 앉았다는 테이블에 앉아 광장의 풍경을 바라보며 카푸치노를 마셨다. 이탈리아의 작은 시골 마을이 한 미국 작가에 의해 세상에 알려지면서 많은 관광객을 불러들이고, 이 작은 마을 사람들의 제일 큰 화제 인물이 된 상황이 참 특이하다는 생각이 다시 들었다.

영화 촬영을 하는 동안 다이안 레인과 중요 배우들은 코르토나 성벽 밖의 빌라에서 묵었다고 한다. 영화 스텝들은 4개월간 머물렀고 배우들은 3개월 머물며 촬영을 마쳤다고 한다. 이 영화는 다이안 레인이 연기했기 때문에 성공하지 않았나 싶다. 내가 이 영화를 즐길 수 있었던 게 다이안 레인의 연기 때문이었다.

영화 「투스카니의 태양」은 책 비평가로서 잘 나가던 메이어스[다이안 레인 분]가 어느 날 갑자기, 바람 핀 남편한테 뒤통수 맞고 집까지 뺏긴 이혼녀가 되는 것으로 시작한다. 메이어스의 게이 친구가 이혼당한 메이어스를 위로해 주기 위해 이탈리아 토스카나 여행 티켓을 선물한다.

게이 투어에 끼어 토스카나에 온 메이어스. 투어는 토스카나의 꽃인 피렌체의 두오모 성당을 먼저 방문한다. 영화에서 버스가 두오모 성당 바로 앞에서 세워지는데 실제는 버스 진입이 금지된 곳이다. 코르토나를 찍기 위해 피렌체를 먼저 방문했다는 것을 보여줄 필요가 있었던 신이었다.

메이어스는 코르토나의 브라만솔레라는 낡은 빌라에 한순간 매료된다. 이혼녀라는 비정한 현실이 있는 캘리포니아로 돌아가고 싶지 않아 그 집을 산다.

호기심이 생겨 코르토나의 부동산에 걸려 있는 집들을 나도 유심히 보았다. 낡은 빌라들인데 가격은 5억, 6억, 7억이 보통이었다. 영화는 남편에게 집까지 뺏긴 이혼녀가 이런 현금이 있었다고 한다.

영화에서 메이어스가 집을 사려고 할 때 다른 외국인 커플이 이미 집값을 거래 중이었다가 메이어스 때문에 사지 못하게 된다. 그때 커플이 아메리카 여자를 조롱하며 떠나면서 프로방스로 가서 집을 사겠다고 말한다.

나는 피식 웃음이 나왔다. 외국인이 이탈리아 토스카나 다음으로 사고 싶은 집이 프랑스의 프로방스라는 말로 들렸기 때문이다.

영화를 촬영한 브라만솔레 집은 한 미국인이 샀고 영화 촬영 후 다시 개조했다. 브라만솔레 집은 빌라 라우라[Villa Laura]라는 이름으로 고급 렌트 빌라가 되었다. 다이안 레인이 연기했던 집을 누구나 돈만 내면 묵을 수 있는 것이다. 가격이 궁금한 나는 이 빌라 가격을 검색해 보았더니 여행 피크 시즌, 20명 단체가 이용할 수 있는 일주일 사용료가 22,000유로! 엄마야! 소리가 나온다.

영화 속 이혼한 메이어스는 너무너무 외로워한다. 집을 사는 데 중개해준 남자에게도 마음이 가고, 마을에 올리브 따러 갔다가 그 집에서 저녁 먹을 때 올리브기름을 입술에 묻히며 기름기 도는 눈길을 보내는 남자에게도 순간 마음이 간다. 다 유부남들이라 메이어스는 계속 외롭다.

외로워서 자신의 낡은 집을 고치는 폴란드 일꾼들에게 음식을 해주고 같이 먹는 걸로 위안 삼아보기도 한다. 이탈리아는 인건비가 비싸기 때문에 영화 속의 외국인 일꾼들은 현실적인 설정이다. 비전문적인 외국인 일꾼들이라서 집수리에 좌충우돌 에피소드가 생기는 것도 사실적이다. 메이어스는 일꾼이 망가트린 샹들리에 부속품을 사기 위해 로마에 간다.

로마의 골목길에서 아름다운 미국 여자인 메이어스를 짓궂은 로마 남자들이 뒤를 쫓는다. 그녀는 이 상황을 모면하기 위해 한 낯선 남자에게 남편을 만난 양 입을 맞추게 된다. 정열의 도시 이탈리아 남쪽 포지타노Positano에서 온 남자가 이 기습적인 입맞춤을 그냥 지나갈 리 없다. 이렇게 남자가 걸려주길 손꼽아 기다렸던 메이어스가 한 잘생긴 젊은 남자의 매력적인 시선을 그냥 포기할 리도 없다. 그들은 바로 함께 로마에서 포지타노로 간다. 남자는 이탈리아에서 신호등은 장식일 뿐이라며 페라리 속도로 차를 몬다.

메이어스는 포지타노의 아름다운 해변 풍경을 즐기고 이탈리아 남부의 유명한 술인 레몬 첼로도 즐기고 이탈리아 남자와의 정열적인 밤을 즐긴다.

이혼까지 당한 여자가 사랑을 어떻게 시작해야 하는지조차 아직도 서툴다. 사랑은 여자가 남자를 찾아가는 것이 아니라 남자가 여자를 찾아오게 해야 한다, 라고 말하는 나도 결혼 전 내가 남편을 찾아갔었다.

코르토나에서 포지타노까지 450km인데 남자는 여자에게 자기를 찾아오라고 말한다. 이기적인 제안이라고 한치도 생각하지 못하는 외로운 여자 메이어스. 갑자기 찾아온 미국의 게이 친구 때문에 메이어스가 포지타노를 가지 못하게 되는데 바람둥이 이탈리아 남자가 인내심으로 기다릴 리가 없다.

나중에 참 예쁜, 나도 꼭 입어 보고 싶은, 하얀 원피스를 입고 우아하게 포지타노를 가지만 남자 집의 발코니에는 이미 다른 여자가 있었다. 실망하며 되돌아가는 메이어스를 향해 입에 손을 대고 그 손으로 키스를 날려주는 이탈리아 남자의 매력적인 안녕 인사에 메이어스는 이 바람둥이 남자를 미워하지도 못한다.

이렇게 날려주는 키스는 이탈리아 남자만의 매력이다. 남편에게 일방적으로 잔소리를 하며 싸움을 걸 때 이런 키스가 날아오면 배시시 웃을 수밖에 없어지곤 한다.

09. 고개숙인 해바라기가 주는 메시지

남편은 부부 싸움에 이기는 법을 잘 알고 있다. 나는 목소리로 싸우고 남편은 태도로 방어하기 때문에 이긴다. 내가 남편을 이기고 싶으면 이 태도를 이용해야 한다는 얘기이기도 하다.

남편이 미울 때 밥을 맛있게 해주고, 남편이 한심할 때 신발을 윤나게 닦아 주고, 뒤통수 쳐서 정신 차리게 해주고 싶을 때 꼭 껴안아줄 수 있는 태도.

아내가 남편을 목소리로, 베개 날려보는 걸로 해서 이겨보려 해도 이길 수가 없다. 혼자 분만 더 차오를 뿐 목소리를 높인 순간 진 것이다. 아름다워서 결혼한 아내의 추해지는 모습을 존중해 줄 남편은 아무도 없기 때문이다.

임신한 게이 친구가 아기를 낳고, 집을 수리했던 폴란드 일꾼 청년은 동네 이탈리아 아가씨하고 결혼한다. 메이어스의 집에서 결혼식 피로연이 열린다. 메이어스는 자신의 낡고 쓰러져가던 집이 아름다운 집이 되고, 그 집에서 아기가 태어나고, 결혼식이 이루어지는 것을 보고 더 이상 자신이 외로워하지 않아도 될 이유를 흐뭇하게 깨닫는다.

남자를 만나기 좋은 타이밍이다. 마음이 안정되어 진짜 사랑을 볼 수 있는 눈이 떠지는 타이밍. 그녀를 만나려고 그녀의 집을 찾아온 남자가 다가와 상냥하게 말을 건다. 기분 좋은 해피엔딩이다.

극장바에서 카푸치노를 마신 후 버스를 타기 위해 언덕을 내려와 성벽 아치 문밖으로 나왔다. 아레쪼행 버스를 타고 가는 동안 들판의 해바라기들이 「투스카니의 태양」 영화처럼 아름답게 펼쳐져 있는 풍경을 볼 수 있었다. 온통 노란색인 해바라기와 온통 불그레한 벽돌색인 언덕 위 마을 풍경이 한 그림 액자처럼 보였다.

코르토나가 해바라기를 닮았다는 생각이 들었다. 불현듯 「인생은 아름다워」에서 귀도의 친척 아저씨가 식당 웨이터 일을 시작하는 귀도에게 해주던 멋진 말이 생각났다.

"해바라기를 봐. 태양을 향해 절을 하지? 너무 많이 숙이는 것은 죽었다는 거야. 너는 서빙을 하는 거지 하인이 아냐. 서빙은 고귀한 예술이야. 하나님이 처음 종이 되어 주셨어. 하나님이 사람들을 섬기지만, 그분이 사람들의 종은 아니지."

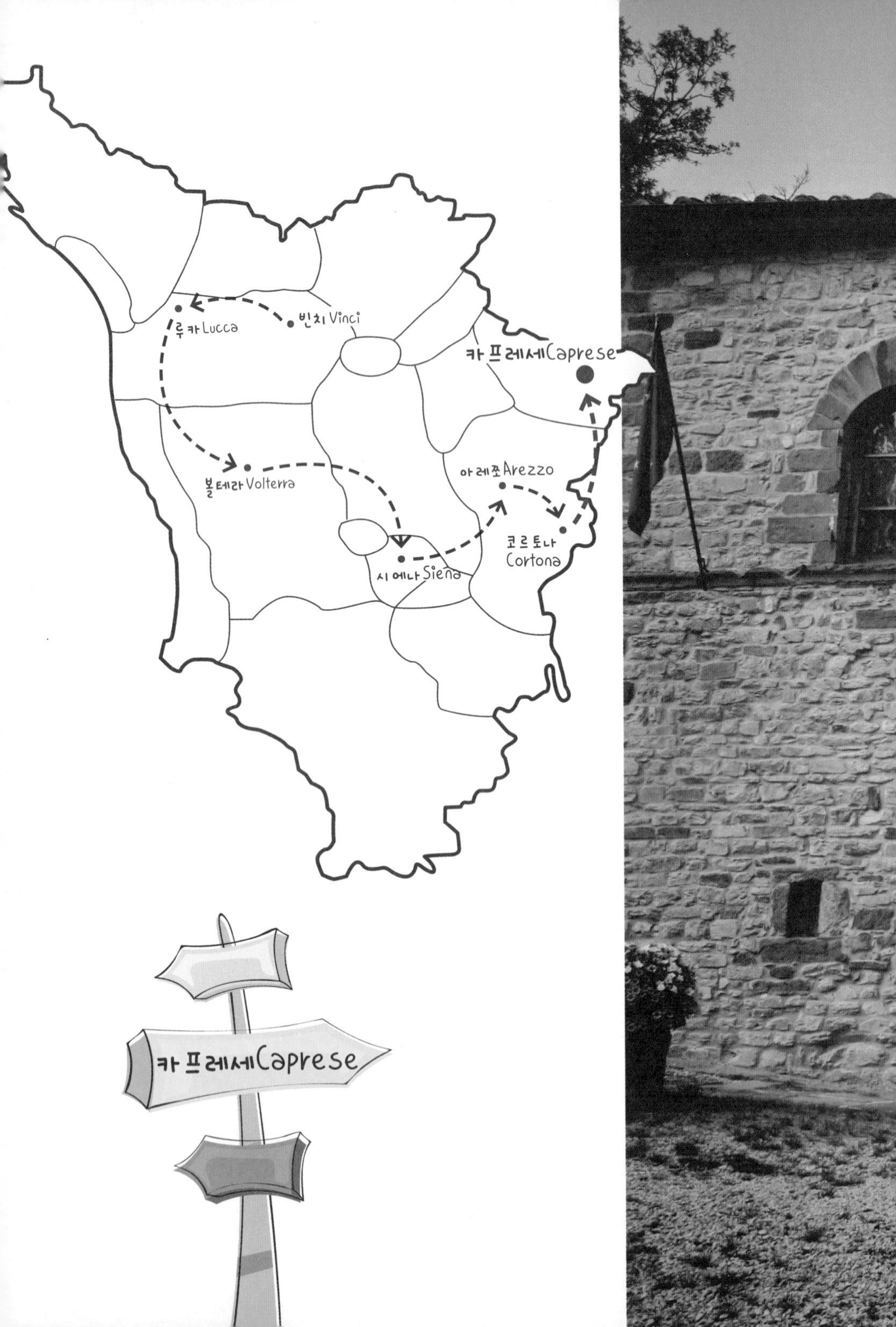

빈치 Vinci
루카 Lucca
카프레세 Caprese
볼테라 Volterra
아레쪼 Arezzo
시에나 Siena
코르토나 Cortona
카프레세 Caprese

7. 미켈란젤로가 태어난 버섯 마을

미켈란젤로 생가

01. 남편은 일할 때 한 생각만 한다. 가족!

코르토나에서 아레쪼로 가는 버스에서 차멀미를 했다. 버스가 낡고 에어컨이 잘 작동 안 되는 데다 커브 길이 많으니까 속이 울렁거렸다. 이런 컨디션이어도 버스 기사가 운전이 노련하면 멀미까지 나지는 않을 텐데 오늘 기사 아저씨 운전 솜씨는 손님을 배려하는 운전이 아니었다.

남편이 운전하는 버스, 남편이 운전하는 차에 익숙해 있어서 조금만 난폭하게 운전하는 차에 타면 금방 운전자의 성격이 읽히는 게 있다. 사람을 재우는 운전을 하는 남편에게 여행 그룹이 박수를 쳐주기도 하고 팁으로 동전을 모아주기도 한다. 피곤함에 절어 집으로 돌아온 남편은 동전이 든 봉투를 쑥 내게 내민다. 난 동전 봉투를 받고 웃는 아내가 되었다. 새벽에 나가 밤늦게 돌아와 몇 푼 동전 봉투를 내미는 모습이 아이 같아서다.

남들의 존경받는 직업을 가진 남편의 아내가 되지 못한 게 속상할 때도 있었다. 한국 사람들이 외국인들을 애기할 때 무슨 '놈' 아니면 '애'라고 하니, 자주 한국 여행 그룹 버스 기사 일을 하는 남편도 수시로 '이탈리아 놈'이 되고 '이탈리아 애'가 되는 것도 마땅치 않았다. 한국말을 몰라도 그런 뉘앙스로 자기에 대해 얘기하는 것을 다 느끼고 안다. 그렇지만 아무렇지 않아 한다. 자존심이 상하지 않냐고 물었다. 그는 자기는 한 생각만 하면서 일한다고 한다.

"가족!"

아레쪼에 도착해서 먼저 카프레세 가는 버스 시간을 알아봤다. 다음 버스가 20분 후에 있었다. 점심시간이었지만 식사할 시간이 없어서 그냥 버스에 올랐다. 이번 버스는 아까 버스보다 상태가 좋아 멀미가 조금은 가라앉는 것 같았다. 40분쯤 가서 앙기아리[Anghiari]라는 마을에서 내렸다. 카프레세를 가려면 이곳에서 버스를 다시 갈아타야 하기 때문이다.

아레쪼 주에 속한 앙기아리는 로마인들에 의해 암벽 위에 세워진 마을이다. 11세기에는 무역에 전략적으로 용이하게 이용되었다. 중세 도시 간의 싸움이 한참이던 1440년대에는 밀라노와 피렌체와 큰 전쟁이 있었다. 피렌체가 전쟁에 이김으로써 피렌체 베끼오궁에 미켈란젤로

카프레세 마을 안내 표지 앞에서

와 레오나르도 다 빈치가 이 전쟁을 그림으로 남기는 임무를 받았었다. 특히 레오나르도가 그린 「앙기아리의 전투La Battaglia d'Anghiari」 그림은 유명하다.

앙기아리도 토스카나의 가볼 만한 관광지로 알려졌다. 13세기에 만들어진 성벽 안에 중세 분위기와 고대의 흔적까지 남아 있는 작고 매력적인 마을로 알려졌다. 투어링 클럽도 추천하는 관광지다.

앙기아리 옆 마을에 보르고 산세폴크로Borgo Sansepolcro가 있는데 이곳이 이탈리아의 유명한 르네상스 화가 피에로 델라 프란체스카가 태어난 곳이다. 그의 대표작 중 하나인 「그리스도의 세례」의 뒷 배경이 된 자연 풍광이 산세폴크로다. 그의 가장 유명한 작품인 연작 프레스코 「성 십자가의 전설」은 아레쪼 성 프란체스코 성당에서 봤었다.

앙기아리에서 버스를 내렸을 때 카프레세로 가는 버스가 바로 뒤에 세워져 있어 갈아타야 했는데 걸음이 걸어지지가 않았다. 버스에서 가브리엘이 내 다리를 베고 잠을 잤는데 쥐가 난 것이다. 안 움직이는 다리로 이상하게 절뚝거리며 뒷 버스 기사 아저씨에게 기다려 달라고 손을 들어 사인했다. 절뚝거리는 아줌마가 짐은 바리바리 싸들고 아이까지 데리고 있는 걸 본 어떤 남자가 뒷 버스에서 내려오더니 내 짐을 다 들어 버스에 올려 주었다. 나는 손으로 한쪽 다리를 옮기며 간신히 버스에 오를 수 있었다.

이번 버스는 깨끗하고 에어컨이 잘 나와 코르토나에서부터 시작된 멀미가 가라앉았다. 내 짐을 버스에 올려준 남자가 내 좌석 앞에 앉았기에 그 남자에게 카프레세에 도착하려면 얼마쯤 더 가야 하냐고 물었다. 이십 분 정도 걸린다고 했다. 생각했던 것보다는 카프레세를 버스로 가는 게 나쁘지 않았다. 아레쪼에서 한 시간밖에 안 걸리는 것이다. 한 번 버스를 갈아타야 해도 바로 연결되듯 탈 수 있어서 버스 기다리는 불편도 없었다.

버스 앞좌석에 앉은 아저씨가 버스 이동 중에 멀리 보이는 한 산을 가리키며 저곳이 라 베르나[la verna]라는 곳인데 아주 아름다우니 꼭 가보라고 권했다. 우뚝 외롭게 솟아있는 산이라서 시야에 아주 잘 들어왔다. 라 베르나에서 성 프란체스코가 예수님과 같은 다섯 개의 상처를 받았다고 했다. 나는 성 프란체스코 고향 아시시[Assisi]에서 이 오상을 받았을 거라고 짐작했었는데 저 산이 그런 기적이 일어난 곳이라 생각하니 차가 없어 이번에 못 가보는 게 아쉬워졌다. 다음에 기회를 일부러 만들어서라도 꼭 가 볼 계획만 세웠다.

아시시에서 라 베르나까지 90km밖에 안 되니까 아시시가 있는 옴부리아 주를 여행할 기회가 있을 때를 이용하면 될 것 같다. 아시시가 성지순례지로서 세계적으로 유명하지만, 성지들을 잘 아는 순례인들은 이미 라 베르나의 방문을 또한 중요한 성지 순례지로 삼고 있을 게 당연하다. 저 라 베르나 산에서 프란체스코가 40일 동안 금식 기도를 했었고 그러던 중 예수님의 오상을 받았다고 상상하니 프란체스코의 깊은 믿음의 순종에 내려진 그보다 더 의미 있는 상이 있을까 싶어진다. 자기 삶의 모든 세상적 장식들을 완전히 버린 프란체스코를 존경한다. 1224년에 오상을 받은 프란체스코. 그 후 800년이 지난 지금까지 몇 인물이나 프란체스코처럼 오상을 받을 자격이 있었을까?

02. 숙소에 TV만 있으면 되는 아이

앞좌석 아저씨는 나보다 먼저 내렸는데 내리기 전까지 줄곧 카프레세 자랑을 했다. 카프레세는 버섯과 밤이 아주 유명하니 버섯 요리를 꼭 즐기라고 했다. 레스토랑은 '라 부카 미켈란젤로La buca michelangelo' 레스토랑이 맛있다고 했다. 내가 그 레스토랑에서 운영하는 호텔에 숙소를 잡았는데 아저씨가 내가 묵는 숙소 레스토랑이 맛있다고 하는 것이다. 그리고 그 레스토랑 호텔 주인이 자기 사촌이라는 것이다.

내가 지금 여행하는 토스카나 작은 마을들이 마을 사람들끼리 혈연관계가 많기도 하면서 혈연이 아니어도 사촌 오촌 같은 분위기로 지내는 것 같다.

앞좌석 아저씨가 내리면서 내게 다음 정거장에 내리면 된다고 했지만 나는 다음 정거장이 카프레세 마을 종점인

줄 알고 버스 기사에게 내려야 한다는 걸 알려주지 않았다. 버스가 계속 달리고 있는데 건너편 좌석에 앉아 있던 한 중년 부부가 내게 카프레세 마을을 지나쳤다고 말해주었다. 그제야 버스의 종점이 카프레세가 아니라 옆 마을 라마Lama라는 걸 알았다. 버스 기사 아저씨도 어떤 젊은 아가씨하고 계속 수다 떠는 바람에 내가 버스에 올라타면서 카프레세에 가냐고 한 말을 잊고 있었다. 라마까지 갔다가 돌아오는 수밖에 없었다.

라마에서 한 부부와 젊은 아가씨가 다 내리니 승객이 나밖에 안 남았다. 내일이 토요일이라 버스 시간을 알아놓는 게 중요했는데 잘 됐다 싶어서 기사 아저씨에게 시간을 물어보았다. 토요일은 아침 8시 30과 저녁 7시 30분 두 대의 버스만 있다고 했다.

버스 기사는 내가 물어보지도 않았는데 자기가 삼십오 년째 같은 버스 노선 기사를 하고 있다고 했고, 마을 어느 레스토랑이 맛있는지를 얘기해 주었다. 내가 묵는 숙소 라 부카 미켈란젤로 레스토랑 음식 맛이 예전에는 좋았으나 요즘 들어 성의가 없어져 이 년째 안 가고 있다고 했고, 생선 해물 요리를 좋아한다면 라마 마을의 일 리퓨죠Il rifugio 식당이 최고인데 예약하지 않으면 자리가 없을 거라고 했다. 내가 카프레세의 유명한 버섯 요리를 맛보고 싶다고 했더니 내가 묵는 숙소 근처의 일 파로Il farro 식당이 맛있게 한다고 했다. 어제 카프레세 호텔을 예약하면서 이곳 한 호텔 겸 레스토랑에 대한 여러 댓글이 올려져 있는 것을 읽었었다. 이름이 크리스탈로Cristallo이고 풀코스 요리가 양도 많고 맛도 좋고 가격은 27유로밖에 안 했다는 글들이었다. 하지만 그곳 숙소는 별로였다는 평이었다. 그래서 나는 버스 정거장 바로 옆에 있는 민박집 라 부카 미켈란젤로로 예약을 했고 저녁은 크리스탈로에서 먹을 생각을 했었다. 버스 기사에게 크리스탈로 음식 맛은 어떤지 물었더니 최고는 아니지만 맛있다고 했다. 버스 기사는 카프레세 마을에 나를 내려주면서 내일 아침 8시 30분에 어느 지점에서 버스를 기다리면 되는지 친절하게 알려 주었다.

숙소는 버스에서 내려 바로 눈에 보이는 언덕 위에 있었다. 리셉션에는 한 할머니가 지팡이를 의지하며 앉아 있었다. 나를 보자 아들에게 전화해서 어느 번호 방 열쇠를 줘야 하는지 물었다.

나는 할머니에게 아이하고 내가 아직 점심을 먹지 못했는데 혹시 간단한 파스타를 해줄 수 있냐고 물었다. 오후 4시 가까운 시간이라 이미 점심시간이 끝났기 때문에 해줄 수가 없다고 했다. 정 배가 고프다면 빵에 햄과 치즈를 넣은 파니니panini는 해줄 수 있다고 했다. 배는 고팠지만, 빵을 먹고 싶진 않았는데 그것밖에 없다니 할 수 없었다.

아이는 빵과 콜라를 맛있게 먹었지만 나는 빵도 치즈도 햄도 맛이 없었다. 반 정도 겨우 먹고 콜라로 맛없는 뒤끝을 해결했다. 역시 이곳에서 저녁 식사를 안 하는 게 좋을 것 같다는 생각이 들었다. 빵만 맛있게 해줬어도 마음을 바꿔 다른 레스토랑 찾아가는 번거로움 없이 편하게 이곳에서 먹을 생각을 했을 텐데.

내가 묵게 될 방은 리셉션과 레스토랑이 있는 건물 맞은편에 있었다. 그 건물 안에는 여러 개의 방이 있었지만, 현재 아무도 묵고 있는 것 같지 않았다. 건물 안에 달랑 나하고 아이하고 자야 하는 거였다. 루카의 700년 된 건물처럼 으스스한 분위기는 아니었지만, 많은 방이 있는 건물 안에 달랑 나 혼자 아이하고만 자야 하는 것은 정말 반갑지 않은 상황이었다. 가브리엘은 어느 숙소 어느 방이건 개의치 않고 TV만 있으면 흡족해했다.

가브리엘이 세 살 무렵 나는 집에 있던 TV를 없앴다. 내가 피곤하거나 다른 할 거리가 있을 때 TV를 아이의 베이비시터로 삼는 것이 좋은 생각 같지 않았다. TV를 보는 아이의 눈은 멍해 보였다. 그리고 남편이 일하고 집에 돌아와서 습관처럼 TV 보는 것도 맘에 안 들었다. 액션 영화를 보면 피곤이 풀린다는 남편의 기분도 이해되었지만, TV를 보면서 소파에서 그대로 잠들어버려 아이와 놀아주지 못하는 것에는 불만이 있었다. 부자가 나란히 앉아 TV를 보는 모습을 보면서는 나란히가 아니라 서로 마주 보며 얘기할 수 있었으면 좋겠다고 생각했다.

TV는 내게도 문제였다. 집에 혼자 있는 시간에 나 역시 습관적으로 TV를 틀었고 여러 위성 채널을 이리저리 바꾸면서 몇 시간이고 소파에 껌처럼 붙어 있었다. 외국에 살 때 그 나라 말을 빨리 익히는 방법이 TV 보는 것이라 얘기하는 이들이 많다. 내 경우에는 TV로 시간만 죽였지 언어 능력이 나아지는 효과는 없었다.

이런 몇 가지 이유로 TV를 없애기로 했다. 남편은 액션 영화를 계속 즐기고 싶어 했지만, 내가 아이의 교육과 가족이 함께하는 시간을 주장하는 것에는 동의해주었다.

TV만 없앴을 뿐인데 집안의 분위기가 달라졌다. 아이는 TV 보던 시간에 장난감을 가지고 놀기 시작했고 남편은 집에 돌아오면 아이하고 놀아 주었다. 가족이 함께하는 게임을 할 때는 서로 웃는 시간도 생겼다. 나 역시 TV를 보고 난 후의 허탈감에서 벗어날 수 있었다. 그런데 현실적으로 집에 TV를 없앴다 하더라도 아이는 집 밖에 나가면 어디에서고 TV를 보게 된다.

이번처럼 여행을 다닐 때에도 숙소에 오면 내가 우선 피곤해서 아이에게 TV 보는 것을 허락하게 된다. 이런 여행 특혜를 아이가 놓칠 리가 없다.

아이를 위한 철저한 통제를 하는 게 불가능해진 시대에 우리는 살고 있다. 요즘 아이들이 컴퓨터나 아이패드, 스마트폰 등으로 즐기는 대부분의 게임들은 TV 만화 영화들과는 비교할 수 없는 강한 자극을 주는 것들이다. 자극적인 색깔과 폭력적인 움직임에 벌써 길들어지면 그 아이들의 정서가 어떻게 변할지 쉽게 상상할 수 있다.

교육자들이 TV를 적게 보는 아이들의 학교 성적이, 많이 보는 아이들보다 좋다고 얘기하지만, 많은 부모가 좋은 성적을 기대해도 아이에게 좋은 것들을 가정에서 실천해 보는 것에는 적극적이지 못하다.

우선, 많은 부모는 이미 너무 피곤하다. 가정을 위해서 해결해야 할 현실적인 문제들이 너무 무겁기 때문이다. 사회가 집안의 가장들을 집 밖으로 내몰고 너무 많은 시간을 일하지 않으면 안 되게 만든다. 그래서 아내와 남편의 관계도, 남편과 아이의 관계도 안정적이지 못하게 만든다.

우리는 생활을 꾸려 나가는 것에 대한 걱정과 함께, 아이들의 정서 교육까지 걱정해야 하는 시대에 살고 있다. 어쩔 수 없는 오늘의 현실에 맞추어 그렇게 또 하루를 보낼 수밖에 없는 변명 아닌 변명을 할 수밖에 없어진다.

03. 미켈란젤로 박물관에 오리지널 작품 한 점이 없다니……

날이 어두워지기 전에 얼른 서둘러 미켈란젤로 박물관과 그가 세례를 받은 교회를 둘러볼 생각에 아이를 데리고 숙소에서 나왔다. 박물관은 숙소에서 5분 거리밖에 안 되는 가까운 곳에 있었다. 숙소에 묵는 사람이 없어서 그렇지 위치는 정말 좋은 곳이었다. 높은 언덕 위에 있는 미켈란젤로 박물관. 이곳에서 미켈란젤로가 태어났다는 것이다. 레오나르도 다 빈치가 태어난 집도 이렇게 높은 언덕에 있었고

미켈란젤로 박물관 내부

미켈란젤로 박물관 정원

사방으로 시야가 트여 있었다. 이런 자연적 환경이 천재를 만드는 것에 기여라도 하는 걸까 싶었다.

1475년에 미켈란젤로가 이곳에서 태어났고 400년이 지난 1875년 미켈란젤로 탄생 400주년 기념으로 이곳이 새롭게 지어져 박물관이 되었다. 그런데 이곳을 둘러보고 좀 실망스러운 것이 미켈란젤로의 오리지널 작품들이 전시되어 있지 않다는 것이다. 오리지널 작품들은 피렌체 박물관에 소장되어 있다고 한다. 피렌체는 미켈란젤로의 작품만이 아니어도 이미 관광객이 많이 가는 곳이니 이곳 산골 마을에 미켈란젤로의 오리지널 작품 몇 점들을 전시한다면 많은 미술 애호가들이 반드시 찾아올 텐데 하는 아쉬움이 들었다. 그러면 카프레세가 지금처럼 으스스 한적하지 않을 것 같았다. 레오나르도 다

미켈란젤로 생가

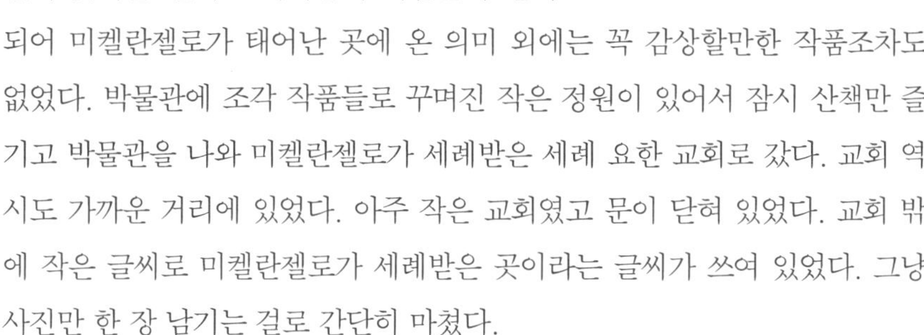

빈치가 모나리자를 프랑스 왕에게 선물하는 바람에 파리 박물관에 소장된 그 모나리자가 얼마나 많은 세계인을 파리로 오게 하는지를 생각하게 된다.

그 외 미켈란젤로 박물관에는 내가 알지 못하는 현대 조각가들의 작품들이 전시되어 미켈란젤로가 태어난 곳에 온 의미 외에는 꼭 감상할만한 작품조차도 없었다. 박물관에 조각 작품들로 꾸며진 작은 정원이 있어서 잠시 산책만 즐기고 박물관을 나와 미켈란젤로가 세례받은 세례 요한 교회로 갔다. 교회 역시도 가까운 거리에 있었다. 아주 작은 교회였고 문이 닫혀 있었다. 교회 밖에 작은 글씨로 미켈란젤로가 세례받은 곳이라는 글씨가 쓰여 있었다. 그냥 사진만 한 장 남기는 걸로 간단히 마쳤다.

카르레세 관광은 이렇게 허무할 정도로 빨리 마쳤다. 더 굳이 볼 것도 할 것도 없어 보이는 마을이어서 저녁 식사 전까지 숙소로 돌아와 쉬었다.

마을이 너무 조용해서 저녁 먹으러 나가고 싶지 않았다. 그런데 풍성한 코스 요리를 먹을 수 있다는 크리스탈에 가보고 싶은 마음도 들어 몇 분 정도 거리인지 전화 걸어 물어봤다. 여자 주인이 5분만 걸으면 된다고 친절하게 말했다. 친절해서 믿고 아이와 함께 숙소에서 나와 걷기 시작했다. 이탈리아 사람의 시간 개념이 사실과 다른

미켈란젤로가 세례받은 세례 요한 성당

걸 또 깜빡했다는 것을 십 분 넘게 걸으면서야 생각했다.

길이 갑자기 어둑어둑해지고 지나가는 사람이 아무도 없었다. 간간이 한 번씩 지나가는 차 운전자들이 나와 아이를 의아하게 쳐다보는 것조차 편치않았다. 길을 나선 걸 후회했다. 밥 먹고 또 어떻게 이 캄캄한 길을 되돌아 숙소로 갈 수 있을까 막막했다. 버섯 요리 먹고 싶은 마음이 없어지고 안전하게 숙소로 다시 되돌아가고만 싶었다. 그때 한 차가 내 앞에 섰다. 그 차 운전석의 여자가 내가 크리스탈에 전화한 사람이냐고 물었다. 아무래도 길을 잘못 찾을 것 같아 직접 픽업하러 왔다고 했다. 이렇게 고마울 수가. 냉큼 탔다. 혹시 밥 먹고 내 숙소로 데려다 줄 수 있냐고 물으려고 했는데 주인 여자가 먼저 자기가 숙소에 데려다 줄 테니 걱정하지 말라고 했다. 그라찌에. 그라찌에.

나는 일 인분만 시켰는데 전식에서부터 나오는 양이 세 사람도 먹을 수 있는 양이었다. 맛이 있긴 했지만, 양이 너무 많다 보니 부담스럽기까지 했다. 파스타도 여러 종류가, 고기 요리 버섯 요리도 여러 접시가 나왔다. 조금씩밖에 먹지 못한 접시를 웨이터가 치울 때마다 나는 연신 미안하다고 했다. 저렇게 많이 남긴 요리들을 다 버리게 될 걸 생각하니 정말 미안했다. 이런 날은 남편이 함께 먹어줬으면 좋았을 텐데, 라는 생각이 들었다. 식당 주인 아줌마는 내가 식사를 마치자 바로 나를 숙소에 데려다 주었다. 아줌마의 친절에 기분이 좋아져 다음에 오게 되면 아줌마의 숙소에서 머물겠다고 약속했다. 그런데 다음에 카프레세에 또 오고 싶은 생각이 없다는 게 문제였다. 너무 무섭게 조용해서 싫었다.

04. 너무 무섭게 조용한 마을, 또 오고 싶지 않아……

휴대 전화기에 아침 7시 벨이 울리게끔 해놨었지만, 나는 이미 잠에서 깨어 있었다. 일찍 일어난 게 아니라 밤새 잠을 못 잤다. 무서워서. 루카의 700년 된 으스스한 방에는 그래도 옆 방에 아이 소리가 들려 잠을 잘 수 있었지만, 이 방은 TV를 끄자 정말 아무 소리도 들리지 않았다. 방문이 잘 잠겼는지 여러 번 확인했어도 불안하고 무서웠다. 건물만 아무도 없는 게 아니라 이 마을에 사람이 안 사는 것 같은 분위기로 조용했다. 이런 시골 분위기는 정말 도망가고 싶다.

전원의 아름다움도 사람이 어우러져 있을 때 가고 싶고 쉬고 싶지 이렇게 너무나 조용한 마을은 잠시 쉬러도 오고 싶지 않다. 미켈란젤로 때문에 왔고 미켈란젤로의 흔적을 본 것으로 충분하니 날이 밝는 대로 도망갈 참이었다. 선잠을 자다 자는 아이가 발로 침대 옆 장롱을 쿵 하고 축구질 할 때마다 나는 심장이 쿵 하고 내려앉으며 놀라 깼다.

아이를 거의 들쳐 업다시피 해서 숙소를 나왔다. 시골 아침 공기가 제법 추웠다. 아침 8시에 마을을 지나가는 사람이 아무도 없었다. 도대체 이 마을에 와서는 거리에서 사람 구경을 할 수가 없다. 내가 묵은 숙소 리셉션과 내가 밥 먹은 식당에서 본 이들이 다인 것 같다. 밝은 아침에도 사람이 안 보여 여전히 안심이 안 돼 긴장하고 있는데 다행히 버스가 제시간에 도착해 주었다. 나는 진심으로 고맙다고 인사하며 버스에 올라탔다.

갑자기 사람이 많은 곳으로 빨리 가고 싶어졌다. 오늘 일정은 피렌체로 정했다.

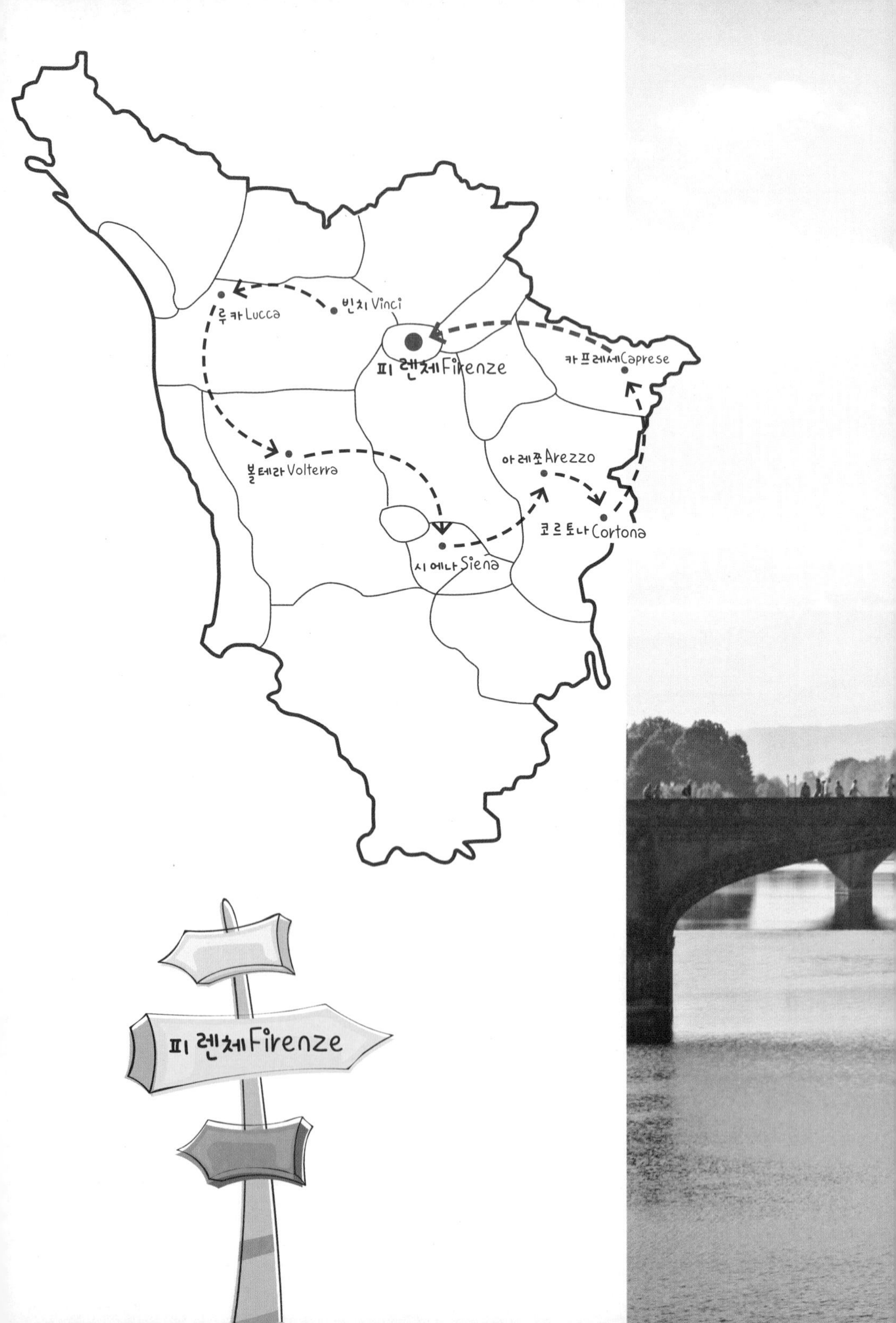

빈치 Vinci
루카 Lucca
피렌체Firenze
카프레세Caprese
볼테라 Volterra
아레쪼Arezzo
코르토나Cortona
시에나Siena
피렌체Firenze

8. 왜 꽃의 도시인지 알 때까지 머물러야 하는 마을

피렌체 아르노 강

01. 외국에선 이웃과 싸워 이길 때 태극기 펄럭이고 싶다

COFFEEOCLOCK

피렌체 가는 기차를 타기 위해서는 아레쪼까지 다시 되돌아가야 했다. 아레쪼에 도착해 기차역으로 가서 피렌체행 기차표를 샀다. 기차 타기 전 한 시간쯤 여유가 있어 아레쪼에서 즐겼던 커피숍 o′clock을 다시 찾아갔다. 잠을 못 자 졸음이 눈꺼풀에 매달려 있었다. 커피숍으로 들어가자 커피와 크루아상 냄새가 아로마 테라피처럼 기분을 좋게 했다. 가브리엘과 나는 크루아상을 두 개씩이나 먹고 나는 커피도 두 잔을 마셨다. 이 커피숍이 내가 사는 라티나에 하나 있어 주면 내가 매일 아침 단골 도장 찍을 텐데. 아, 멋없는 라티나에서 벗어나고 싶다. 이 토스카나로 어떻게 하면 이사 올 수 있을까? 맛있는 커피로 아침을 즐기고 토스카나의 자연과 중세적인 도시 풍경과 이탈리아적인 문화가 고급스럽고 아름답게 어우러져 있는 것을 즐기면서 살 수 있으면 얼마나 좋을까? 그런데 어디서 살고? 남편 일은 어떻게 다시 이곳에서 시작하고?

두 개째 크루아상을 먹고 있을 때 밖에서 귀에 익숙한 마을 축제 북소리가 들렸다. 아, 그렇지. 오늘 토요일과 내일 일요일 이 마을 여름 축젯날이라고 들었던 말이 떠올랐다. 그리고 내일 일요일은 아레쪼에서 유명한 골동품장이 열리는 날이기도 했다. 이곳에서 오늘 축제를 같이 즐기고 내일 골동품장서는 것까지 구경하면 좋겠다는 생각이 들었다. 하지만 피렌체 기차표가 손에 쥐어져 있어 아레쪼에 다시 머물 결심을 하기가 어려웠다.

커피숍에 앉아 피렌체의 싼 호텔을 검색했다. 피렌체에 도착해 바로 숙소로 가서 잠시 쉬고 싶었기 때문이었다. 시에나와 마찬가지로 유명 관광지에서 싼 호텔 찾기가 더 어려웠다. 간신히 60유로에 별 두 개짜리 호텔을 찾았다. 호텔에 전화해서 두오모 성당 바로 근처라는 거 확인하고 피렌체 호텔은 좀 깎아달라고 조르는 게 씨가 안 먹히는 것도 확인했다.

피렌체 역에 도착하자마자 예상대로 가브리엘이 맥도날드 사달라고 졸랐다. 아이는 여행 중에는 평소의 규칙을 벗어날 수 있다는 것을 알고 있었다. 평소에는 로마의 한글 학교에 가는 토요일만 맥도날드 해피밀을 사주고 일주일에 딱 한 번만이라는 단서를 꼭 상기시킨다. 여행 중에는 맥도날드가 보일 때마다 사달라고 조른다. 녀석은 해피밀 장난감이 자기에게 없는 새로운 것이기를 바라면서 조르는 것인데 이번 피렌체 역 맥도날드는 지난번 피렌체 역에서 얻었던 것과 똑같은 것이 나왔고 게다가 여자용 색깔이었다. 실망하면서 유모차에 앉아 맛없게 프렌치프라이를 먹고 있다가 기차역 밖으로 나오자마자 다시 보이는 맥도날드에 반짝 좋아하며 내일은 저기에서 사달라고 미리 졸랐다.

기차역에서 나오자마자 두오모 성당 윗 지붕 부분인 쿠폴라가 보이기 때문에 길 찾기가 쉽다. 게다가 두오모 근처 길은 대충 나도 알기 때문에 빠른 걸음으로 예약한 호텔 에우로빠Europa를 찾아갔다. 호텔이 위치가 좋아 찾기 쉬웠다. 그런데 주인장이 아프리카 사람이었다. 호텔에 들어서자마자 찐한 아프리카 음식 냄새가 진동했다. 나는 이 냄새에 익숙하다. 내가 사는 아파트 아래층에 아프리카 가족이 새로 이사 오는 바람에 매일 아프리카 음식 냄새를 맡고 있기 때문이다.

"엄마 방귀 뀌었지?"

유치원에서 온 가브리엘이 집에 들어서면서 집 안에 진동하는 냄새를 맡으며 물었다. 아래층 부엌이 내 부엌 바로 아래여서 음식 냄새가 바로 내 집으로 들어온다. 익숙하지 않은 사람에겐 맡기 곤욕스러운 냄새다. 일 층의 독일 할머니는 신발 밑창 냄새라고 표현한다. 이 층의 이탈리아 할아버지는 겨울에나 사용하는 문 아래 바람막이를 더운 날씨에도 막아 냄새가 안에 들어오지 못하게 막고 산다. 방 창문까지 닫아 집 안 산소가 모자라 숨 헐떡거리게 된다고 하소연한다.

아침에는 이탈리아 집집마다 커피 향으로 아침을 시작하는데 아래층 아프리카 가족은 주위의 커피 향을 완전 점령하는 걸쭉한 아프리카 죽 냄새를 풍긴다. 도대체 어떤 재료들이 저 죽통에 들어가 끓여지는 건지 알고 싶다.

내가 주위 사람들 생각해서 한국의 진한 냄새나는 요리를 안 해먹고 살고 있는데, 김치조차 안 먹고 살고 있는데, 이 아프리카 사람들에게 이웃에 대한 매너는 완전 관심 밖이다. 그 집에는 가브리엘보다 더 어린아이들이 세 명이나 있는데 집 안에서 아프리카 벌판처럼 뛰어다녀 그 아래층에 사는 이가 거의 미쳐가는 중이라고 호소한다. 새벽 세 시까지 뛰어다니니 그럴 만도 하다.

밤에는 수시로 다른 아프리카 친구들이 찾아와 아프리카 음악을 볼륨을

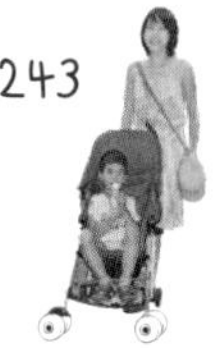

있는 대로 크게 틀고 잔치 분위기로 즐기는 아프리카 부족 캠핑장이다. 내가 이탈리아 문화조차 십 년이 되도록 극복하지 못하고 있는데 이번엔 복병 같은 아프리카 부족 문화를 극복해야 했다. 이전에 살았던 루마니아 가족들도 밤마다 이웃들 아랑곳하지 않고 파티를 열었지만, 이 아프리카 가족만큼 주위를 무시하진 않았었다.

나는 외롭고 심술 맞은 할매처럼 잠자는 시간 시끄럽게 소란피우는 아래층을 향해 대빗자루 막대를 바닥에 두들겼다. 얼마 전 밤에는 뛰쳐 내려가서 내 아이 자는 시간에 조용히 안 하면 경찰을 부르겠다고 소리를 질렀는데 그 아프리카 부족 멤버들이 동시에 덤벼들며 맘대로 하라고 더 큰소리로 맞대응했다. 이웃하고 말싸움하기는 처음이라 밤새 속이 불편해서 잠을 못 잤다. 아무래도 청국장을 아주아주 진하게 끓여 말싸움에서 진 분을 풀어야겠다는 결론을 내렸다. 아프리카 죽을 청국장이 이기는 날 장롱 안에 접어 논 작은 태극기를 꺼내 펄럭거려 볼 것이다.

02. 단테의 『신곡』이 이렇게 재미있는 책인줄……

각 나라의 문화 차이는 엄밀하게 존재한다. 이 문화 차이를 여행하면서는 즐길 수도 있고 새롭고 경이로워하며 새로운 세계를 넓은 마음으로 받아들일 수 있다. 하지만 이 문화의 차이가 내 집 안에서 매일 부딪치는 현실일 때 문제가 달라진다. 콜로세움을 사진만 찍고 떠나는 관광과 이탈리아에서 자란 남자와 사는 것은 너무나 큰 차이다. 아프리카의 광활한 자연을 영화에서 보며 환상적인 이미지를 품기도 하고, 아프리카의 굶어가는 아이들을 사진과 영상으로 보면서는 안타까워하며 동정의 관심을 가져도 내 집 바로 아래층에 사는 아프리카 사람들의 지극히 아프리카적인 문화에는 화가 나서 째려보는 사이로 지내고 있다.

멀리 있는 이는 사랑하고 싶어지고 가까운 이는 용서를 못 해주는 게 사람인 것 같다.

호텔 주인 부부는 에디오피아 사람이었다. 둘 다 인상이

피렌체 두오모 성당

좋고 친절했다. 이탈리아 관광지마다 아프리카에서 온 난민들이 거리에서 물건들을 팔기 때문에 이렇게 버젓이 호텔을 운영하는 아프리카 사람을 보니 저 사람들이 무척 행운이라는 선입견이 생겼다. 아프리카가 오랫동안 영국 식민지였던 곳이 많아 영국으로 이주한 아프리카 사람들도 많고 그중에 영국에서 열심히 일해 부유해진 사람들이 있나 보다. 나와 나이도 같은 이 에디오피아 젊은 주인의 부모가 영국에서 살고 있다고 해서 그렇게 추측했다.

호텔 방도 깨끗했고 창문을 열면 두오모 성당 쿠폴라가 보였다. 호텔 식당에서 아프리카 사람들이 무슨 잔치가 있는지 시끄럽게 먹고 있는 소리가 들렸다. 귀신 나올 것 같았던 어제 민박집을 경험하고 난 후라 시끄러운 사람 소리가 오늘은 고마웠다. 호텔만 나서도 바글바글 사람들이 넘치는 것도 좋았다. 어제 설친 잠에 피곤해서 침대에 누워 잠시 쉰 다음 오후의 피렌체를 즐기기 위해 밖으로 나왔다.

두오모 성당을 중심으로 한 피렌체 주요 관광지는 내게 새로울 게 없었다. 다만 가브리엘에게 토스카나의 꽃 피렌체를 보여주고 싶어서 온 것이다. 엄마의 배려도 모르고 녀석은 별 감흥이 없어 보인다. 아이가 슬슬 여행이 피곤해지고 있는 건지도 몰랐다. 이탈리아 어느 도시를 가도 있는 게 성당이라 몇 차례 웅장한 성당을 보고 나면 피렌체의 두오모 성당을 봐도 또 성당? 하게 되는지도. 하긴 다섯 살 아이가 성당을 감상한다는 게 무리이긴 하다.

피렌체 두오모 성당은 입장하려는 관광객들의 줄이 성당 둘레를 거의 두르고 있었다. 들어갈 엄두도 낼 수 없었다. 옛날 들어가 본 적이 있었는데 두오모 성당 밖은 화려해도 안은 그에 걸맞은 화려한 장식이 없어 오히려 들어가서 실망할 수 있는 곳이다.

이 성당이 영화 「냉정과 열정 사이」의 배경이 되면서 갑자기 로맨틱한 이미지까지 생겼다. 영화에서 이 두오모 꼭대기가 사랑을 막 시작하는 연인의 십 년 후 약속 장소였다. 두 연인이 오해와 갈등으로 헤어졌다가 십 년 후에 두오모 꼭대기에서 극적으로 만나면서 많은 청춘들에게 이 두오모에 대한 환상을 갖게 했다.

나는 성당을 지나 근처에 있는 단테의 생가로 갔다. 내가 아는 한국인 그룹 관광 순서대로 움직이기로 했다. 생가가 있는 골목에 단테가 다녔던 작은 교회가 있다. 단테의 『신곡La Divina Commedia』을 모르는 이는 거의 없을 것이다. 하지만 그 책을 끝까지 다 읽은 사람은 많지 않을 것이다. 책을 좋아하는 편인 나도 옛날 『신곡』을 읽어나가다 중간에 포기만 몇 차례하고 끝까지 읽지 못했었다. 이해하기가 어려웠다. 그런데 이 책이 700년 전 단테가 살던 당시 이탈리아 사람들의 울트라 국민 베스트셀러였다는 것이다. 당시 사람들은 제

목이 「희곡」이라 붙여질 정도로 아주 잘 이해되고 너무나 재미있게 읽었다는 애기다.

이탈리아에 살면서 가이드 일을 해보려고 이탈리아 관련 책들을 읽을 때 『신곡』도 공부삼아 읽었다. 어차피 재미없는 책인 거 아니까 그냥 끝까지 읽어 보는 것만 목표였다. 그런데…… 이게 웬일인지 정말 재미있는 것이다. 단테가 지옥, 연옥, 천국을 경험하는 내용인데 그 안에 무지 재미있는 풍자가 있었다. 성경을 기본으로 하는 철학적인 사고로 인생의 의미를 강하게 전달하고 있었다. 한국에서 읽으면 눈에 들어오지도 않을 도시 지명들을 알고 있다는 것도 상상을 더 구체적으로 도와주었다. 단테가 토스카나 사람이기 때문에 책에 나오는 지명들이 토스카나 마을이었다. 피에솔레, 루카, 피스토이아, 시에나, 아레쪼…….

『신곡』에서 단테를 천국으로 이끌어준 여인 이름이 베아트리체인데 단테가 진짜 사랑한 여자였다. 첫눈에 반했을 때 베아트리체의 나이가 9살. 아이 나이의 여자에게 반했다는 것이다. 이탈리아 여자아이들이 참 예쁜 데 아가씨가 되기 전이 더 정점이다. 9살 여자의 아름다움에 마음을 빼앗겼다는 단테의 마음이 이해된다. 단테는 12살에 집안 어른이 맺어준 여자와 약혼하고 20살 때 그 여자와 결혼했으니, 애처로운 짝사랑으로 끝났다. 그리고 베아트리체가 얼마 후 죽게 되면서 단테의 사랑이 비극적인 드라마로 끝났다. 그래서 단테에겐 베아트리체가 실제의 여인이 아니라 수많은 문학적 영감을 주는 대상이 되었다.

베끼오궁 앞 광장

단테의 생가가 단테 박물관으로 바뀌어 있었다. 그전까지는 가이드가 단테 생가라고 설명하면 관광객들이 별 특징 없는 건물 외벽을 사진에 담기만 했었다.

단테 생가의 골목길을 빠져나오기만 하면 피렌체의 베끼오궁과 광장이 나온다. 단테의 집이 두오모와 궁 사이에 있으니 그의 사회적 지위가 대단했었다는 얘기기도하다.

베끼오궁 가는 골목길에 너무나 반가운 가게가 있었다. 한국 식품점. 피렌체에 한국 식품점이 생겼다는 얘기는 들었지만, 이렇게 단테 생가 옆에 차려졌는지는 몰랐었다. 반가워서 얼른 들어갔다. 안녕하세요, 하는 목소리의 주인공이 이탈리아 아저씨였다. 이 아저씨는 식품점에 오는 모든 이들에게 라이프 스토리를 들려주시는 분인지 처음 보는 내게 한국 부인이 있고 한국에서 옛날 가

수 나비의 드럼 연주자로 활동했었다는 스토리를 들려주었다. 이미 이런저런 지면을 통해 은근 유명해져 있는 분이었다. 한국 음식 없이 밥도 먹을 수 없을 정도로 한국 음식이 좋다는 아저씨. 한국에서 살다 이탈리아에 오니 너무 심심해서 적응하느라 힘들다는 얘기.

이탈리아 사람조차 한국의 재미난 맛을 안 후 이탈리아 적응을 못 하고 있으니 하물며 나 같은 한국인들이 이탈리아 살기는 얼마나 심심할지 아저씨가 너무 잘 이해하고 있었다. 내 남편은 한국에서의 경험이 없어서 이렇게 구체적으로 이해는 못 한다. 그런데 내 남편은 설사 한국에 머물 기회가 있다고 하더라도 새로운 먹거리나 새로운 즐길 거리를 찾는 사람이 아니라서 한국에 머물렀다가 이탈리아로 돌아온다 할지라도 떠나기 전하고 돌아온 모습하고 같을 것이다.

아저씨와 얘기를 주고받는 동안 내 눈은 한국 식료품들을 둘러보았다. 마음이야 통째로 다 사서 두고두고 먹고 싶었다. 한국 음식이 없을 때 이탈리아 음식 먹는 게 불편하지 않아졌을 뿐 한국 사람에겐 한국 음식이 역시 최고라는 생각이 바뀐 것은 아니다. 가브리엘은 나보다 더 동작 빠르게 먹고 싶은 음료와 과자를 골라 유모차에 앉아 먹는 중이었다. 나는 일단 시내를 더 둘러본 다음 호텔에 돌아가는 길에 다시 한국 식품점에 오는 게 낫다는 생각이 들었다. 지금 사면 당장 먹고 싶은 마음에 바로 호텔로 돌아갈 것 같아서였다.

피렌체 한국 식품점 이탈리아 주인 아저씨

03. 한국 여자 찾고 있는 이탈리아 거리 화가

베끼오궁과 광장의 풍경은 예전에 본 모습 그대로였다. 베끼오궁은 르네상스가 일어날 수 있도록 돈을 대준 그 유명한 메디치 가가 살았던 곳이다. 메디치 가의 후원으로 작업했던 미켈란젤로의 데이비드 조각상이 베끼오궁 입구를 여전히 지키고 있었고 그 옆으로 세계 최고 르네상스 그림들이 전시된 우피치 미술관이 있었다. 피렌체를 몇 차례 왔어도 이 우피치 미술관을 관람하지 못했다. 미리 예약하지 않으면 너무나 긴 줄을 기다리느라 지치고 시간을 다 소비하게 되는데 매번 예약을 안 하고 왔기 때문이다. 이번에도 또 마찬가지로 바깥에서 쳐다만 보고 지나가야 했다.

우피치 미술관 건물 밖에는 우피치 미술관에 작품을 걸어보는 것이 일생의 소망일 것 같은 거리 화가들이 즐비하게 앉아 그림 장사를 하고 있었다. 이 거리 화가들의 모습을 사진에 담아 놓고 싶어서 사진을 몇 장 찍고 있는데 그

중 한 화가가 굳은 얼굴로 내게 오라는 손짓을 했다. 인물 사진을 허가 없이 찍는 것이 이탈리아에서는 소송을 걸 수도 있는 꺼리라는 걸 알기에 아차, 싶었다. 나는 그 화가에게 다가가 미안하다는 표정을 지으며 찍은 사진을 바로 지우겠다고 했다. 그런데 그 화가가 대뜸 물어본 질문은 사진 찍힌 것에 화가 나서 던지는 것이 아니었다.

"한국 사람이에요?"

내가 그렇다고 하자 그가 다시 물었다.

"한국 여자 소개시켜줄 사람 있어요?" 엥? 나는 어이가 없어서 대답하지 못했다. 내가 아이와 같이 있지 않았다면 나 하고 사귀지 않을래요?라고 물어볼 사람으로 보였다. 내가 기분 나쁘다는 반응을 보이면 바로 사진을 덜미잡아 곤란하게 할까 봐 난감했다.

"왜 한국 여자하고 사귀고 싶어 하죠?"

나는 바로 도망가고 싶은 감정을 누르며 물었다.

"한국 여자하고 사귀는 내 화가 친구들이 다 잘살고 있어. 이탈리아 여자들은 옷 사 입는 거밖에 관심이 없거든. 자기 치장하는 거 빼고 잘하는 게 없어. 그리고 자기가 제일 예쁜 줄 알아."

똑같은 한국 여자들도 많다고 말하고 싶었지만, 그의 환상을 굳이 깨고 싶지 않아 참았다. 그가 내 개인 신상을 이것저것 물어보는 것에 건성으로 대답하며 어떻게 빨리 도망갈까 생각했다. 이때 역시 내 아들이 엄마를 도와주었다. 빨리 가자고 보챘다. 지나가는 한 아이가 아이스크림 먹는 것을 보더니 아이스크림 사달라고 조르기 시작했다. 고마워 아들, 엄마를 구해줘서. 나는 아이 핑계를 대며 좋은 하루 되라고 인사했다. 뒤돌아서 몇 발자국 걸음을 옮기고 있는데 그 화가의 목소리가 다시 들렸다.

"누구 기다리세요?"

내가 뒤돌아보니 한 중국 여자가 그 화가 뒤쪽에 앉아 있었다. 큰 여행 가방이 옆에 있는 거 보니 잠시 쉬면서 누군가를 기다리는 관광객처럼 보였다. 내 눈에 척 보니 중국 여자인데 화가는 혹 한국 여자인가 싶어 바로 다시 작업하는 것 같았다. 아님, 아시아 여자라면 다 좋아하는 건가? 아니다, 좀 전에 얘기 나눌 때 일본 여자하고 사귄 화가 친구들은 다 별로 안 좋게 끝나더라고 했다. 마치 국적끼리 맞는 궁합이라도 있는 것처럼 들렸다.

"남편 기다리고 있어요."

중국 여자가 대답했다. 바로 실망하는 화가의 눈과 내 눈이 마주쳤다. 나는 터져 나오려는 웃음을 참으며 그에게 말했다.

"오늘은 뭔가 안 되는 날 같군요."

04. 입맛이 고향을 그리워할 땐 굶었다

우피치 미술관 건물 옆에 아르노 강이 있고 강을 건너 저쪽 편에 가기 위해서는 베끼오라는 다리를 지나야 한다. 다리를 건너기 전 바로 앞에 아이스크림 가게들이 몇 군데 보였는데 옛날 저 가게 중 한 곳에서 바가지를 쓴 기억이 있어 다가가지도 않았다. 보통 아이스크림 가게는 콘의 사이즈에 따라 가격을 매겨 손님이 한눈에 가격을 보고 주문할 수 있도록 하는데 이 근처 한 가게에서 아이스크림을 먹었을 때 가격이 안 보였었다. 아이스크림 가격이 비싸 봤자 뻔해서 중간 사이즈 아이스크림을 주문했는데 계산할 때 8유로라고 했다. 나는 놀란 눈으로 아이스크림 가격이 어디 써 있냐고 물어보았었다. 그랬더니, 주인이 가게 뒤쪽 아주 작은 메모판에 아주 작은 글씨로 써진 가격을 손가락으로 쓱 가리켰다. 이탈리아 사람의 얄팍한 속임수에 당했다. 우리 동네에서 2.5유로면 먹는데 피렌체에서 8유로에 바가지 썼다. 이탈리아어를 할 줄 알아도 당했다. 이탈리아 사람끼리도 서로서로 속이고 서로서로 당한다.

베끼오 다리에서 보는 아르노 강은 주위의 중세적 건물 풍경과 어우러져 아름답다. 이 다리가 피렌체에서 첫 번째로 만들어진 다리고 제2차 세계대전이 끝날 때 피렌체에서 도망가는 독일군이 유일하게 파괴하지 않은 다리기도 하다. 왜 파괴하지 않았을까? 적군이 봐도 파괴하기 너무 아까워서?

이 다리를 수많은 유명인이 지나다녔을 것을 상상해 보았다. 단테는 『신곡』에서도 이 다리에 대해 쓸 정도니 분명히 이 다리를 건너다녔을 것이고, 미켈란젤로나 레오나르도 다 빈치도 메디치 가문의 궁을 장식할 작품을 하는 동안 이 다리를 사색하듯 걸었을 것이다. 이 다리는 13세기까지 고기 팔고 가죽 제품들 파는 가게로 꽉 찼었다가 메디치 가문 때에 와서 이 가문 사람들이 고기 냄새나는 다리를 건너기 싫어 다리 위에 메디치 가문 전용 지붕 다리를 만들었다. 그 후 아래 고깃집들도 메니치 가문의 격에 맞는 보석상들로 바뀌었다.

베끼오 다리를 건너 직진으로 조금만 더 걸으면 갑자기 확 트인 넓은 광장과 커다란 궁이 보인다. 피티궁이다. 이 피티궁은 메디치 가문 외에 여러

피티궁

이탈리아 왕들이 살았던 곳이고 지금은 박물관이 되었다. 피티궁 앞쪽에 아이스크림 가게가 있길래 가브리엘에게 사주었다. 내가 사는 촌동네 아이스크림 가격 하고 같은지 먼저 확인하고 샀다. 그런데 가브리엘이 광장의 비둘기들을 보더니 아이스크림을 들고 뛰어다니면서 이곳저곳에 아이스크림을 흘리는 것이었다. 비둘기들도 더우니까 아이스크림 주려는 거라면서 자기는 안 먹고 다 바닥에 흘렸다. 그리고 다시 내게 오더니 이번엔 자기가 먹을 거라면서 하나 더 사달라고 졸랐다.

가브리엘이 아이스크림을 다 먹고 광장을 한참 뛰어다니다 내게 다가와 피곤하니 호텔 가자고 한다. 저녁 먹을 시간이기도 해서 계획대로 한국 식품점에 들렀다. 피렌체의 다른 많은 관광객들은 오늘 저녁 식사로 가이드책이 피렌체에 오면 꼭 먹어보라고 추천한 피오렌티나fiorentina 고기를 즐길 것이다. 두껍게 썬 비프스테이크인데 속은 피가 남아 있도록 굽는다. 그래서 나는 안 좋아한다. 고기 맛을 즐길 줄 아는 이들은 최고라고 한다.

아까 그 화가를 다시 부딪치고 싶지 않아 다른 길로 해서 한국 식품점에 도착했다. 컵라면과 3분 햇반, 김과 김치 꽁치 캔, 깻잎 캔 그리고 한국 과자, 한국 음료 캔 몇 개. 하루 식비 20유로라는 규칙이 한국 식품점에서 무너졌다. 내가 산 품목들을 한국 슈퍼에서 사면 2만 원 정도면 되겠지만, 외국에서는 더블 가격이다.

비싸고 사러 가는 것도 불편하고 이탈리아에 오래 살고 있으면서도 한국 음식을 고집하며 먹는 게 어리석다는 생각까지 들어 나는 한국 음식 안 먹고 살기를 훈련하듯 시작했었다. 그래도 먹고 싶을 때는 아예 끼니를 걸러 버렸다. 그러면 한 끼만 굶어도 위장에서 한국 음식 달라고 안 조를 테니 아무거나 주면 고맙겠다는 사인이 온다. 그러면서 이탈리아 음식 먹고 사는 것에 적응한 것이다.

05. 아이와 여행하면 좋은 이유

한국 음식 봉다리를 신 나게 흔들며 호텔로 돌아왔다. 호텔 주인이 아프리카 사람이고 이미 호텔 식당에서 아프리카 음식이 진동하는 걸 알았기에 내가 한국 음식을 호텔 방에서 먹는다고 해도 문제없을 거라는 확신이 있었다. 호텔로 돌아와 프런트 데스크에 있는 주인장에게 먼저 환한 미소를 건넨 다음 내가 마침 한국 식품점을 발견하고 반가워 한국 음식들을 좀 샀는데 방에서 먹어도 되는지 물었다. 주인은 역시 내 예상대로, 아니 예상보다 더 친절하게 물론 괜찮다고 했다. 내가 햇반을 내밀며 전자레인지가 있느냐고 물었더니 없다고 했다. 주인은 내가 묻기도 전에 냄비에 물을 끓여 넣어도 되는 거면 자기가 끓여 주겠다고 했다. 컵라면의 물은 커피 머신에서 나오는 뜨거운 물을 부어주어 햇반이 익는 동안 먼저 먹었다. 컵라면을 먹고 호텔 식당으로 가서 햇반이 잘 익었는지 아프리카 주인과 같이 살

펴보았다. 내가 익은 것 같으니 햇반을 건지겠다고 했더니 주인이 혹 밥이 안 익었을 경우를 생각해서 끓는 물 속에 담긴 햇반 그대로 냄비째 호텔 방으로 가져가 먹으라고 했다. 이런 아프리카 가족이 내 집 아래층에 산다면 정말 좋겠다는 생각이 들었다.

나는 호텔 방에서 인사동 정식도 부럽지 않은 식사를 했다. 가브리엘도 밥에 김만 싸줘도 한 끼 식사를 맛있게 한다. 영양가가 균형 잡힌 식단은 집에서도 안 했는데 여행 중에 고려할 리가 없다.

우리 집 식사 규칙은 엄마가 해주는 대로 애도 아빠도 군소리 없이 먹기. 맛없는 것은 식사를 차린 엄마도 알기 때문에 굳이 상기시켜 주는 무례함을 부리지 않기. 아이가 안 아프고 건강하게 지내는 것은 전적으로 엄마의 공으로 돌리기. 엄마는 여러모로 피곤한데 애나 아빠나 도와주지 못할망정 더 피곤하게 하면 엄마 노릇 파업할 것임을 때때로 상기시키기다.

한국 음식으로 행복해하는 배를 두드리며 침대에 누웠다. 내일 어디로 갈까 생각해 보았다. 피렌체의 진짜 맛을 못 보고 떠나는 것은 아쉬웠다. 여러 차례 왔지만, 매번 술렁술렁 산책만 하다 끝났다. 피렌체는 로마처럼 며칠은 머물면서 공부하듯 집중하며 즐겨야 할 도시다. 그래서 왜 꽃의 도시인지를 알 때까지. 단지 도시가 예뻐서가 아니라 그 볼 가치가 꽃이라는 것을 감동으로 알 때까지. 언제쯤 나도 그 진수를 즐길 기회가 있을까.

내일 일정을 생각하는데 어떤 의욕도 생기지 않았다. 이것으로 이번 토스카나 여행을 끝내야겠다는 생각이 자연스럽게 이어졌다. 그럼 내일 아침 바로 집으로 돌아갈까 생각했다가 이번 여행의 마무리를 전적으로 가브리엘을 위해 보내고 싶어졌다. 이번 토스카나 여행의 동반자가 되어준 아이에게 상을 주고 싶었다.

아이가 있어서 힘들었던 시간보다 아이와 함께하는 여행이어서 더 행복했던 순간들이 많았다. 친구와 여행해도 티격태격 해프닝이 일어날 거고 남편과 함께하는 여행이어도 뭔가 의견이 안 맞을 때가 있는데 아이와 다니니 나 혼자 결정할 수 있으면서도 혼자가 아닌 것이 특히 좋았다.

06. 피노키오를 몰라?

토스카나에 아이가 좋아할 만한 장소들을 검색해 보았다. 동물원과 워터파크 같은 곳이 있긴 했다. 그런데 이왕이면 토스카나적인 매력이 있는 곳으로 가고 싶어 맘이 끌리지 않았다. 그러다가 바로 이곳이다, 라고 결정하게 만든 곳을 찾았다. 바로 피노키오 공원!

이 피렌체 관광지 어디에나 피노키오 인형을 팔고 있다. 이탈리아가 자랑하는 어린이용 최고 캐릭터 피노키오를 유난히 토스카나 관광지에서 제일 많이 파는 이유가 이 피노키오가 탄생한 마을이 토스카나이기 때문이다. 피노키오를 쓴 작가가 태어난 콜로디 마을이 피노키오 마을로 이름이 아예 바뀌었고 몇 해 전에 그곳에 피노키오 테마파크를 만들었다고 한다. 이탈리아적인 자연주의 공원이라고 광고를 하면서 아이들이 즐길게 많은 것처럼 광고했다.

피노키오 같은 만화를 즐기면서 자란 내가 요즘의 어린

이 만화 영화를 보면 대부분의 만화가 꿈과 사랑을 주지 못하고 있는 것 같다. 하지만 엄밀히 말하면 내 시대에 보던 만화들 역시 적어도 내게는 꿈도 사랑도 주지 못했다. 모든 만화가 판에 박힌 듯 똑같이 꿈과 사랑을 주는 만

화였을 뿐이다. 그 만화를 보면 꿈과 사랑을 얻을 것 같은 희망은 있었다.

하지만 그 희망은 「들장미 소녀 캔디」 만화를 보면서 안소니나 테리우스 같은 남자를 만나고 싶다는 꿈같은 거였다. 오히려 내 어린 시절 독이 되는 꿈이었다. 캔디처럼 연민을 불러일으킬 고아라는 조건이 되어야 뭔가 일이 풀릴 것 같아 내가 고아가 아닌 것이 얼마나 속상했었는지.

하지만 「피노키오」 같은 만화는 재미도 있으면서 따뜻한 이야기가 담겨있어 어린이 정서에 좋은 만화였다. 「플란다스의 개」 같은 명작 만화는 지금 건망증에 시달리는 내 나이에도 마지막 회 장면이 생생히 기억난다. 피노키오 역시도 내가 즐겼던 만화였다. 피노키오는 너무 많은 에피소드가 있어서 기억나는 게 없지만 거짓말하면 코가 길어진다는 아이디어는 정말 재미있었다. 학교나 어른들의 규칙에서 벗어나고 싶은 아이들의 심리를 대변하듯 피노키오는 말썽꾸러기여서 모든 아이가 좋아했다.

나는 도저히 즐길 수 없는 이상한 만화를 보고 있는 가브리엘에게 피노키오를 아는지 물었다. 건성으로 몰라, 대답하더니 지금 만화 보는 중이니 말 시키지 말란다. 평소에 내 말은 잘 듣는 편인데 만화 영화나 컴퓨터 게임, 아이패드 같은 걸 만지게 하면 바로 말 안 듣는 아이로 변하는 경향이 강하다. 아, 이 괴물들을 어떻게 내가 아이로부터 밀쳐낼 수 있을까? 정말 정말 고민이다. 아이가 피노키오가 뭔지도 모르고 있는 것 같으니 나 혼자 내일 스케줄을 정했다. 피노키오 테마파크에서 오전을 보내고 오후에 집으로 돌아가기로.

피노키오 테마파크

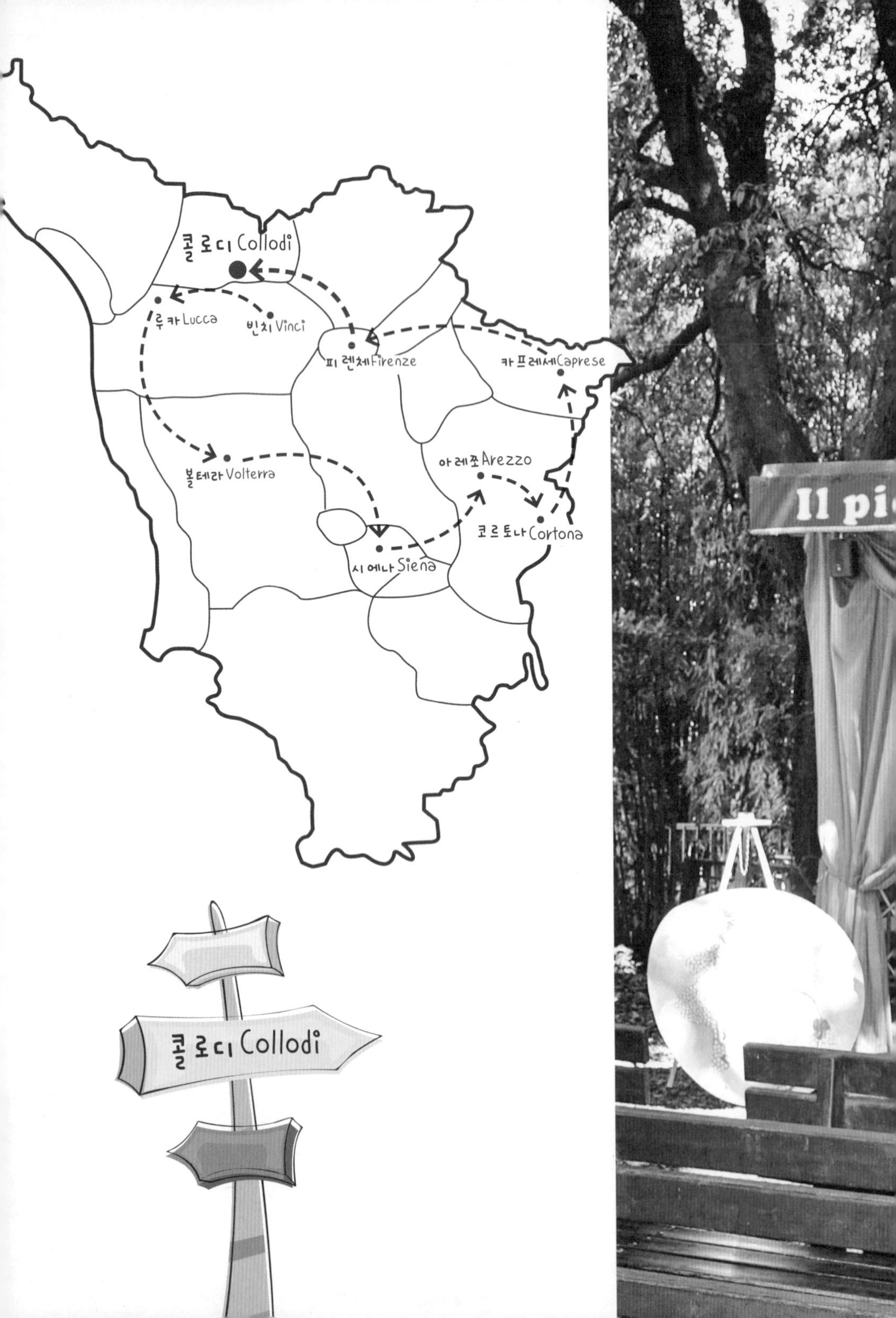

콜로디 Collodi
루카 Lucca
빈치 Vinci
피렌체 Firenze
카프레세 Caprese
볼테라 Volterra
아레쪼 Arezzo
코르토나 Cortona
시에나 Siena
콜로디 Collodi
Il pi

9. 피노키오 마을

01. 마을에 택시가 달랑 한 대!

아침에 피노키오 공원에 전화를 걸어 어느 기차역에서 내려야 하는지를 확인했다. 페샤Pescia 역에서 버스나 택시를 타면 된다고 했다. 공원에 가는 버스가 몇 시에 있는지를 물으니 아침 10시에 한 번, 그리고 오후에 한 번 있다고 했다. 자칭 유명하다고 광고하는 테마파크가 버스 이용이 왜 이렇게 불편한지 물었다. 내가 묻는 말마다 상냥하게 대답해준 공원 안내원이 자기도 유감스럽게 생각한다며 택시 호출 번호를 알려주었다.

피노키오 공원이 있는 페샤 역은 피렌체 역에서 피사 방향으로 가는 기차를 타고 한 시간 정도 가면 된다. 막상 집으로 가는 날이라고 생각해서인지 아침부터 더운 날씨 때문인지 일정을 시작하기도 전에 피곤하려고 했다. 여행할 때만 샘솟는 이상한 기운이 안 느껴졌다. 여행 경비도 거의 바닥났기 때문에 설사 더 여행하고 싶어도 하기 힘든 상황이었다. 피렌체에서 편하게 로마행 기차를 탈 수도 있었는데 전적으로 가브리엘을 즐겁게 해주기 위해 피노키오 공원을 가는 것이다.

그래도 공원이니까 같이 가는 것이다. 어린이 만화 영화 보러 함께 영화관에 가는 것은 어지간하면 안 들어간다. 아빠하고만 들어가라고 하고 나는 영화관 근처에서 시간을 보낸다. 아빠가 서커스를 좋아해서 아이를 데리고 갈 때에도 나는 서커스 천막 밖에서 기다린다.

아빠는 아이가 기뻐하는 표정을 볼 수 있는 것이면 뭐든지 시도하려고 하고 나는 아이에게 교육적으로 좋은 것만 시도하려고 하니 부부가 의견차이로 옥신각신할 때가 잦다.

아침에 남편에게 전화해서 피노키오 공원에 갈 거라고 하니 이번 토스카나 일정 중에서 제일 반기는 목소리로 가브리엘을 즐겁게 해주라고 했다. 그리고 오늘 저녁에 집에 돌아갈 거라고 하니 아주 만족스러워하며 라티나 기차역으로 마중 나오겠다고 했다.

페샤 역에 도착했을 때 기차에서 내린 이가 믿기지 않게도 나밖에 없었다. 기차가 떠나자 역에 덜렁 나하고 아이만 남았다. 내가 잘못 내린 건가 싶어 역 이름을 다시 확인했는데 페샤가 맞았다. 일단 역 밖으로 나왔다. 역시 아무도 없었다. 역 앞에 바도 문을 닫았고 주위 가게들도 다 문을 닫았다. 피노키오 공원 가는 버스가 아침 10시에 있다고 공원 안내원이 애기해주었는데 내가 역에 도착한 시간이 10시 반이어서 당연히 버스도 보이지 않았다. 택시를 부르는 수밖에 없었다. 그런데 그때 마침 택시 한 대가 역에 도착했다. 나는 텅 비고 정지된 것 같은 마을에 뭔가 움직이는 것이 나타나 준 것만 해도 반가웠고 얼른 택시를 향해 손짓했다.

나는 택시 기사에게 피노키오 공원에서 역에 돌아올 때도 이 택시를 이용할 수 있는지 물었다. 그랬더니 이 마을에 택시가 한 대밖에 없어서 내가 원하는 시간에 전화한다고 해서 자기가 올 수 있을지는 장담할 수 없다고 했다. 마을에 택시가 달랑 한 대밖에 없다고!

그럼 피노키오 공원 안내원이 알려준 택시 번호가 이 택시 기사 아저씨 번호였나 보다. 내가 수첩을 꺼내 적어둔 택시 번호를 기사 아저씨에게 얘기했더니 역시 이 기사 아저씨의 번호였다.

택시로 10분 정도쯤 가서 내렸다. 택시 요금은 8유로. 마을에 택시가 달랑 한 대밖에 없으니 맘대로 요금을 받아도 다들 울며 겨자 먹기로 탈 수밖에 없을 텐데 이 기사 아저씨는 성실하게 일하기를 고집하는 이 같아 좋았다. 하기는 이 마을에서 이십 년 이상 택시 기사 일을 했다고 하니 마을 사람들 다 식구처럼 알 것이고 가족 같은 마을 사람 상대로 바가지요금을 씌우기는 어렵겠지. 이탈리아 사람은 아무리 남남이라도 일단 친한 분위기로 어울리게 되면 바로 가족 영역으로 만들어 버리는 성향이 있으니까.

그런데 마을 사람들이 다 차들을 가지고 있으니 사정상 차를 쓸 수 없는 날만 택시를 부르기 때문에 택시 기사 아저씨의 일이 아주 들쑥날쑥이라고 했다. 공치는 날도 허다하고 어떤 날은 장거리 일이 생겨 짭짤한 목돈이 생기기도 한단다.

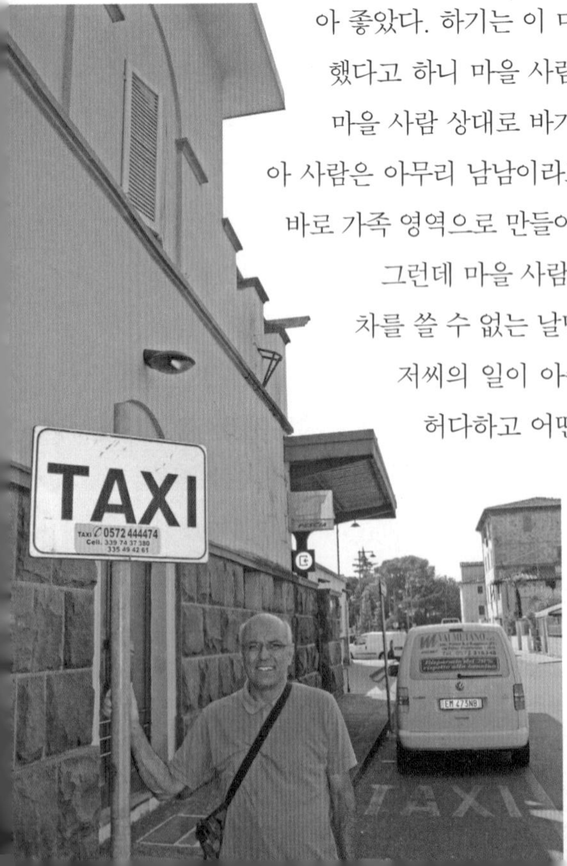

콜로디의 유일한 택시 기사 아저씨

02. 작은 공원 안에서도 길을 잃다

피노키오 공원이 멋있을 줄 알았는데 입구에서부터 별로 특별해 보이지 않았다. 입장료는 비쌌다. 성인 21유로. 아이 할인 요금도 17유로나 했다. 아이가 공원에서 재미있게 놀아서 돈이 안 아까웠으면 하는 생각으로 입장했다. 가브리엘은 잔뜩 기대하고 있어 입구 안으로 들어서자마자 앞장서 뛰어갔다. 뭔가 놀이기구들이 잔뜩 있을 거라고 기대를 했겠지만 들어서자마자 꼬불꼬불 정원 길만 이어졌다. 정원 곳곳에 이탈리아 대 조각가들이 만들었다는 조각들이 있었는데 내 눈에도 가브리엘 눈에도 멋있어 보이지 않았다. 내 키보다 높은 정원 가꾸느라 정원사 돈을 엄청나게 지출할 것 같지만 나 같은 길치에게 눈앞이 터 있지 않은 꼬불꼬불 정원 길은 길을 잃기 딱이었다.

"여기가 어디에요?"

역시나 길을 잃고 정원길에서 만난 한 노부부에게 지도를 내밀며 내가 있는 곳이 어디냐고 물었다. 그리고 도대체

피노키오 공원 정원 길

아이들이 놀만 한 곳을 어디에서 찾을 수 있는지 물었다. 그 노부부는 이 동네 분 같았고 이 공원을 잘 알고 있는 것같이 내 물음에 대답해줬다. 야외극장이 있는데 공연이 있는 시간에 가면 피노키오 인형극을 즐길 수 있을 거라고 했다. 겨우 야외극장?

가브리엘이 입장해서 먼저 즐긴 것이 돌로 만든 큰 고래 조형물이었다. 조형물 주위를 연못으로 만들어 아이들이 징검다리를 건너 그 고래 조형물로 갈 수 있고 그 조형물 위층으로 올라가 높은 전망대를 즐기는 구조로 만들었다.,나는 별로 재미없어 보이는데 가브리엘은 그래도 재미있게 오르락내리락 하면서 놀았다. 그리고 피노키오 에피소드를 주제로 만든 모자이크 광장을 지나쳤는데 광장에서 노는 아이가 아무도 없었다. 그냥 롤러스케이트 같은 거나 자유롭게 타면 좋을 듯싶은데 노는 아이 자체가 없었다. 길을 물어본 노부부 뒤를 졸졸 따라가다 본 것이 해적선이었는데 그 노부부의 손녀하고 가브리엘밖에 노는 아이가 없었다. 뭔가 재미있는 아이디어로 아이들이 해적선을 더 즐기게 할 수 있을 것 같은데 그냥 덜렁 버려진 듯 놓여 있었다.

피노키오 공원

나는 점점 실망하고 있는데 가브리엘은 뭐든지 즐기면서 좋아해 줘서 다행이었다. 디즈니랜드 같은 놀이기구들이 아이들을 더 즐겁게 한다는 것이 내 선입견인지 모른다는 생각이 들었다. 내 선입견이라 할지라도 이 공원을 가꾸는 정성이 보이지 않는 것은 정말 유감이었다. 이 공원을 만들기 위해 엄청난 돈이 들어갔을 것은 분명할 텐데. 게다가 이 공원 안의 조각들이 이탈리아의 유명한 조각가의 작품이라고 하니 그 예술가들에게 준 조각비만 해도 엄청날 것이었다.

밧줄에 매달려 줄 타고 내려가는 놀이기구가 있어 가브리엘이 한참을 좋아하며 즐겼다. 아이들이 거의 없어 차례를 기다릴 필요가 없었다. 오스트리아에서 온 것 같은 가족만 있었다. 일고여덟 살쯤 되는 두 여자아이가 알프스 소녀 하이디 의상을 입고 머스마들처럼 줄타기를 했다. 오스트리아에서 이 먼 곳 공원까지 왔는데 실망스러워할 것 같아 내가 괜스레 미안했다.

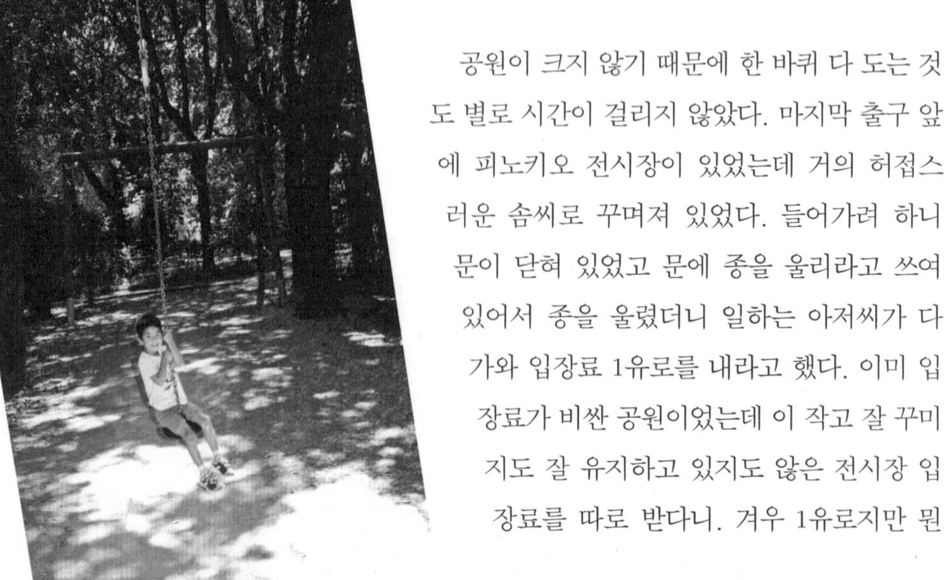

공원이 크지 않기 때문에 한 바퀴 다 도는 것도 별로 시간이 걸리지 않았다. 마지막 출구 앞에 피노키오 전시장이 있었는데 거의 허접스러운 솜씨로 꾸며져 있었다. 들어가려 하니 문이 닫혀 있었고 문에 종을 울리라고 쓰여 있어서 종을 울렸더니 일하는 아저씨가 다가와 입장료 1유로를 내라고 했다. 이미 입장료가 비싼 공원이었는데 이 작고 잘 꾸미지도 잘 유지하고 있지도 않은 전시장 입장료를 따로 받다니. 겨우 1유로지만 뭔가 잘못 운영하고 있다는 생각이 들었다. 안으로 들어가니 피노키오 스토리 캐릭터들이 역시 엉성하게 꾸며져 있었다. 그래도 가브리엘에게 피노키오라는 캐릭터를 알려주는 데는 도움이 됐다.

점심시간이 되었지만, 입장료가 아무래도 자꾸 아까워서 공원에 연결된 레스토랑에서 비싼 식사를 하고 싶지 않았다. 가브리엘한테 맛있는 거 먹이고 싶었지만, 어제 피렌체 한국 식품점에서 산 짱구 과자 한 봉지로 먼저 허기를 때우게 했다. 난 어제 호텔에서 먹고도 또 하나 남은 컵라면을 공원 바에서 뜨거운 물을 얻어 부어 공원 벤치에 앉아 먹었다. 그래도 공원 야외 벤치에서 컵라면을 먹으니 기분이 좋아졌다.

여행 중에는 컵라면 하나가 행복하게 해줄 때가 많은 걸 여행자들은 다 공감할 것이다. 컵라면을 제일 맛있게 먹은 곳이 있었다. 바로 스위스 융프라우 꼭대기 매점에서 먹은 컵라면. 스위스 만년설을 바라보며 먹는 대한민국 컵라면은 천상의 맛이었다. 나라 사랑이 얼큰하게 위장에 퍼졌었다.

짱구 과자를 진공청소기처럼 먹어치운 가브리엘이 나를 바[Bar]로 이끌며 또 다른 과자와 아이스크림을 사달라고 했다. 우리의 점심이 이렇게 해결됐다.

03. 아이들의 머리 안에는 나비가 날아 다닌다

입장료에 나비 전시관 이용료를 추가해서 냈기 때문에 나비 전시관을 찾으니 일단 공원을 나와 조금 떨어진 곳에 있다고 했다. 출구를 나올 때 모든 아이들 공원이 그렇듯 캐릭터 상품을 파는 가게가 있었는데 가브리엘이 둘러보고도 사달라고 조르는 게 없었다. 처음 있는 일이었다.

나비 전시관은 오 분도 안 되는 가까운 거리에 있었다. 가르조니[Garzoni]라는 정원 안에 있었는데 그곳은 가르조니라는 귀족의 별장이었다. 그 규모가 왕이라도 살았던 곳처럼 컸다.

바깥에서 유리 천정에 나비가 날아다니는 게 보여 나비 전시관인 건 알겠는데 어디가 들어가는 문인지 알 수 없었다. 문이 하나 보였는데 안쪽으로 잠겨져 있었다. 방향 치인 내가 들어가는 곳을 못 찾아 헤맸다. 나는 내가 투어 가이드 일을 했었다는 것을 비밀로 하면서 살고 싶어질 때가 많다.

문을 못 찾아 전시장 밖에서 어떻게 할까 생각했다. 입구에 있던 검표원에게 찾아가 전시장 입구 좀 알려달라고 해야 할까 생각하고 있을 때 가브리엘은 별장 정원에 있는 분수에 달려가 분수 안에 있는 물고기들을 보았다. 그런데 갑자기 좀 전에 사주었던 환타를 분수에 쏟고 있는 게 보였다. 나는 가브리엘에게 왜 분수에 환타를 붓느냐고 물었다. 가브리엘이 대답했다.

"물고기들도 너무 더우니까 시원한 환타 마시라고 주는 거야."

얼마 전 레스토랑에 갔을 때는 수족관의 물고기들에게 부채질을 했었다. 역시 시원하라고. 아이들 머리 안에는 나비들이 날아다니나 보다.

나비 전시관이 있는 가르조니 정원

나비 전시관 입구

나비 전시관으로 들어갈 문을 다시 찾기 위해 일단 전시장 문 입구에 있는 작은 전시실로 다시 들어갔다. 아까부터 연신 혼자 켜져 있는 TV에 나비에 관한 비디오가 나오고 있었다. 일단 덥고 피곤해서 쉬는 셈 치고 가브리엘에게 나비 비디오를 보게 했다. 누에에서 나비가 되기까지의 과정을 담은 비디오였는데 내겐 이미 흔하게 보던 장면들이었지만 가브리엘은 신기해하며 감상했다. 아무도 없어서 개인 감상실같이 편하게 보았지만, 여름인데도 이렇게 보러오는 사람이 없으면 어떻게 이런 전시관을 유지할 수 있을까 싶은 생각도 들었다. 누에가 나비가 되는 과정을 보는 동안 더위 먹고 피곤한 기운이 좀 나아지니 그 감상실 바로 옆에 문이 있는 게 보였다. 이렇게 누구나 볼 수 있게 만든 문이 왜 좀 전까지만 해도 안 보였을까 싶었다. 내 나이가 피곤하면 눈까지 침침해지는 지경까지 왔단 말인가.

나비 전시관은 벽과 천정이 유리로 되어 있고 내부 온도가 바깥 여름 온도보다 높아 더웠고 산소가 부족해 답답했다. 가브리엘은 나비들을 눈 가까이 보는 게 신기해서 이리저리 뛰어다녔다. 자기 흥에 내가 맞장구쳐주길 기대하며 엄마를 수시로 불러댔다. 나비 전시관이 답답하고 더운 거 빼고는 피노키오 공원보다 맘에 들었다. 어린이 공원이 재미있는 놀이터를 제공하지 못할 바에는 이런 자연 체험하는 장소가 더 낫다는 생각이다. 열대지방의 나비들이라 크고 색깔이 화려했다. 한 시간 정도 아이는 나비를 쫓아다니며 놀다가 바깥으로 나왔다. 바깥으로 나가는 문이 아까 내가 밖에서 열 수 없었던 문이었다.

또 뭐를 더 볼 것도 없는 것 같고 덥고 기운 빠져서 기차역으로 바로 되돌아가고 싶었다. 택시 아저씨에게 전화해서 지금 와줄 수 있는지 물으니 마침 근처에 있다며 바로 오겠다고 했다. 다행이었다.

택시가 정말 곧 나타나 주어서 꾸벅 인사라도 하고 싶었다. 만약 택시 아저씨가 장거리라도 떠났다면 내가 역으로 쉽게 돌아갈 방법이 없었기 때문이었다. 그렇다고 공원 근처 호텔에서 하루 묵을 생각은 전혀 없었다. 인터넷 광고로는 관광객들이 공원을 즐기고 근처 호텔에서 하루 묶는 경우가 많은 것처럼 광고했지만 와보니 뻥이었다.

근처에 피노키오 작가의 '콜로디 박물관'이 있다는 것은 나중에 알게 됐다. 그곳을 가보지 못한 것은 아쉬웠다. 그곳에 68개 언어로 번역 발행된 피노키오 동화책이 천여 권 넘게 있다고 하니 그런 자료들 보는 재미를 놓친 것이다. 그러니까 여행 일정은 나처럼 즉흥적이면 좌충우돌하고 꼭 봐야 할 것도 놓치게 된다. 여행하기 전에 가는 곳에 대해 꼼꼼히 알아보고 자료를 정리하고 스케줄까지 짜는 사람들을 존경한다. 나는 그런 준비성과는 멀리 있기 때문이다. 준비하는 게 좋다는 걸 알면서도 선천적으로 미리미리 꼼꼼하게 준비하지 못하는 나 같은 부류가 있다. 삶도 즉흥적으로 사니까 매사 구멍투성인데도 고쳐지질 않는다. 내 피가 B에서 어느 날 A나 O로 바뀐다면 바뀔 것 같기도 하다.

나비 전시관 안에서

04. 피노키오의 코가 길어질 때 웃는 사람은 아이

반갑고 고마운 택시 아저씨가 내가 일찍 일정을 마치고 전화를 걸어올지 알았다고 했다. 내가 아침에 아저씨한테 오후 4시쯤 전화하겠다고 했는데 실제 내가 전화한 시간이 두 시도 채 안 되었다. 내가 생각한 것보다 공원이 작고 볼거리가 없어서 일정이 빨리 끝났다고 하니 아저씨는 내 말에 적극적으로 공감하며 이 공원 관리하는 거 보면 정말 한심하다고 나보다 더 불평했다. 내가 공원 입장료가 비싸다고 했더니 아저씨가 나보다 더 불만스러워하며 그렇게 터무니없는 입장료를 받으니까 이 마을에 사는 사람들도 그 공원에 잘 안 간다는 것이다. 그러면서 자기가 아들 데리고 파리 디즈니랜드 다녀온 얘기를 자랑했다. 정말 재미있게 잘 놀다 왔다면서 나한테도 아이 데리고 꼭 다녀오라고 추천까지 했다. 피노키오 공원 전용 택시 기사 아저씨가 피노키오 공원 운영을 한심해 하며 파리 디즈니랜드를 추천하는 것을 피노키오 공원 운영자들이 들어야 한다고 생각했다.

한편 이 콜로디 피노키오 공원을 다녀간 한국 사람들이 분명 꽤 있을 텐데 그 사람들은 어떻게 즐겼을까 궁금해서 검색해 봤더니 가족 나들이로 즐길만한 공원이라고 소개한 글들이 있었다. 내가 이상한 건가? 정서가 빡빡하게 살다 보니 남들이 문제없이 즐기는 나들이 코스도 비뚤어지게 보이는 건가? 그런 건가 싶어서 나중에 두 아이를 데리고 피노키오 공원을 몇 해 전 다녀왔다는 한 이탈리아 부부에게 의견을 물어보았더니 내가 받은 인상과 별반 다르지 않게 평가했다.

여행지를 소개하는 게 광고성 효과를 기대하는 글이 아니라면 나는 과감하게 솔직히 들춰 보이는 게 좋다는 생각이다. 그래야 누군가 갈 예정이어도 기대하지 않게 마음 준비를 하게 되고 그렇게 기대하지 않으면 기대하지 않았기에 얻어지는 만족스러운 상황들을 즐길 수도 있기 때문이다. 가지 말라는 게 아니라 과장된 기대를 하지 말라는 것일 뿐이다.

가브리엘에게 나중에 집으로 돌아와서 피노키오 만화를 보여주었더니 아주 재미있어 했다. 드디어 아이가 내가 어릴 적 만났던 피노키오를 똑같이 만났다. 명작 만화는 세대를 이어준다. 게다가 피노키오 공원을 직접 다녀왔다는 만족감이 더해져서 피노키오 만화를 보면서 계속 피노키오 공원에서 봤던 얘기들을 끄집어내며 즐겼다. 나는 이때서야 피노키오 공원 입장료가 아깝지 않았다는 생각이 들었다. 가브리엘은 충분히 피노키오 공원을 즐겼고 기억에 남는 추억이 되어 피노키오 캐릭터를 볼 때마다 피노키오 공원에서의 추억을 떠올릴 것이다. 그게 엄마인 내가 바라던 거 아니었나?

나처럼 늘 뭔가 평가하고 평가받는 것에 찌든 어른은 어떤 새로운 장소에 가도 평가부터 먼저 하려 해서 정작 재미를 얻지 못한다. 이래서 어른이 슬픈 것이다. 즐겨야 할 곳에서도 즐기지 못하는 것은 비극이다. 어지간해서는 잘 웃지도 않고 잘 슬프지도 않다.

피노키오가 거짓말할 때 코가 길어지는 장면에 웃을 어른이 있나? 나도 옛날에 웃었었다. 옛날에. 어른이 되어 세상 사람들이 거짓말을 밥 먹듯 한다는 것을 알게 되고 나도 거짓말을 밥은 아니어도 간식 먹듯 했었다.

슬프게도 내가 사는 이탈리아에서는 거짓말이 나쁘다, 라는 공식 자체가 잘 통하지 않는다. 필요하면 얼마든지 말을 만들어내는 사람들이다. 특히 핑계 거리용으로. 이런 이탈리아 분위기에서 피노키오가 탄생했다는 게 사실 재미있다. 하지만 이탈리아 사람의 장점인 풍부한 상상력으로 작가가 무궁무진한 피노키오 모험 에피소드를 창작했음은 인정하게 된다.

작가의 원래 이름은 카를로 로렌치니Carlo Lorenzini인데 나중에 작가 활동을 하며 자기의 고향 이름 콜로디를 자기 이름으로 쓰기 시작했고 그래서 지금의 콜로디 마을 이름과 작가의 이름이 같은 것이다. 1883년에 발간한 『피노키오의 모험The adventures of Pinocchio』 책이 지금까지 전 세계 어린이들 그리고 많은 어른으로부터도 사랑받는다는 것은 놀랍지 않을 수 없다.

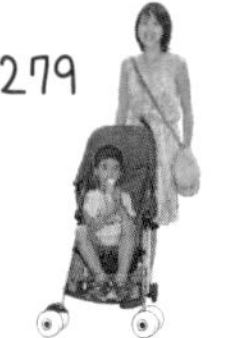

05. 레오나르도 다 빈치식 가정 지키기

페샤 역에서 기차를 타고 피렌체로 다시 돌아왔고 피렌체에서 로마가는 표를 샀다. 로마에서 피렌체 올 때 기차가 무슨 행사기간이라 어린이 표가 무료였는데 아직도 무료로 갈 수 있는지 알 수 없었다. 그래서 기차표 파는 곳에서 직원에게 확인하고 내 표만 사고 싶었는데 피렌체 역 티켓 부스에 너무 많은 사람이 줄을 서 있어서 포기했다. 기계로 표를 샀고 행여 문제가 될까 봐 아이표도 같이 샀다. 내 표가 50유로 아이는 반값.

아이는 깨끗하고 빠른 기차를 타게 되어 좋아했고, 몇 시간 후에 아빠를 만난다는 생각에 들떠 있었다. 나도 여행을 마치고 집에 돌아가는 마음에 들뜨면 좋으련만 아, 다시 수족관 같은 현실로 되돌아가는구나, 하는 표정이 지어졌다. 인생을 매일 여행하듯 살 수는 없다는 걸 알면서도.

기차 의자에 배치된 안내책을 열심히 들여다보는 가브리엘을 보면서 나는 속으로 얘기했다.

'엄마는 네가 스무 살이 되기 전까지 세계를 보여주고 싶어. 스무 살이 넘으면 네가 혼자서 이 세계를 향해 나아가고, 그리고 이 세계를 위해 네가 할 수 있는 것을 찾아야 해.'

남편에게서 몇 시에 라티나에 도착하는지 묻는 전화가 왔다. 돌아갈 집이 있고 그 집에서 기다려주는 이가 있다는 게 여행을 하고 돌아오는 날의 마음을 따뜻하게 감싸 주었다. 변함없는 일상에 지쳐 그 지친 마음을 남편을 향해 엉뚱한 심통을 부렸던 게 슬쩍 미안하기까지 했다. 내가 그저 마음으로 지루해하는 시간에 남편은 땀 흘리며 일할 수밖에 없는 상황을 견디어 냈다는 것을 새삼 되새겨보기도 하면서.

나는 남편을 떠나고 싶었던 게 아니었다. 이탈리아 말하고 이탈리아 음식 먹고 이탈리아 사람 틈바구니에서 살다가 어느 순간쯤 쓰러질 만큼 피곤하다는 생각이 들었을 뿐이다. 그 순간들을 어떻게 넘겨야 하는지 몰라 더 지쳐갔었다.

잠시 집을 떠나 여행하면서 그 고단했던 마음들이 새로운 기운으로 덮이는 게 느껴졌다. 여행이 문제를 해결해 주지 않는다. 다시 돌아가야 할 내 일상이 바뀌지 않기 때문이다. 하지만 나를 지치게 하는 일상을 견디게 해주는 새로운 마음과 기운을 얻는 게 여행이 주는 선물이다.

남편들보다 감성이 풍부한 아내들은 그 예민함 때문에 과장되게 슬플 때가 잦다. 그게 남편의 시선으로도 세상의 시선으로도 별거 아닌 듯 보여도 그 별거 아닌 것에 결혼이 깨지고 삶의 의욕마저 상실하기도 한다. 남편들은 땀 흘려 힘들게 돈을 벌기에 집안일이나 하는 아내들을 빈둥거린다고 생각한다.

아내가 집안일을 아흔 아홉 가지를 했어도 남편 눈에는 한 가지 해놓지 않은 일만 보인다.

남편은 아내가 지쳐 보일 때 먼저 여행을 다녀오라고 해주면 좋겠다. 잠시 무거운 일상의 짐을 내려놓고 세상과 소통하고 힘을 얻어 돌아오라고 격려해주면 좋겠다. 그러면 아내는 눈물까지 글썽거리며 남편을 안고 싶을 것이다.

내가 사는 라티나 역에 도착했다. 아빠를 본 가브리엘은 달려가 껑충 안겼다. 나는 잠시 산책하고 돌아온 표정으로 남편에게 천천히 다가가니 그의 눈에 물기가 고여있는 게 보였다. 눈물 많은 나보다 더 눈물 많은 남자다. 저 눈물이 나를 되돌아올 수밖에 없게 만들기도 한다. 남편이 약간 목멘 목소리로 여행이 어땠냐고 물었다. 나는 남편의 고인 눈물이 떨어지지 말라고 밝게 대답했다.

"정말 좋았어. 우리 토스카나로 이사 가서 살면 안 될까?"

난 밝게 얘기할 때 철없는 아이처럼 말하는 경향이 있다. 남편은 대꾸하지 않았다. 나의 현실을 계산하지 않는 혼자 중얼거림에는 대답을 안 하는 쪽이 낫다고 생각한다. 그가 가브리엘에게 물었다.

"가브리엘. 피자 먹을까?"

가브리엘이 환호를 질렀다. 질리게 먹는 피자인데 그래도 매번 저렇게 환호를 지른다. 남편이 내게 물었다.

"이번에 새로 오픈한 피자 레스토랑에 가볼까?"

"그냥 집 앞에 싸게 먹을 수 있는 피자 가게로 가. 10유로면 우리 셋이서 먹을 수 있잖아."

내가 또 찬물을 부었다. 피자를 레스토랑에서 먹으면 30유로는 쓰게 되니 그 20유로 절약으로 활용할 거리들이 컴퓨터 속도로 떠오르는 걸 아이와 아이 아빠는 모른다. 남편이 가브리엘에게 말했다.

"엄마 정말 못 말려. 그렇지?"

내 일상으로 돌아왔다. 이 가족이란 베이스캠프가 없으면 여행을 떠나는 의미가 없을지 모른다는 생각이 들었다. 다음 여행을 더 즐기기 위해서라도 내 베이스캠프를 사랑으로 더 포근하게 만들어야겠다고 다시 결심해 본다. 결심하는 것들 대부분 다 실패하지만, 결심하고 실패하고 다시 결심하고 또 실패하고…… 이게 레오나르도 다 빈치식 가정 지키기가 될 것이다.

아이와 함께 떠난 토스카나 여행

초판 1쇄 발행일 2015년 1월 8일

글·사진 김미화
표지·프로필 사진 조숙영
펴낸이 박영희
편집 배정옥·유태선
디자인 김미령·박희경
인쇄·제본 AP 프린팅
펴낸곳 도서출판 어문학사
서울특별시 도봉구 쌍문동 523-21 나너울 카운티 1층
대표전화: 02-998-0094/편집부1: 02-998-2267, 편집부2: 02-998-2269
홈페이지: www.amhbook.com
트위터: @with_amhbook
블로그: 네이버 http://blog.naver.com/amhbook
다음 http://blog.daum.net/amhbook
e-mail: am@amhbook.com
등록: 2004년 4월 6일 제7-276호

ISBN 978-89-6184-356-0 03920
정가 15,000원

이 도서의 국립중앙도서관 출판예정도서목록(CIP)은 e-CIP홈페이지(http://www.nl.go.kr/ecip)와 국가자료공동목록시스템(http://www.nl.go.kr/kolisnet)에서 이용하실 수 있습니다.
(CIP제어번호: CIP2014037265)

※잘못 만들어진 책은 교환해 드립니다.